Smadar Raveh-Klemke

מה זה בעברית?

MA SE BE'IVRIT?

Eine gezeichnete Alltagsreise auf Hebräisch

Hempen Verlag

מה זה בעברית?

MA SE BE'IVRIT?

Eine gezeichnete Alltagsreise auf Hebräisch

von

Smadar Raveh-Klemke

HEMPEN VERLAG
BREMEN 2014

Bibliografische Information Der Deutschen Nationalbibliothek
Die Deutsche Nationalbibliothek verzeichnet diese Publikation in der Deutschen Nationalbibliografie; detaillierte bibliografische Daten sind im Internet über http://dnb.d-nb.de abrufbar.

ISBN: 978-3-944312-22-4

Hinweise und Anmerkungen, für die Autorin und Verlag jederzeit dankbar sind, bitten wir zu richten an:
Dr. Ute Hempen Verlag, Clausewitzstr. 12, 28211 Bremen
www.hempen-verlag.de; ute.hempen@hempen-verlag.de

Umschlaggestaltung: Smadar Raveh-Klemke, www.smadar-design.de
Gesamtherstellung: Memminger MedienCentrum
Gedruckt auf alterungsbeständigem Papier
Printed in Germany

לבעלי גונתר באהבה

Meinem Mann Gunter in Liebe

Inhaltsverzeichnis

Über dieses Buch			8
Danksagung			9
Tabelle hebräischer Buchstaben, Vokalzeichen und deren Umschrift			10
Zeichnungen:			
Zu Hause	בבית	*babajit*	11
Draußen	בחוץ	*bachuz*	49
Im Café	בבית קפה	*bebejt kafe*	83
Am Wasser	על יד המים	*al jad hamajim*	99
An verschiedenen Orten	במקומות שונים	*bimkomot schonim*	117
Bei Freunden	אצל חברים	*ezel chawerim*	141
Wortschatz	אוצר מלים	ozar milim	167
Bemerkungen zum Wortschatz			168
Abkürzungen			168
Wortschatzliste			169
Index			183

MA SE BE´IVRIT?
Eine gezeichnete Alltagsreise auf Hebräisch

Dieses Buch richtet sich an Hebräisch-Interessierte und -Lernende, die neben einem Lehrbuch oder Sprachkurs ihren Wortschatz festigen und erweitern wollen.

Ein Wortschatz ist wortwörtlich der Schatz einer Sprache. Sein Umfang bestimmt die Möglichkeiten, zu sprechen und zu verstehen, sich mit anderen auszutauschen. In den fast 20 Jahren, in denen ich Hebräisch unterrichte, ist immer wieder deutlich geworden, dass der Erwerb des Wortschatzes die größte Herausforderung an die Lernenden ist.

Mit diesem Buch möchte ich Sie auf eine sinnlich-visuelle Alltagsreise mitnehmen, auf der Sie vertrauten Situationen, Bildern und Gegenständen begegnen und dabei zugleich die hebräischen Bezeichnungen wahrnehmen.
Dadurch werden andere Sinne angeregt; die Zeichnungen sprechen das visuelle Gedächtnis an. Die gezeichneten Szenen aus vertrauten Alltagssituationen ermöglichen es Ihnen, persönliche Zusammenhänge mit Ihrem Alltag herzustellen und sich dadurch die Vokabeln leichter einzuprägen. Außerdem sind die Skizzen thematisch offen und vielfältig. Etliche Begriffe tauchen mehrfach auf und können so wiedererkannt und nachhaltig gefestigt werden.

Die Zeichnungen im Buch sind in meinen zwei Heimatstädten Hamburg und Tel Aviv an den Orten entstanden, nach denen das Buch nun gegliedert ist: „Zu Hause“, „Draußen“, „Im Café“, „Am Wasser“, „An verschiedenen Orten“ und „Bei Freunden“.

Die Beschriftung der dargestellten Objekte erfolgt auf Hebräisch und in lateinischer Umschrift. Die deutschen Übersetzungen werden hier nicht genannt – sie sind aus der Zeichnung ersichtlich. Zur Kontrolle kann die Wortschatzliste am Ende des Buches herangezogen werden. Dieser umfasst alle hier aufgeführten Wörter und ist in alphabetischer Reihenfolge der Umschriftwörter sortiert. Dies erleichtert denen die Suche, die mit der hebräischen Schrift weniger vertraut sind. Jedes Wort wird zusätzlich in seiner hebräischen Schreibung aufgeführt und ins Deutsche übersetzt.

Ich wünsche Ihnen viel Spaß beim Betrachten, Stöbern und Entdecken von Wörtern!

Danke!

Obwohl dieses Buch größtenteils in meinen Skizzenbüchern entstanden ist, wäre es in dieser Form nicht möglich gewesen ohne die Hilfe einiger Personen.

An erster Stelle möchte ich mich bei Karin Weiss bedanken, die mir von Anfang an für gute Ratschläge, konstruktive Ideen und professionelle Korrekturen zur Seite stand. Sie war auch diejenige, die mich in der Idee bekräftigte, aus meinen Skizzen ein Buch zu machen.

Ein ganz besonderer Dank geht auch an Daphna Tzur, die die hebräischen Begriffe voller Hingabe auf Richtigkeit und Aktualität überprüft hat. In diesem Zusammenhang bedanke ich mich auch bei meiner Schwester Naomi Gershon für die hebräischen Korrekturen.

Außerdem möchte ich mich bei meinen Freunden und meiner Familie bedanken, die meinen Drang sie zu zeichnen freundlich und geduldig unterstützt haben.
Die Namen muss ich an dieser Stelle nicht nennen – sie tauchen meistens in den Zeichnungen auf.

Die hebräischen Buchstaben, Vokalzeichen und deren Umschrift in diesem Buch

Lautwert / Umschrift	Schreib-schrift	Druck-schrift	Buchstabe
* stumm `	א	א	Alef
b, w	ב בּ	ב בּ	Bet, Wet
g	ג	ג	Gimel
d	ד	ד	Dalet
h	ה	ה	He
w	ו	ו	Waw
s (lesen)	ז	ז	Sajin
ch (Bach)	ח	ח	Chet
t	ט	ט	Tet
j	י	י	Jod
k, ch	ך כ כּ	ך כ כּ	Kaf, Chaf
l	ל	ל	Lamed
m	ם מ	ם מ	Mem
n	ן נ	ן נ	Nun
ss	ס	ס	Samech
* stumm ´	ע	ע	Ajin
p, f	ף פ פּ	ף פ פּ	Pe, Fe
z	ץ צ	ץ צ	Zadi
k	ק	ק	Kof
r	ר	ר	Resch
sch, ss	שׂ שׁ	שׂ שׁ	Schin, Ssin
t	ת	ת	Tav

* Stehen die stimmlosen Buchstaben Alef א und Ajin ע am Wortanfang, werden sie in der Umschrift nicht aufgeführt.

Lautwert	Vokal
a	אַ אָ אֲ
e	אֶ אֵ אֱ
o	אֹ אוֹ
i	אִ אִי
u	אֻ אוּ
e oder stumm	אְ

בבית

babajit

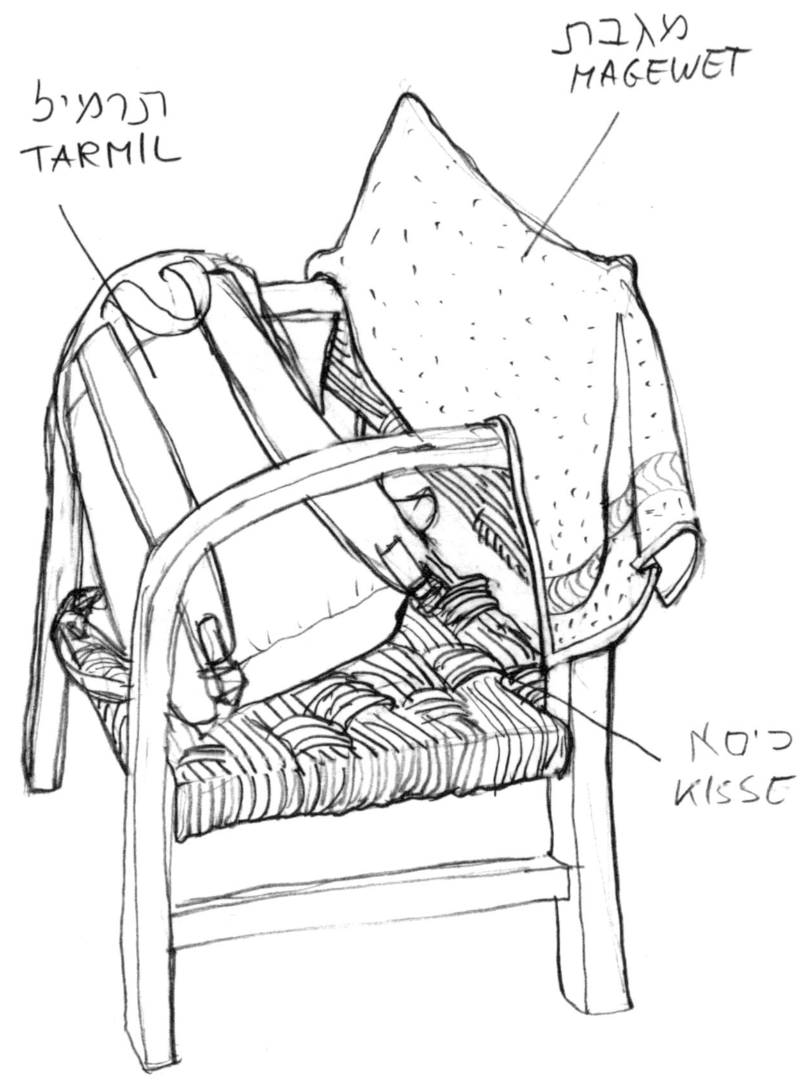
מגבת
MAGEWET
תרמיל
TARMIL
כיסא
KISSE

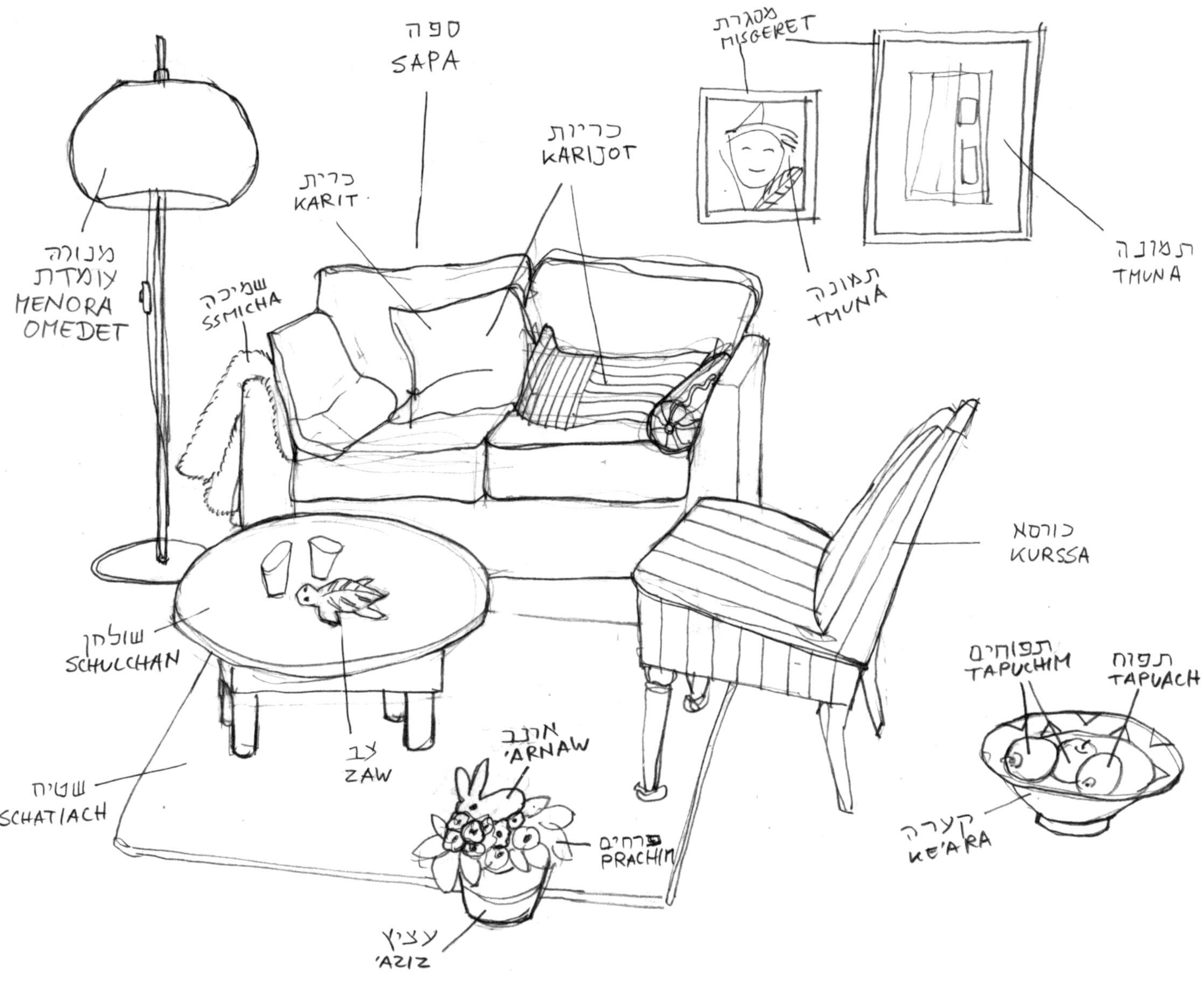

ספה
SAPA
מסגרת
MISGERET
מנורה
עומדת
MENORA
OMEDET
כרית
KARIT
כריות
KARIJOT
שמיכה
SSMICHA
תמונה
TMUNA
תמונה
TMUNA
כורסא
KURSSA
שולחן
SCHULCHAN
תפוחים
TAPUCHIM
תפוח
TAPUACH
צב
ZAW
ארנב
'ARNAW
שטיח
SCHATIACH
פרחים
PRACHIM
קערה
KE'ARA
עציץ
'AZIZ

ראש
ROSCH
שיער
SSE'AR
מצח
MEZACH
משקפיים
MISCHKAFAJIM
טלפון
TELEFON
אף
AF
פה
PE
יד
JAD
סווטשרט
עם קפושון
SWETSCHERT
IM
KAPUSCHON
תפוח נגוס
TAPUACH NAGUSS
מק
MEK
עט
ET

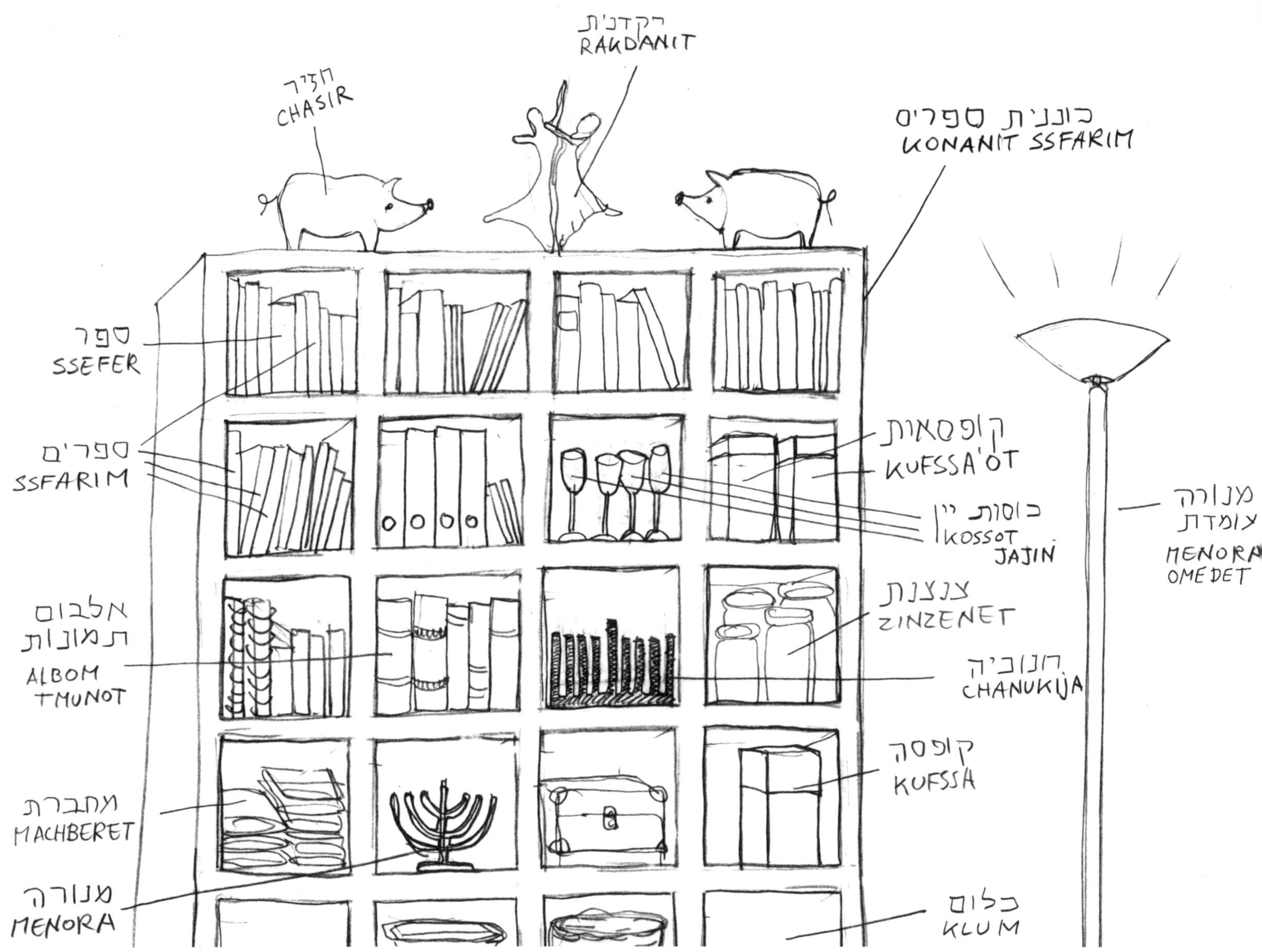
חזיר
CHASIR
רקדנית
RAKDANIT
כוננית ספרים
KONANIT SSFARIM
ספר
SSEFER
ספרים
SSFARIM
קופסאות
KUFSSA'OT
כוסות יין
KOSSOT JAJIN
מנורה עומדת
MENORA OMEDET
אלבום תמונות
ALBOM TMUNOT
צנצנת
ZINZENET
חנוכיה
CHANUKIJA
מחברת
MACHBERET
קופסה
KUFSSA
מנורה
MENORA
כלום
KLUM

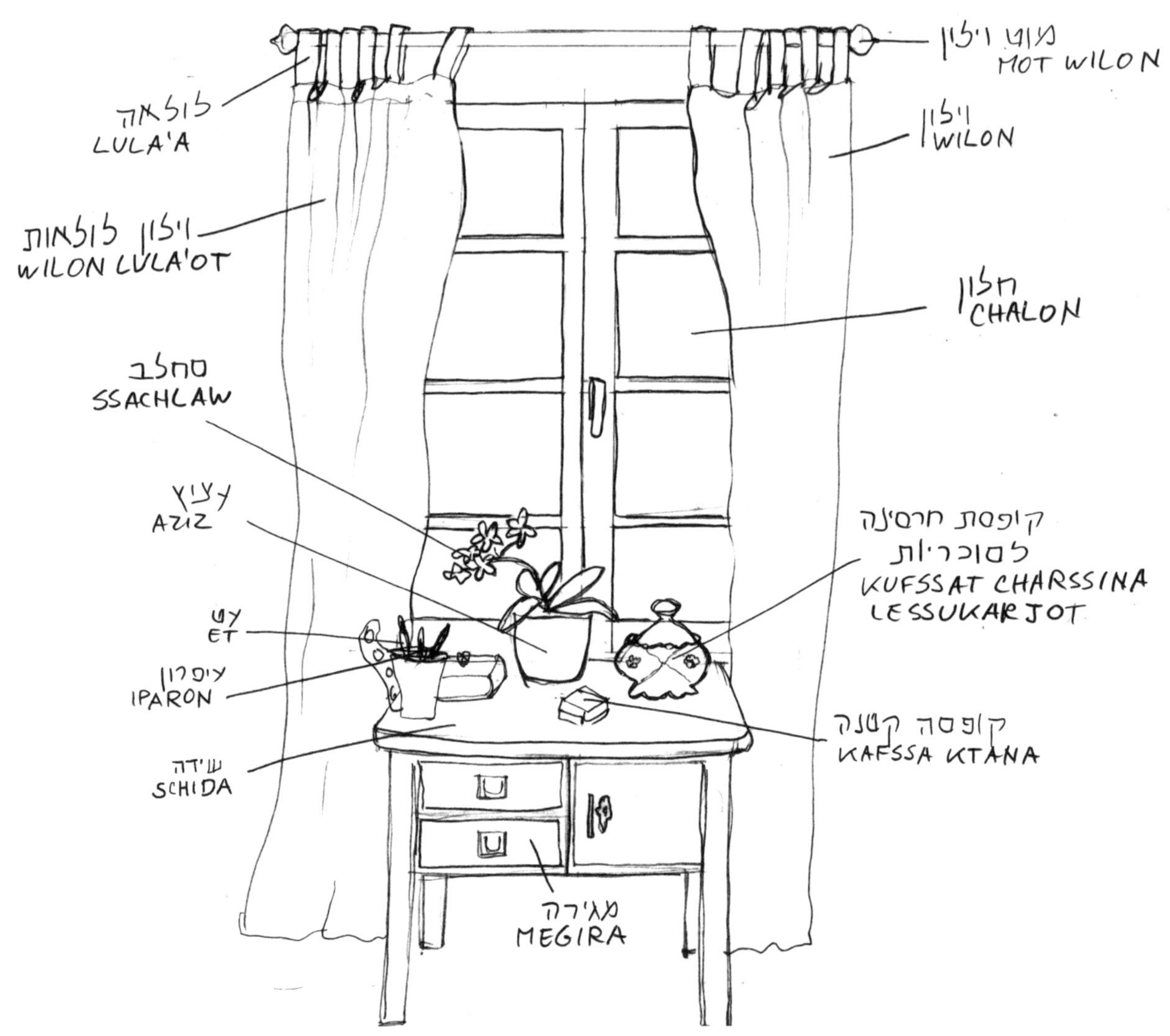
מוט וילון
MOT WILON
לולאה
LULA'A
וילון
WILON
וילון לולאות
WILON LULA'OT
חלון
CHALON
סחלב
SSACHLAW
עציץ
AZIZ
קופסת חרסינה לסוכריות
KUFSSAT CHARSSINA LESSUKARJOT
עט
ET
עיפרון
IPARON
קופסה קטנה
KAFSSA KTANA
שידה
SCHIDA
מגירה
MEGIRA

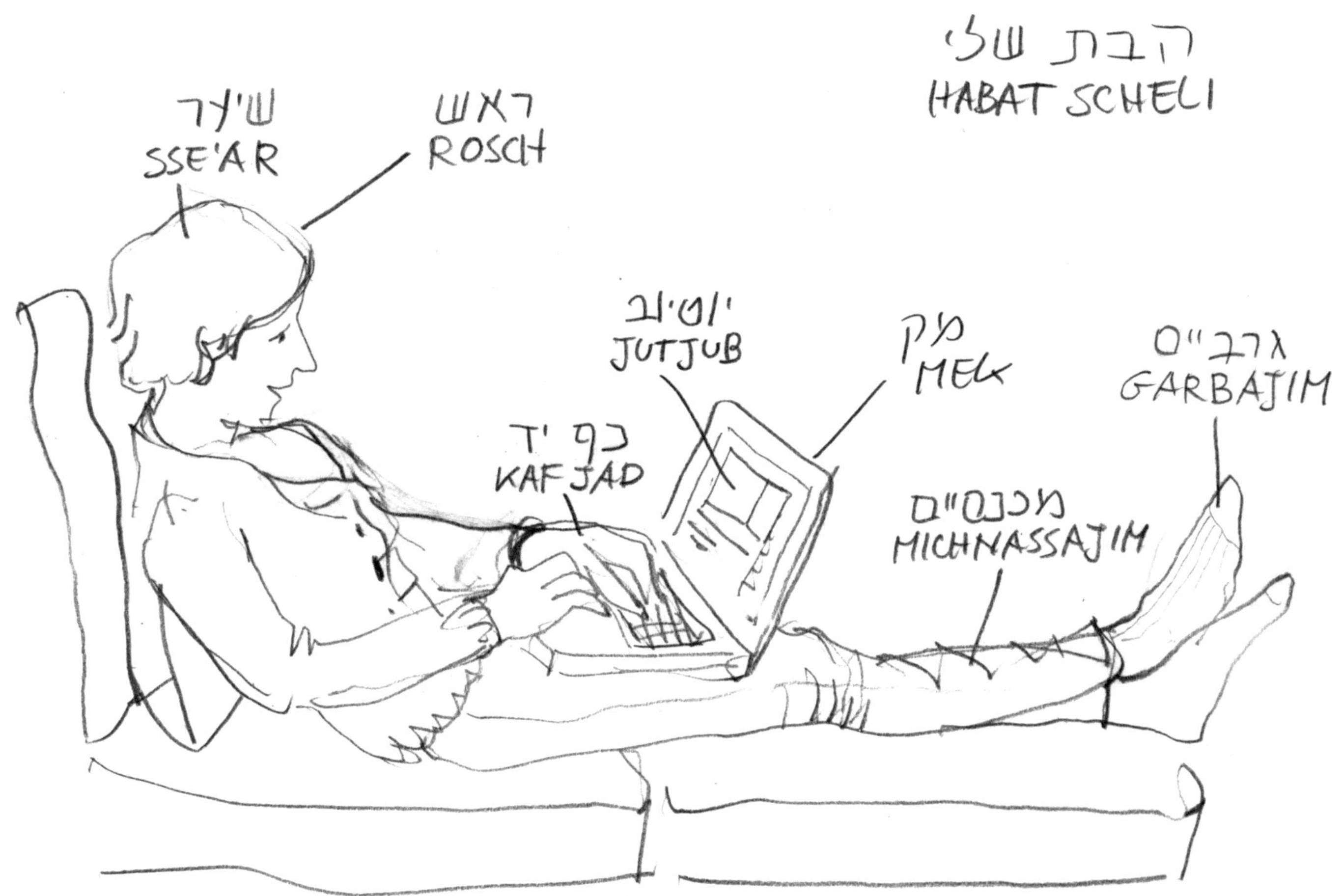
הבת שלי
HABAT SCHELI
ש'ער
SSE'AR
ראש
ROSCH
יוטיוב
JUTJUB
מק
MEK
גרב"ים
GARBAJIM
כף יד
KAF JAD
מכנס"ים
MICHNASSAJIM

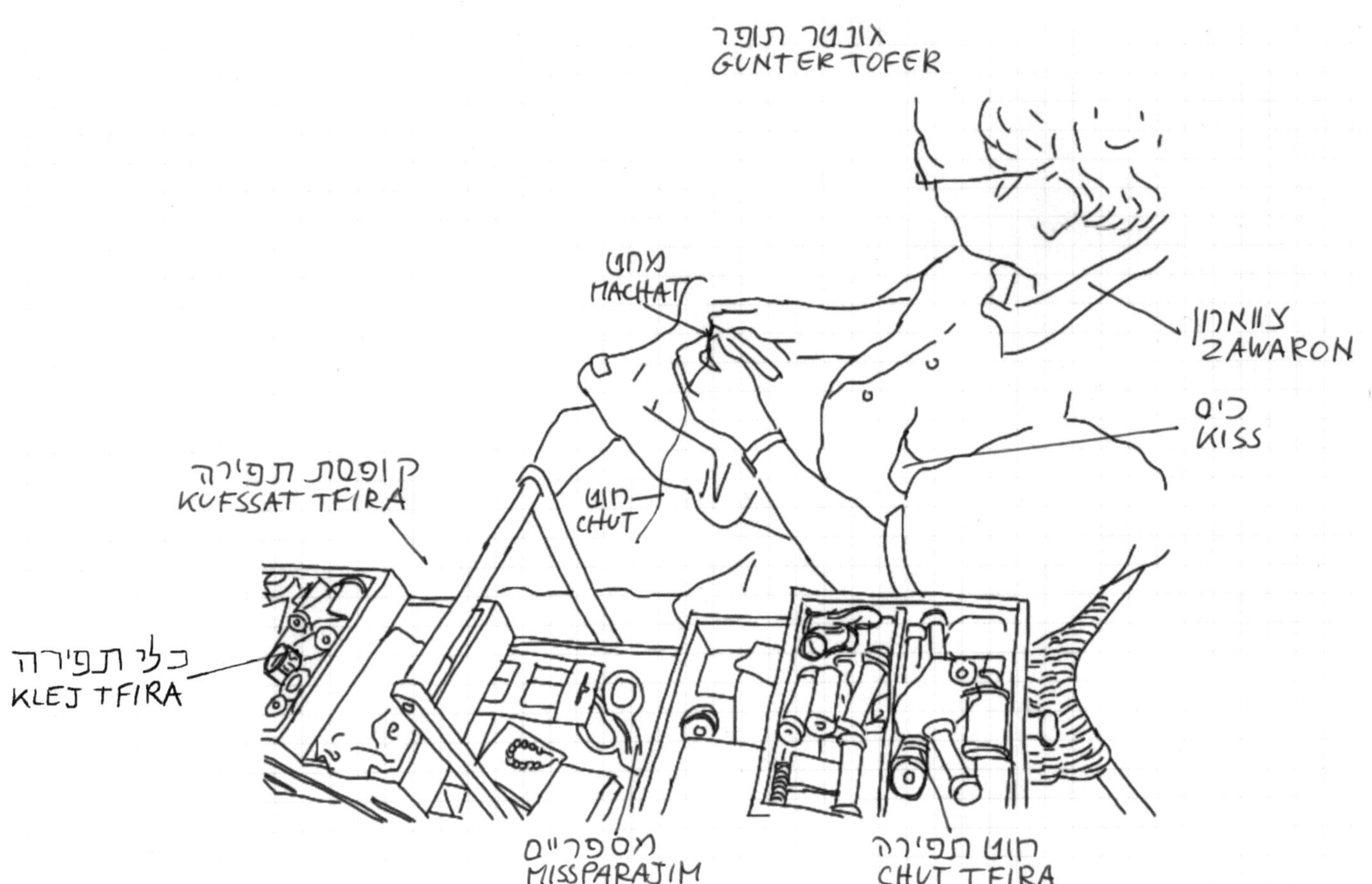

גונטר תופר
GUNTER TOFER
מחט
MACHAT
צווארון
ZAWARON
כיס
KISS
קופסת תפירה
KUFSSAT TFIRA
חוט
CHUT
כלי תפירה
KLEJ TFIRA
מספריים
MISSPARAJIM
חוט תפירה
CHUT TFIRA

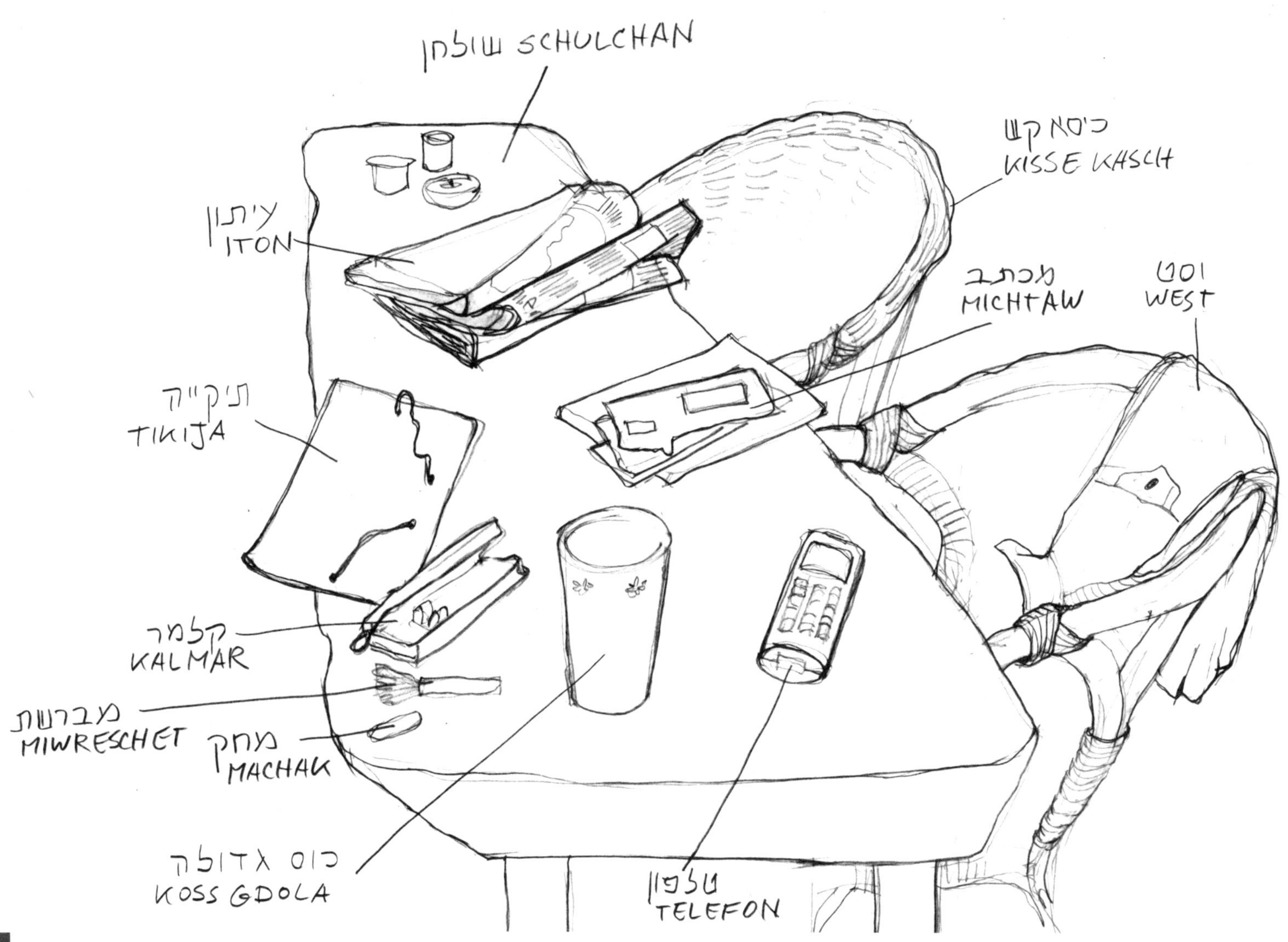
שולחן SCHULCHAN
כיסא קש
KISSE KASCH
עיתון
ITON
מכתב
MICHTAW
וסט
WEST
תיקייה
TIKIJA
קלמר
KALMAR
מברשת
MIWRESCHET
מחק
MACHAK
כוס גדולה
KOSS GDOLA
טלפון
TELEFON

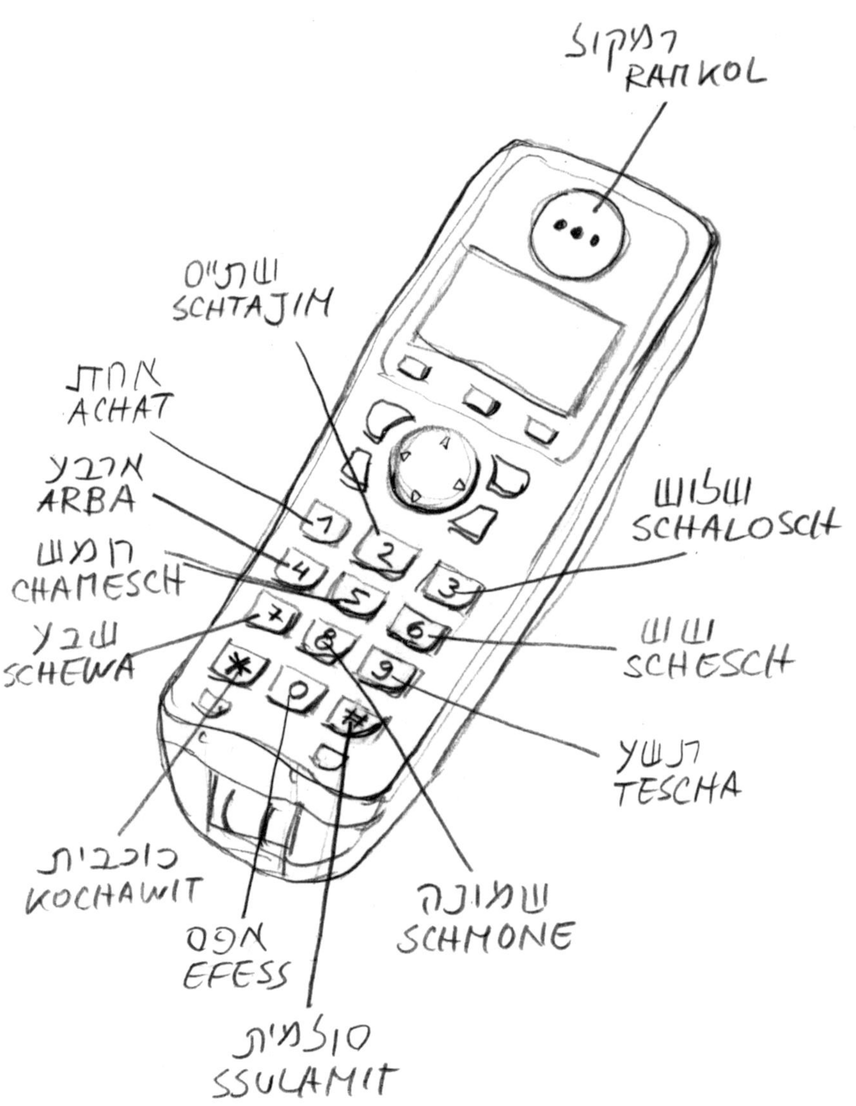

רמקול
RAMKOL
שתיים
SCHTAJIM
אחת
ACHAT
ארבע
ARBA
חמש
CHAMESCH
שבע
SCHEWA
שלוש
SCHALOSCH
שש
SCHESCH
תשע
TESCHA
כוכבית
KOCHAWIT
אפס
EFESS
שמונה
SCHMONE
סולמית
SSULAMIT

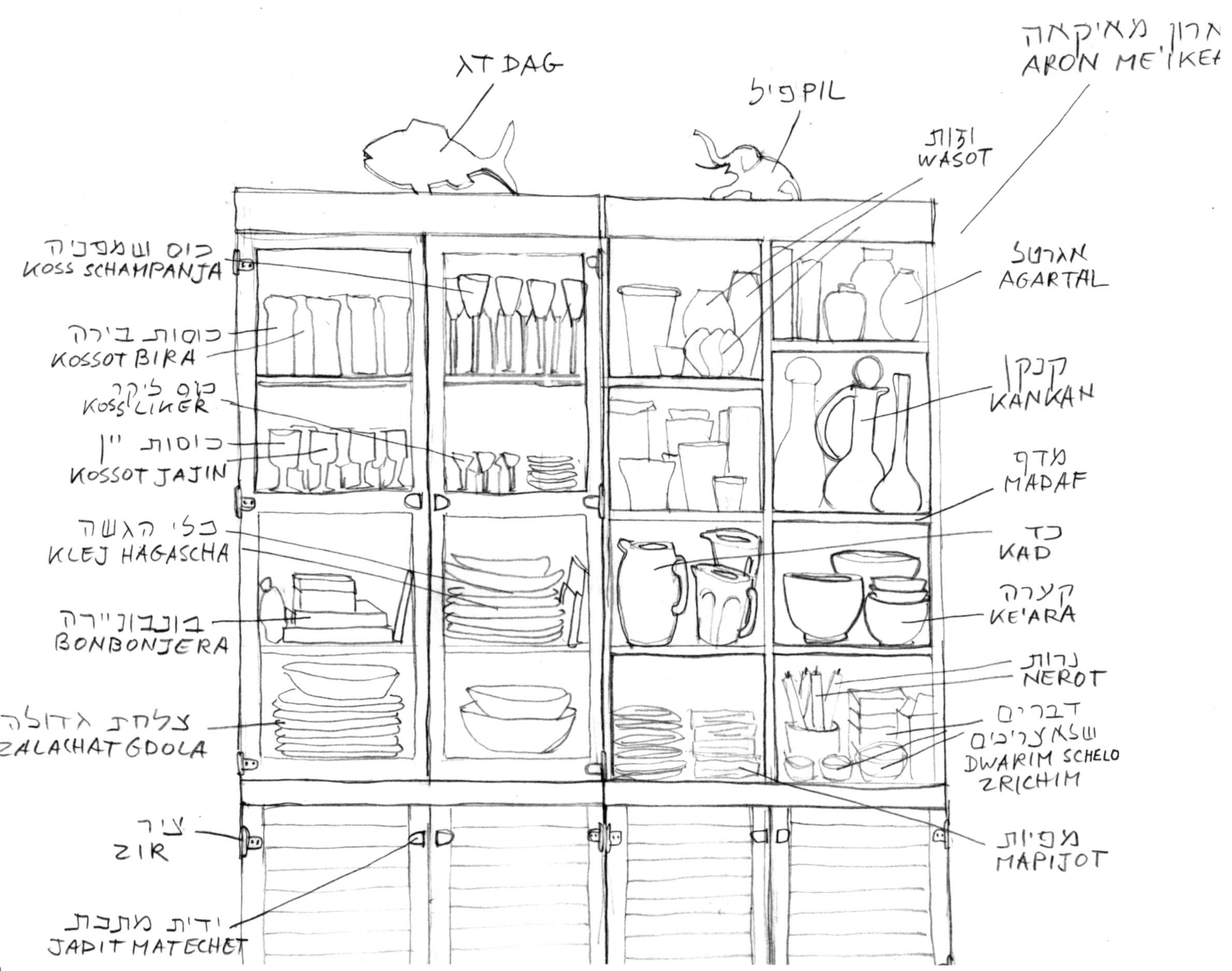

דג DAG
פיל PIL
ארון מאיקאה
ARON ME'IKEA
וזות
WASOT
כוס שמפניה
KOSS SCHAMPANJA
אגרטל
AGARTAL
כוסות בירה
KOSSOT BIRA
כוס ליקר
KOSS LIKER
קנקן
KANKAN
כוסות יין
KOSSOT JAJIN
מדף
MADAF
כלי הגשה
KLEJ HAGASCHA
כד
KAD
קערה
KE'ARA
בונבונ"ירה
BONBONJERA
נרות
NEROT
דברים שלא צריכים
DWARIM SCHELO ZRICHIM
צלחת גדולה
ZALACHAT GDOLA
ציר
ZIR
מפיות
MAPIJOT
ידית מתכת
JADIT MATECHET

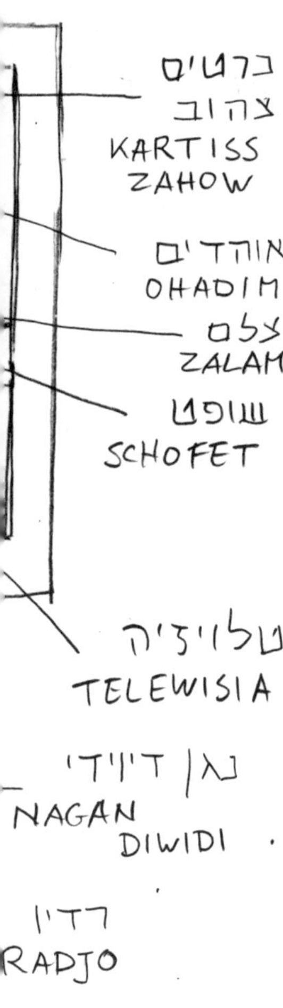

כרטיס
צהוב
KARTISS
ZAHOW
אוהדים
OHADIM
צלם
ZALAM
שופט
SCHOFET
טלויזיה
TELEWISIA
נגן דיוידי
NAGAN
DIWIDI
רדיו
RADJO
סרטי דיוידי
SSIRTEJ DIWIDI

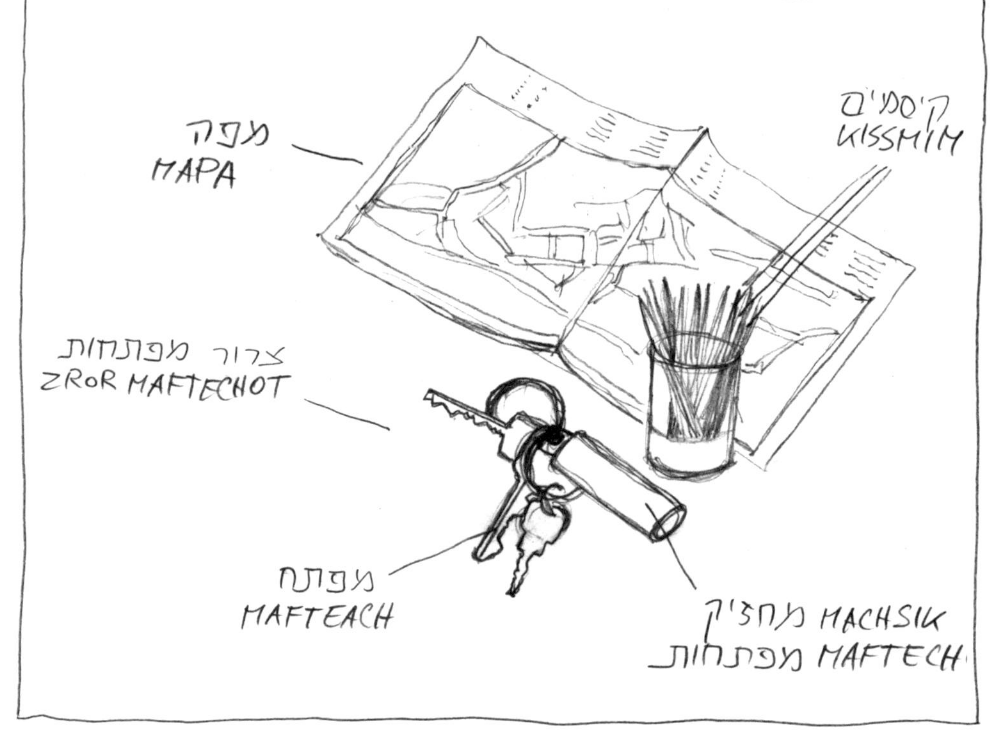

מפה
MAPA
קיסמים
KISSMIM
צרור מפתחות
ZROR MAFTECHOT
מפתח
MAFTEACH
מחזיק MACHSIK
מפתחות MAFTECH

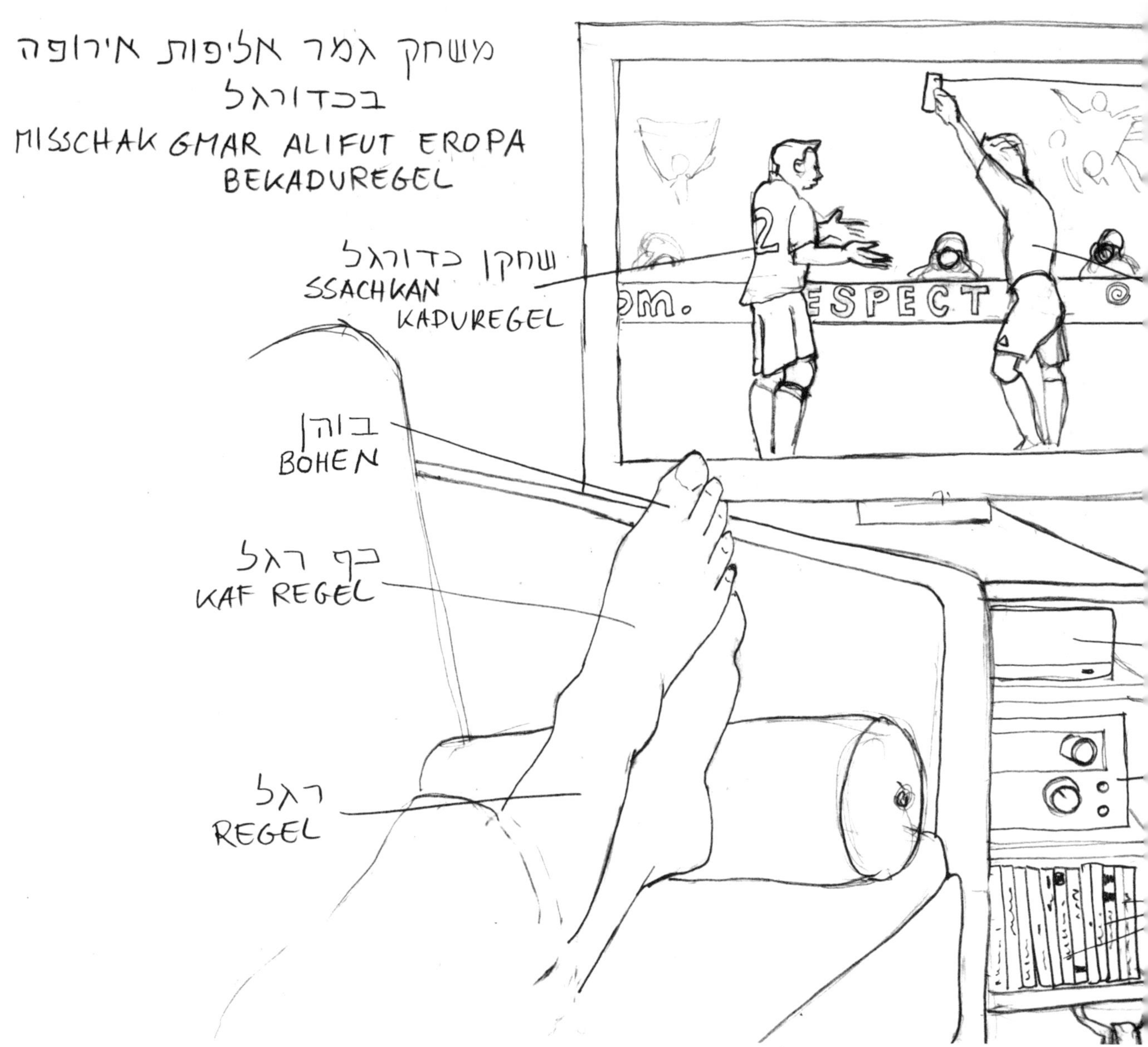

משחק גמר אליפות אירופה
בכדורגל
MISSCHAK GMAR ALIFUT EROPA
BEKADUREGEL
שחקן כדורגל
SSACHKAN
KADUREGEL
ESPECT
בוהן
BOHEN
כף רגל
KAF REGEL
רגל
REGEL

חדר שינה
chadar schena

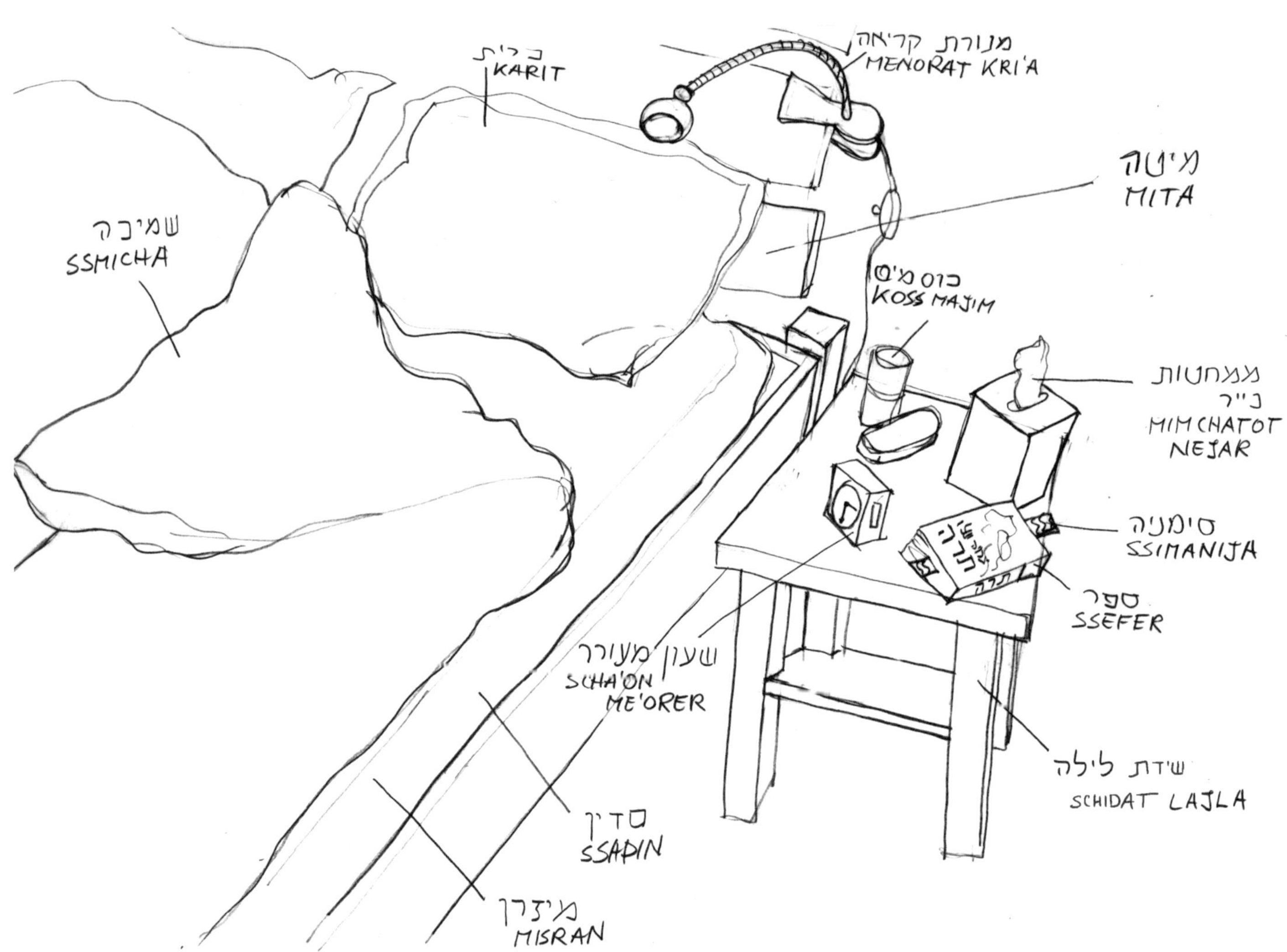

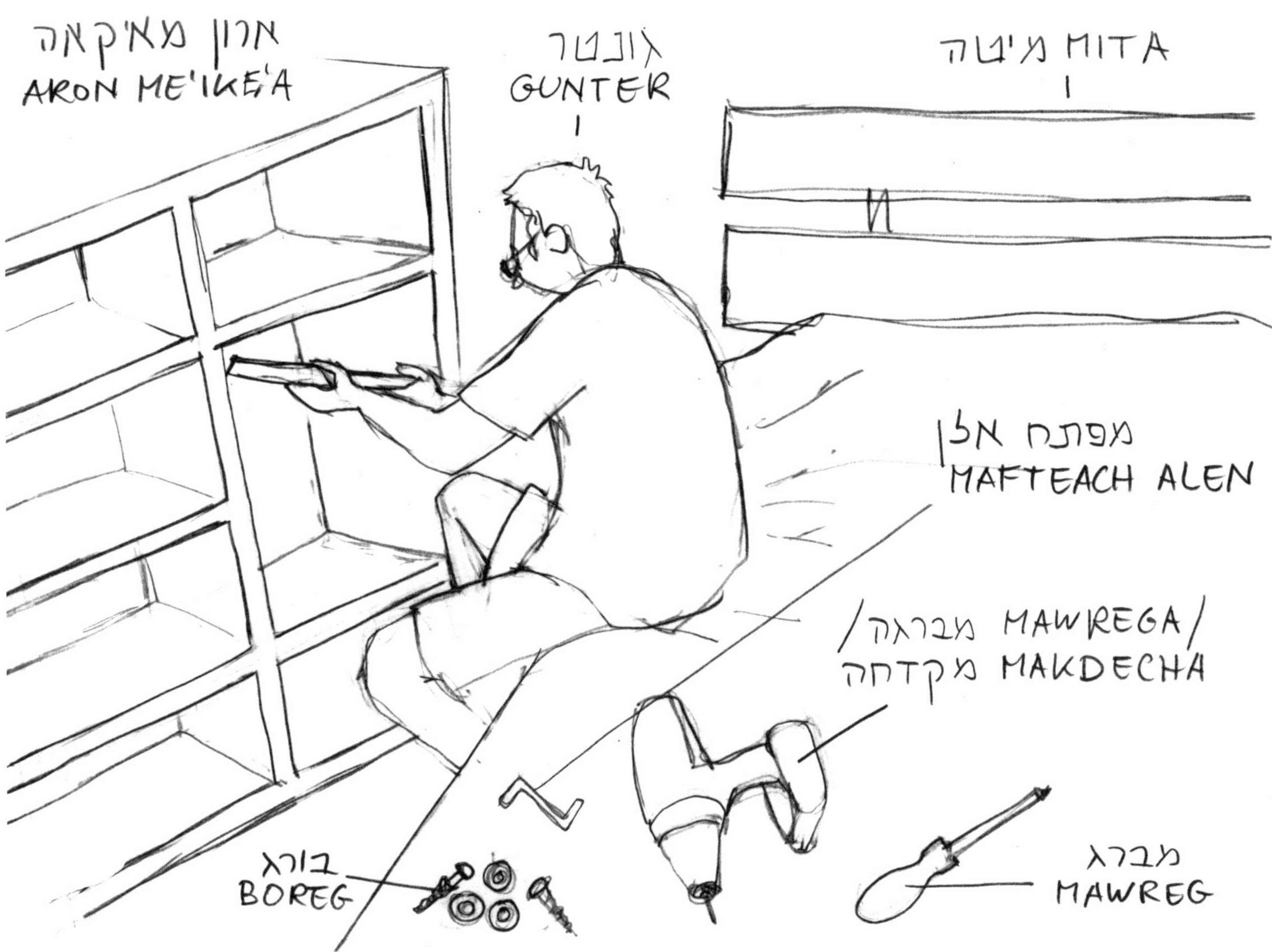
ארון מאיקאה
ARON ME'IKE'A
גונטר
GUNTER
MITA מיטה
מפתח אלן
MAFTEACH ALEN
מבראק/ MAWREGA/
מקדחה MAKDECHA
בורג
BOREG
מברג
MAWREG

מצח
MEZACH
כף יד
KAF JAD
מק
MEK
תפוח
TAPUACH
מכנסיים
MICHNASSAJIM
נעלי בית
NA'ALEJ BAJIT

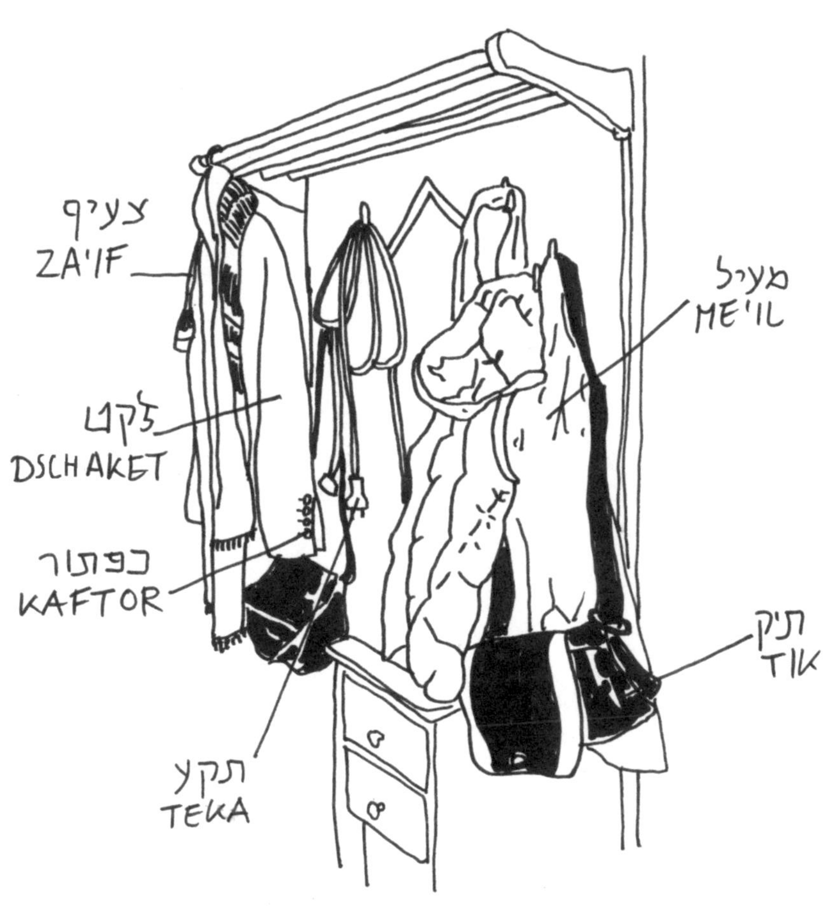
צעיף
ZA'IF
ג'קט
DSCHAKET
כפתור
KAFTOR
תקע
TEKA
מעיל
ME'IL
תיק
TIK

מגהץ
MAGHEZ
קרש גיהוץ
KERESCHGIHUZ

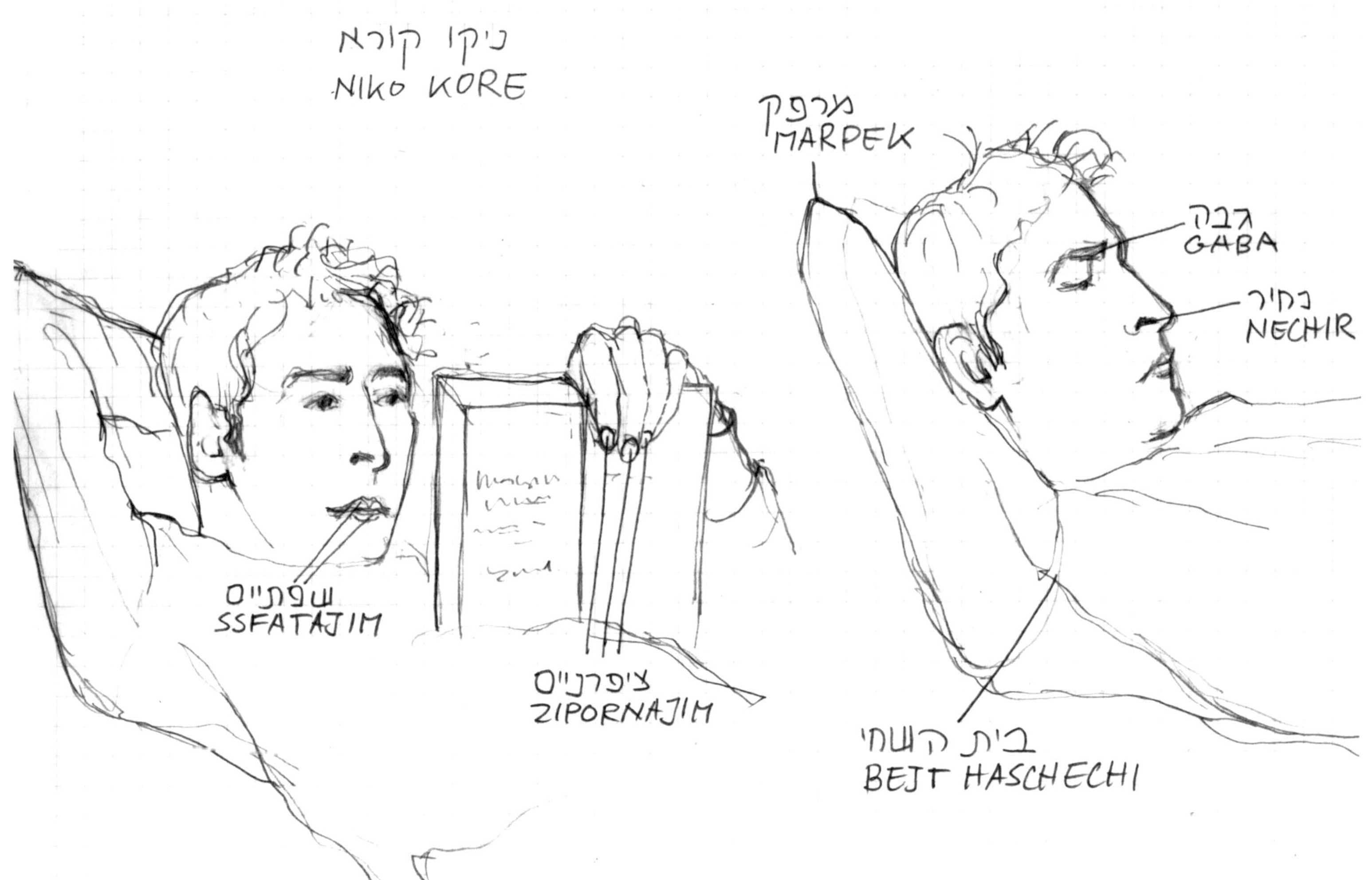
ניקו קורא
NIKO KORE
שפתיים
SSFATAJIM
ציפורניים
ZIPORNAJIM
מרפק
MARPEK
גבה
GABA
נחיר
NECHIR
בית השחי
BEJT HASCHECHI

ניקו במרפסת

niko bamirpessen

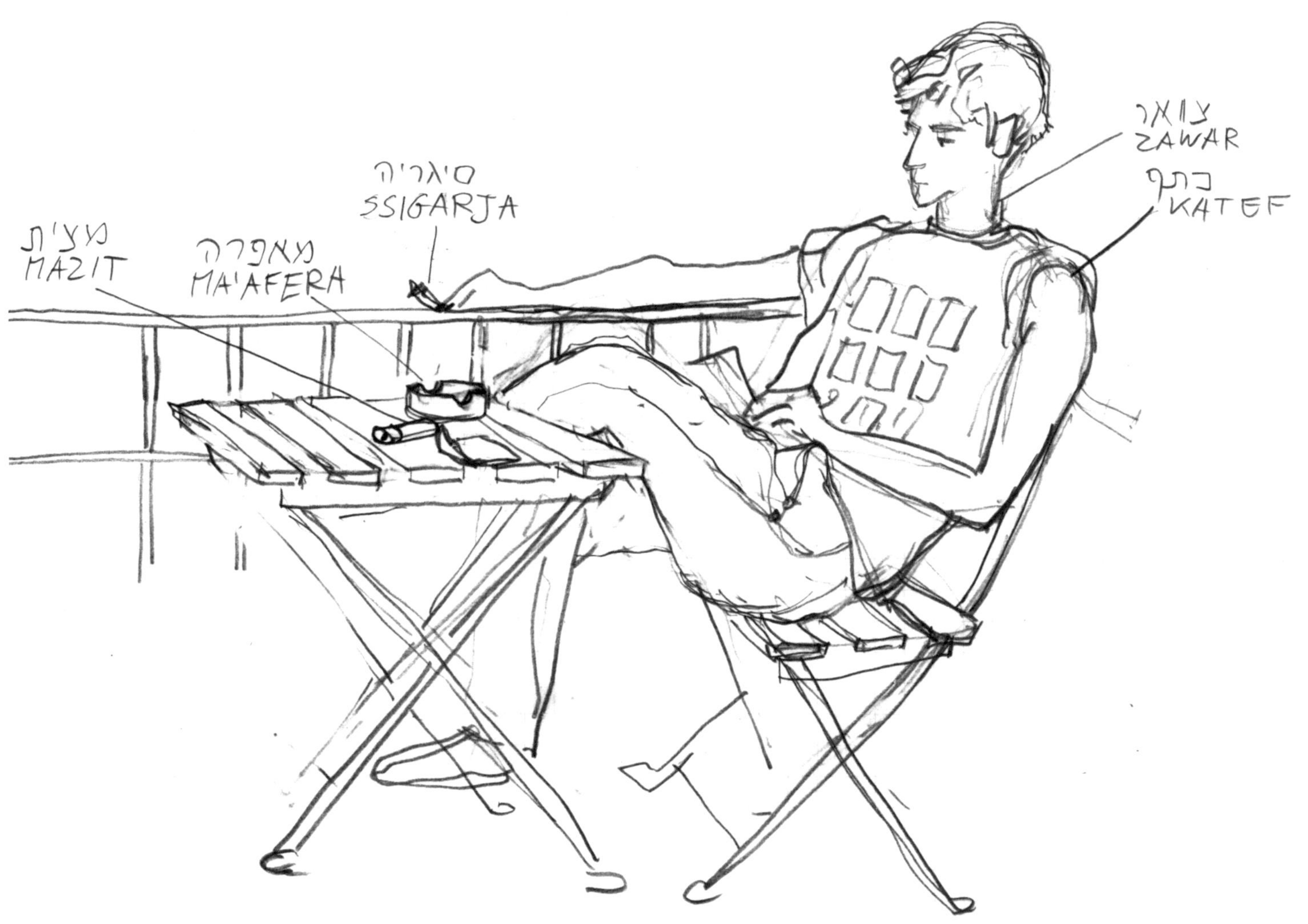

חדר אמבטיה ושרותים

chadar ambatja wescherutim

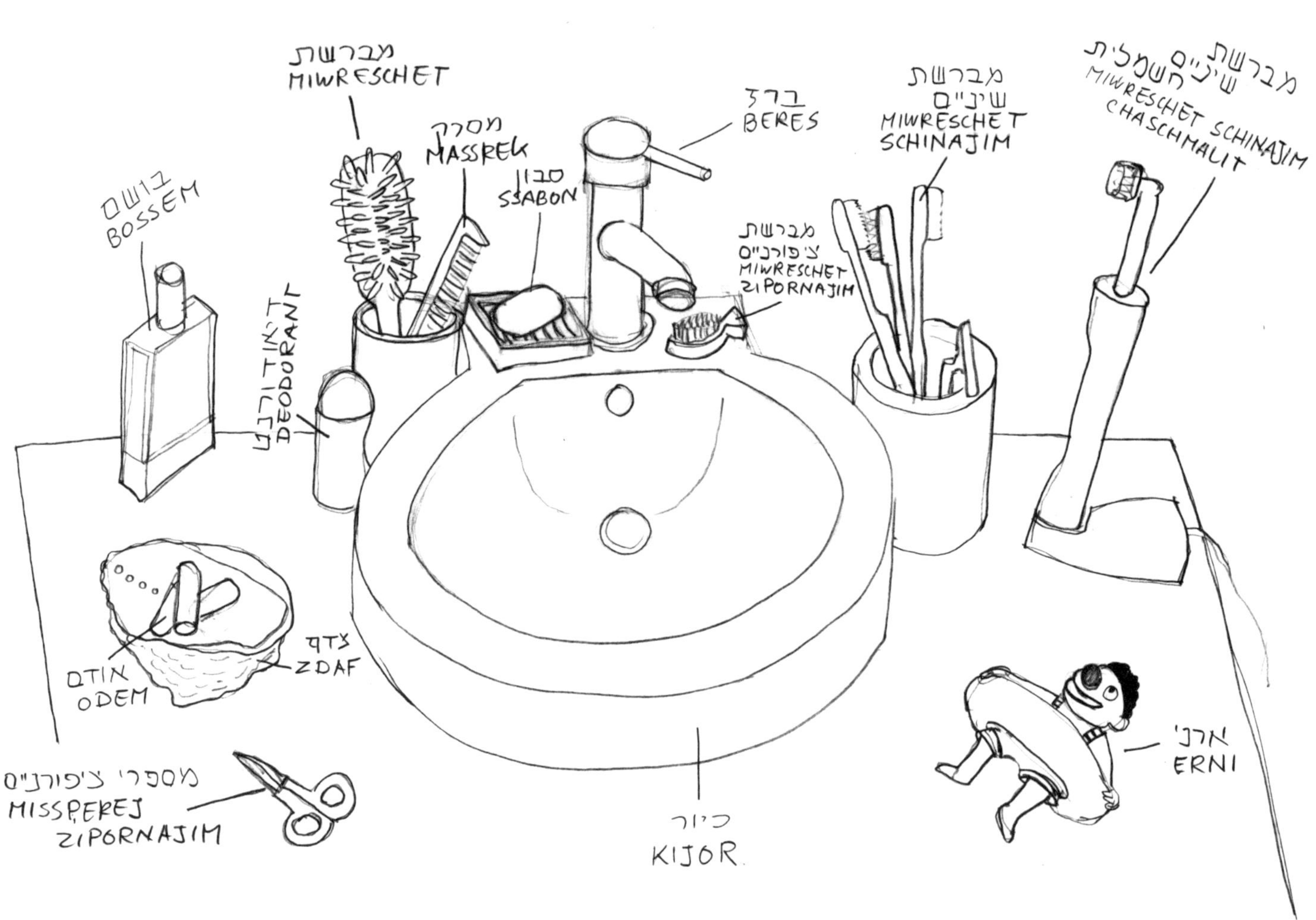

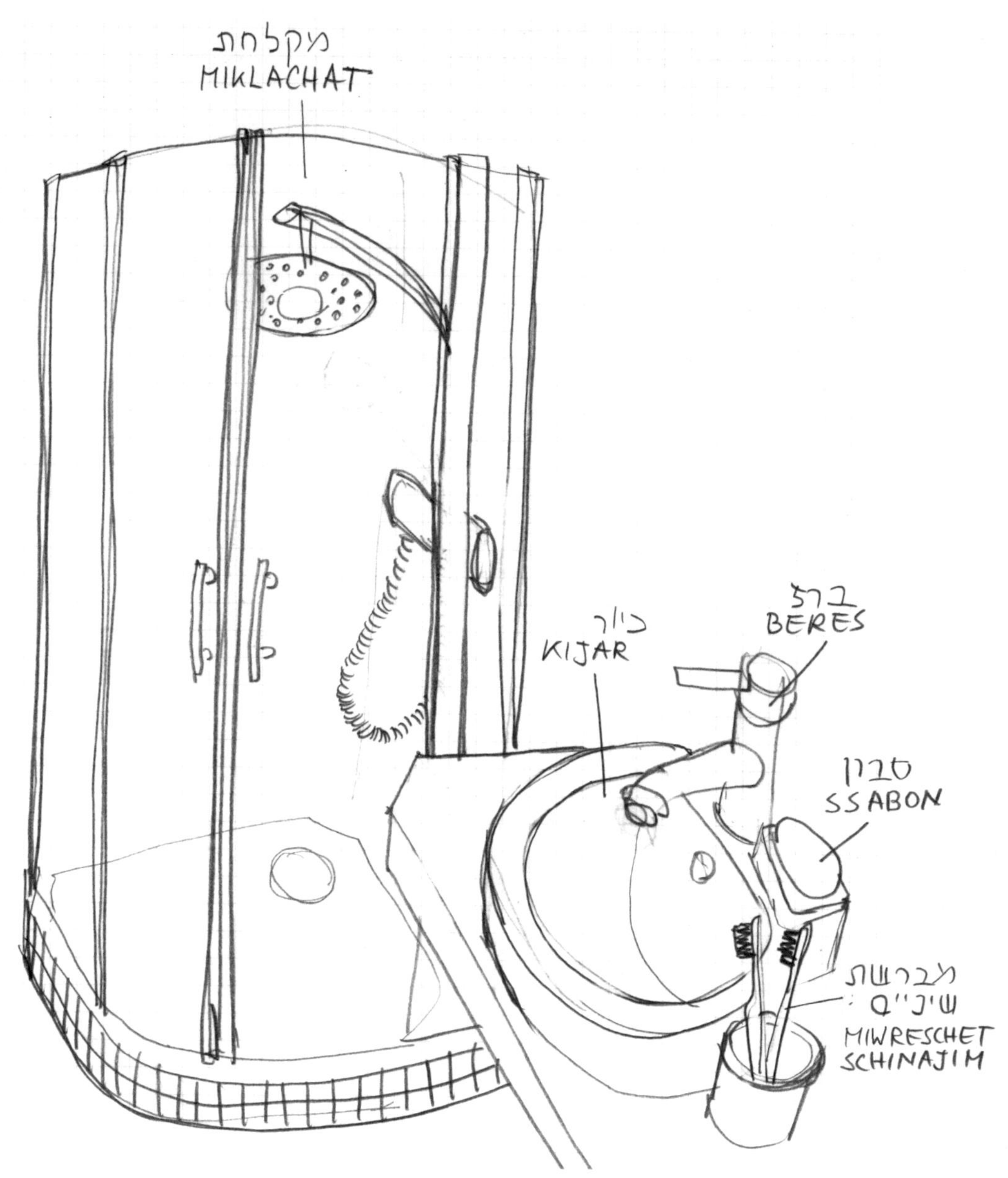
מקלחת
MIKLACHAT
כיור
KIJAR
ברז
BERES
סבון
SSABON
מברשת
שיניים
MIWRESCHET
SCHINAJIM

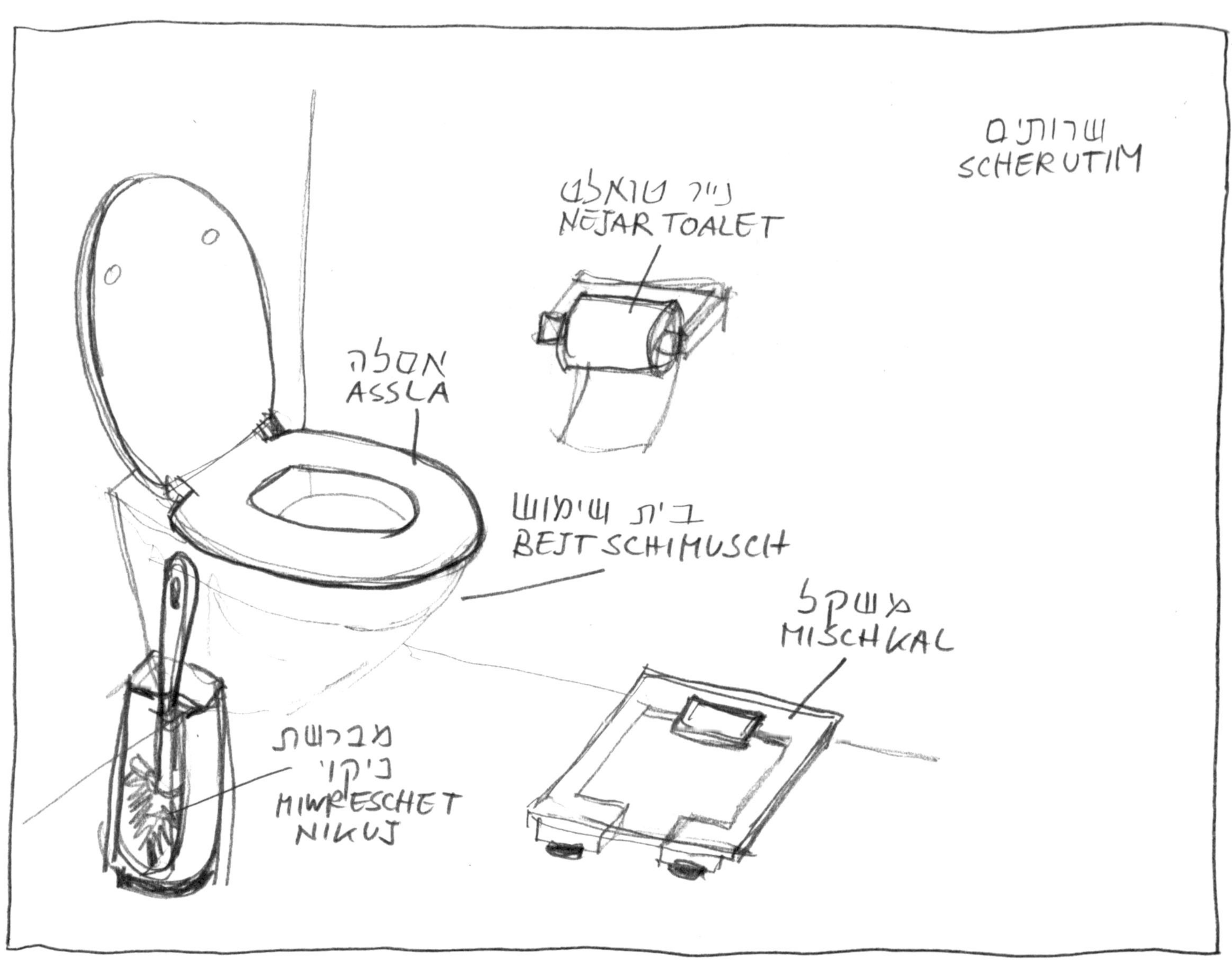
שרותים
SCHERUTIM
נייר טואלט
NEJAR TOALET
אסלה
ASSLA
בית שימוש
BEJT SCHIMUSCH
משקל
MISCHKAL
מברשת
ניקוי
MIWRESCHET
NIKUJ

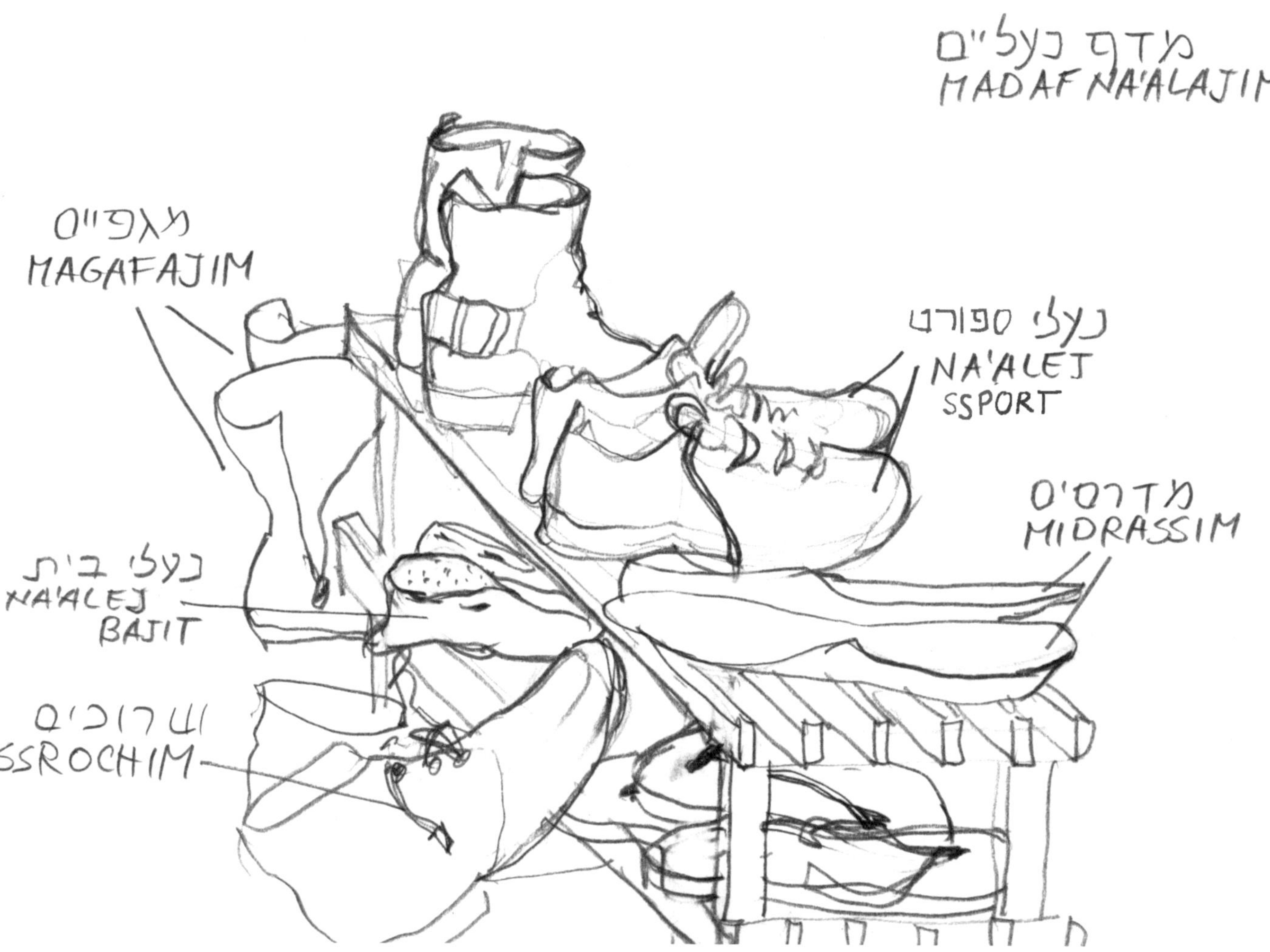
מדף נעליים
MADAF NA'ALAJIM
מגפיים
MAGAFAJIM
נעלי ספורט
NA'ALEJ SSPORT
מדרסים
MIDRASSIM
נעלי בית
NA'ALEJ BAJIT
שרוכים
SSROCHIM

מגמיש GAMISCH
תרווד TARWAD
כף עץ KAF EZ
פטיש שניצל PATISCH SCHNIZEL
כלי חרס
KLI CHERESS

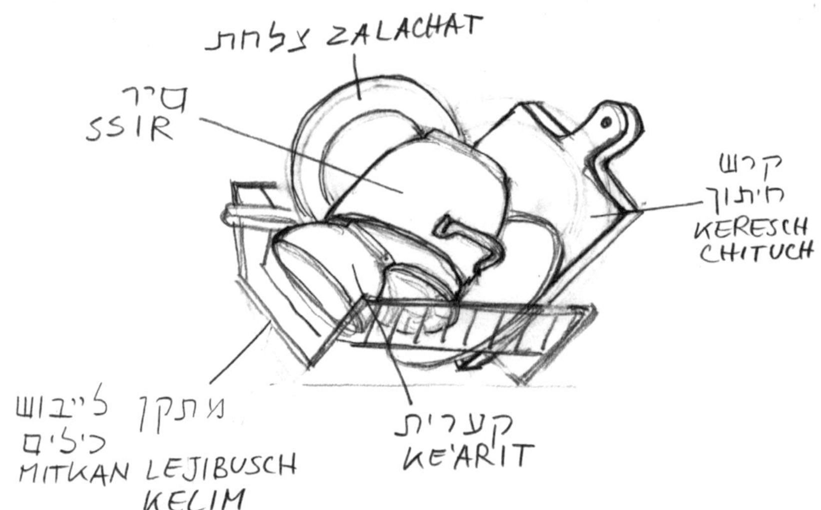
צלחת ZALACHAT
סיר
SSIR
קרש חיתוך
KERESCH CHITUCH
מתקן לייבוש כלים
MITKAN LEJIBUSCH KELIM
קערית
KE'ARIT

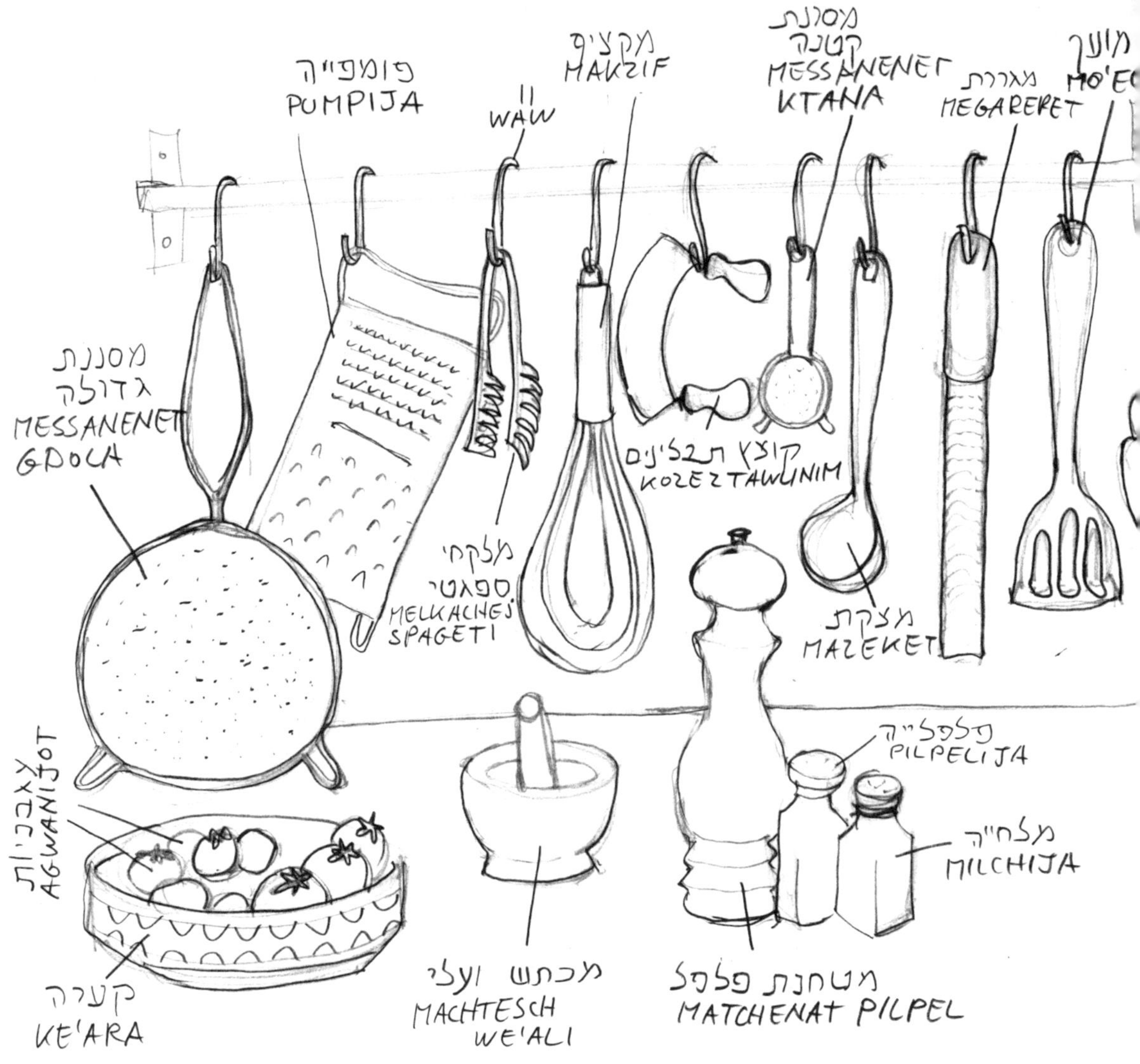
פומפייה
PUMPIJA
WAW
מקציף
MAKZIF
מסננת קטנה
MESSANENET KTANA
מגררת
MEGARERET
מועך
MO'EC
מסננת גדולה
MESSANENET GDOLA
קוצץ תבלינים
KOZEZ TAWLINIM
מלקחי ספגטי
MELKACHEJ SPAGETI
מצקת
MAZEKET
פלפלייה
PILPELIJA
מלחייה
MILCHIJA
עגבניות
AGWANIJOT
קערה
KE'ARA
מכתש ועלי
MACHTESCH WE'ALI
מטחנת פלפל
MATCHENAT PILPEL

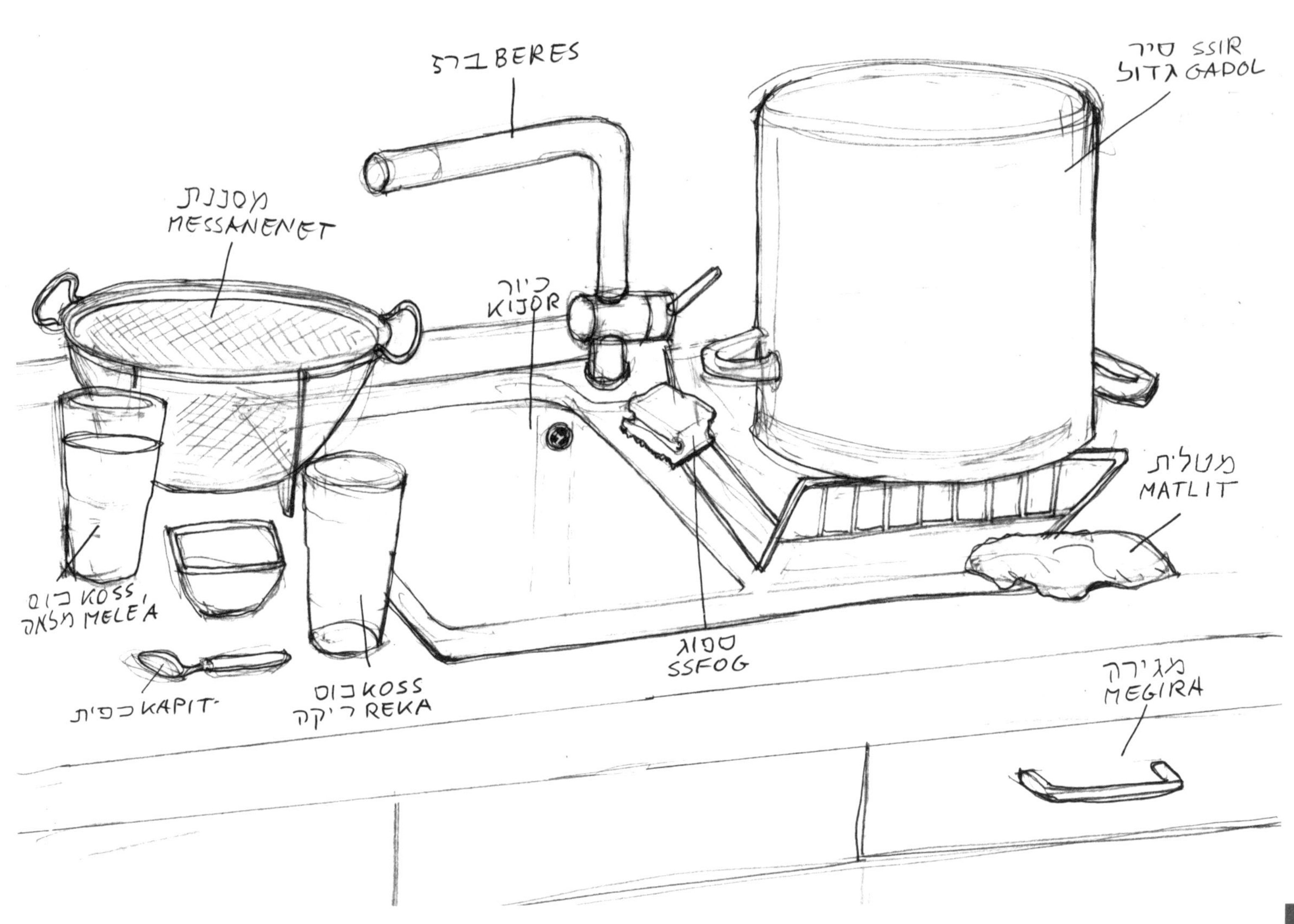
ברז BERES
סיר SSIR
גדול GADOL
מסננת
MESSANENET
כיור
KIJOR
מטלית
MATLIT
כוס KOSS,
מלאה MELE'A
ספוג
SSFOG
מגירה
MEGIRA
כפית KAPIT
כוס KOSS
ריקה REKA

מרית סיליקון
MARIT SSILIKON
מסננת
MESSANENET
קליפות קלמנטינה
KLIPOT KLEMENTINA
סכין
SSAKIN
קליפות ביצה
KLIPOT BEJZA
ספל
SSEFEL
צנוניות
ZNONIJOT
צנונית
ZNONIT

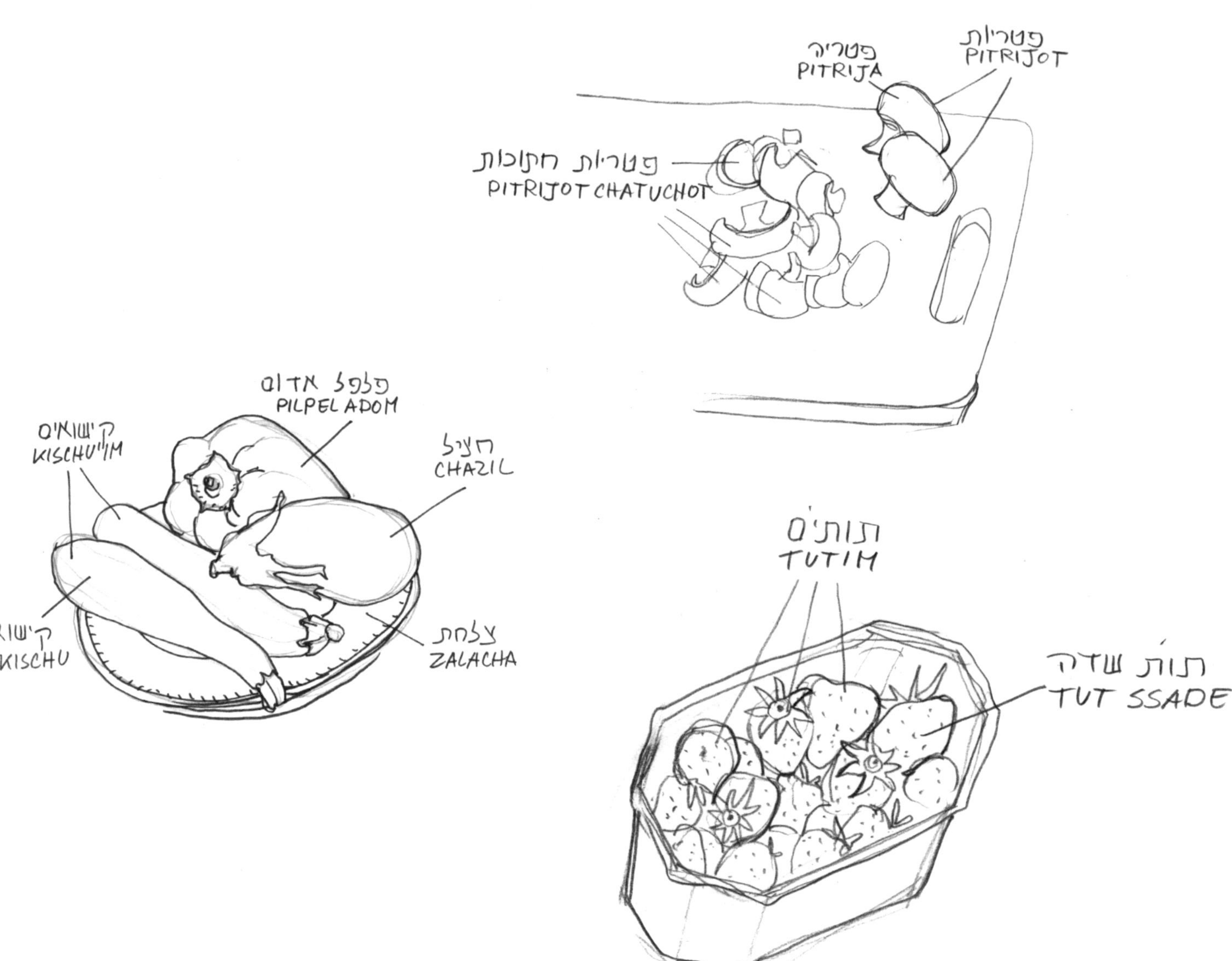

פטריה
PITRIJA
פטריות
PITRIJOT
פטריות חתוכות
PITRIJOT CHATUCHOT
פלפל אדום
PILPEL ADOM
קישואים
KISCHUIM
חציל
CHAZIL
קישוא
KISCHU
צלחת
ZALACHA
תותים
TUTIM
תות שדה
TUT SSADE

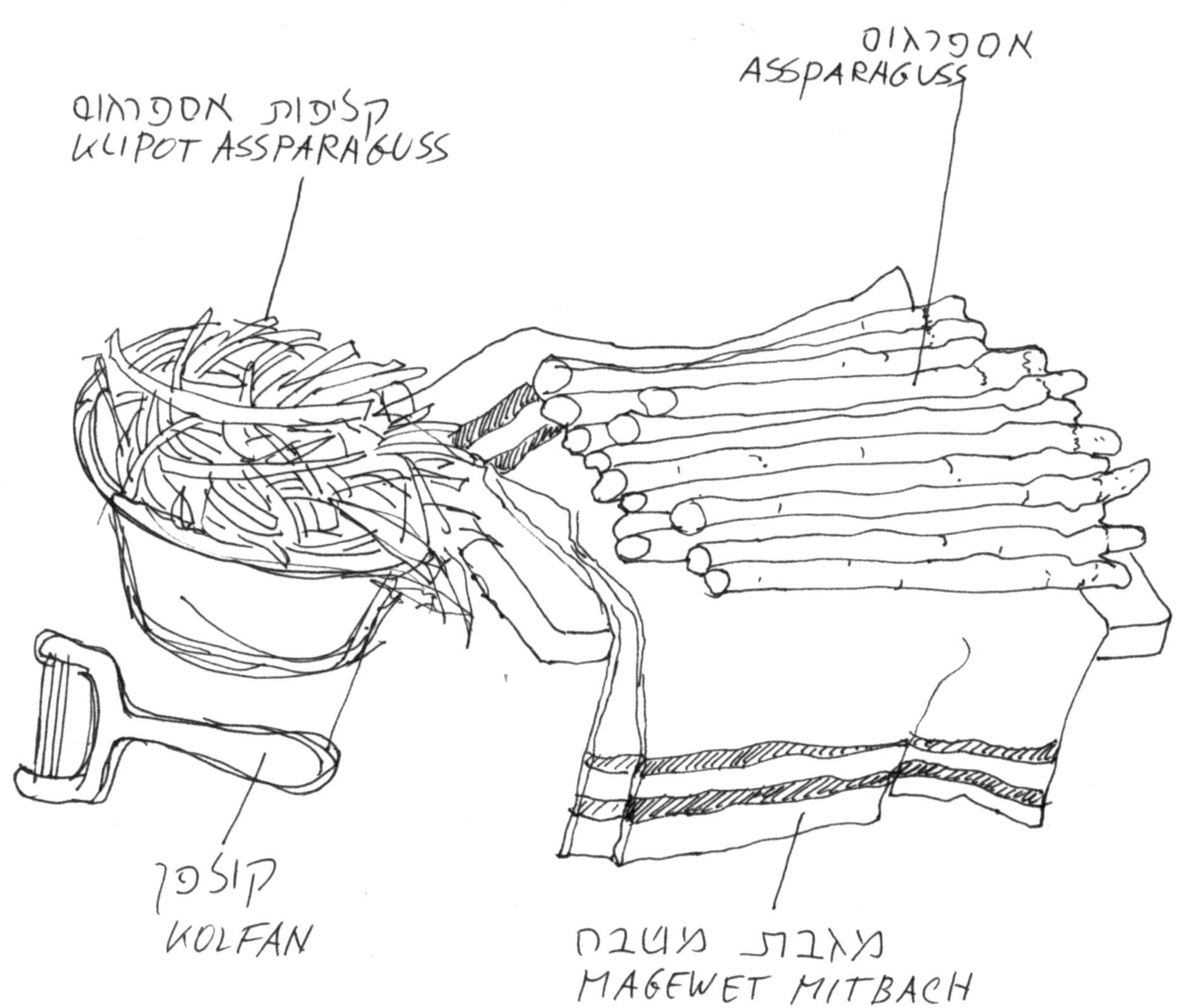
אספרגוס
ASSPARAGUSS
קליפות אספרגוס
KLIPOT ASSPARAGUSS
קולפן
KOLFAN
מגבת מטבח
MAGEWET MITBACH

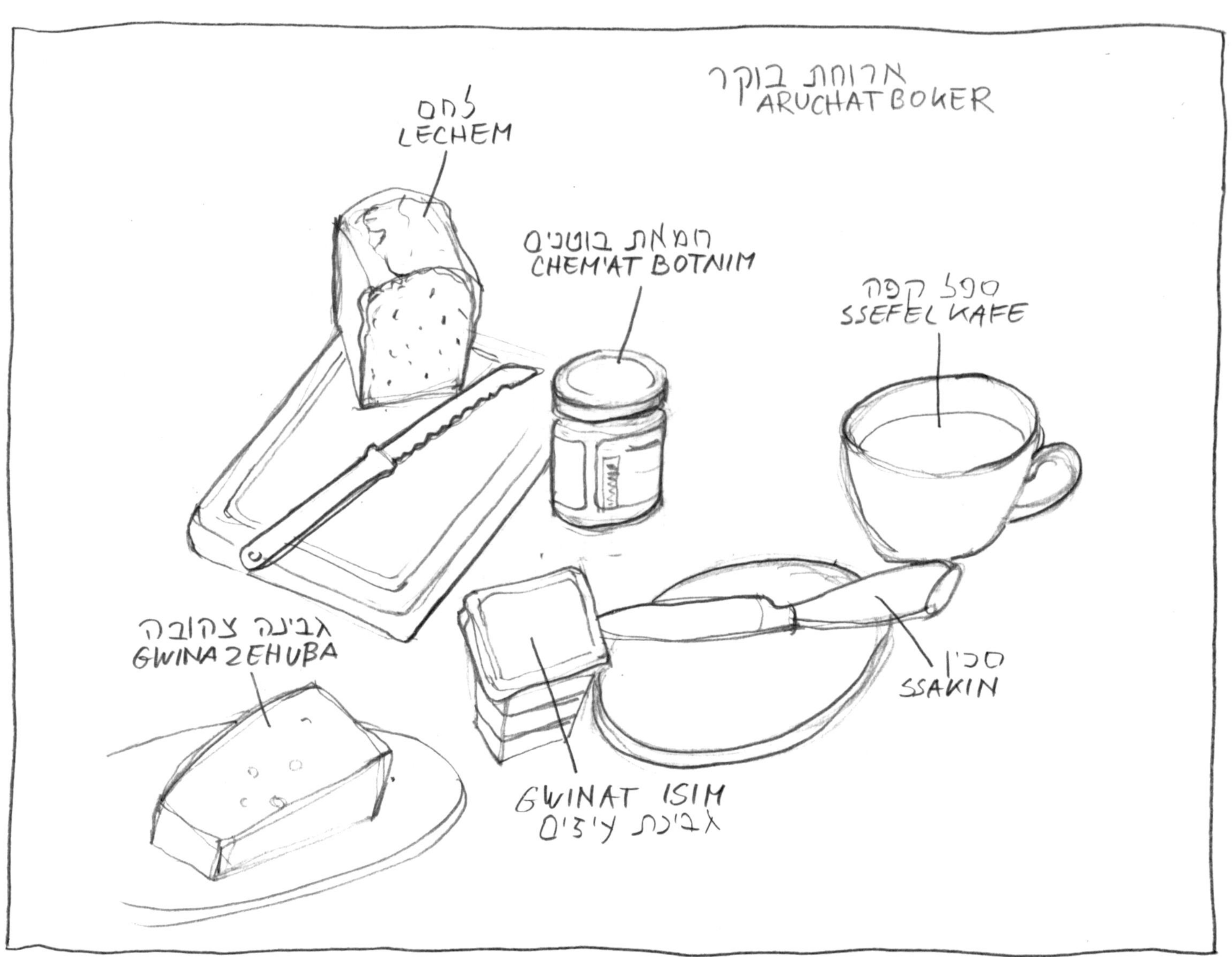
ארוחת בוקר
ARUCHAT BOKER
לחם
LECHEM
חמאת בוטנים
CHEM'AT BOTNIM
ספל קפה
SSEFEL KAFE
גבינה צהובה
GWINA ZEHUBA
סכין
SSAKIN
GWINAT ISIM
גבינת עיזים

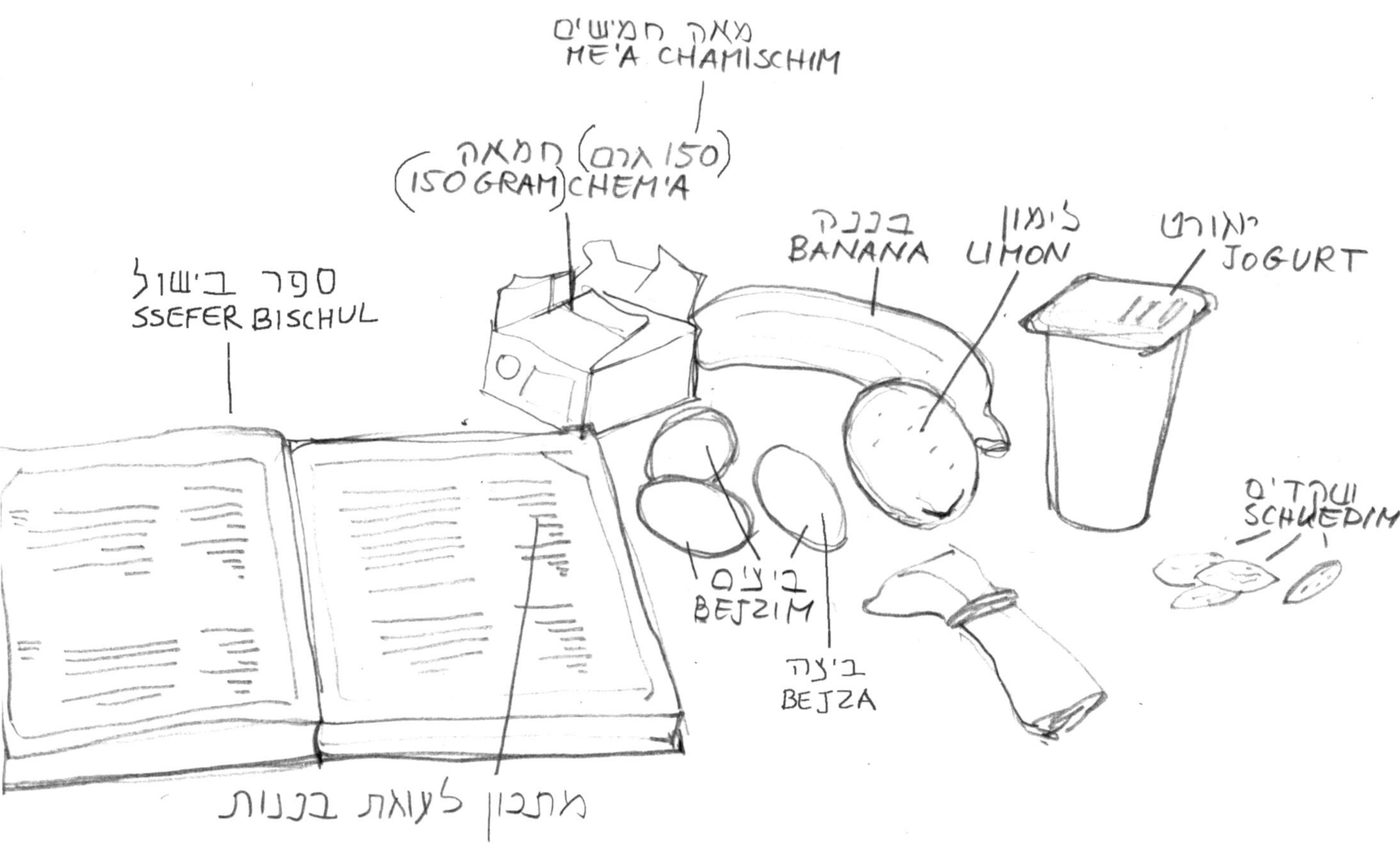

עוגת בננות
URAT BANANOT
מאה חמישים
ME'A CHAMISCHIM
(150 גרם) חמאה
(150 GRAM) CHEM'A
בננה
BANANA
לימון
LIMON
יאורט
JOGURT
ספר בישול
SSEFER BISCHUL
שקדים
SCHKEDIM
ביצים
BEJZIM
ביצה
BEJZA
מתכון לעוגת בננות

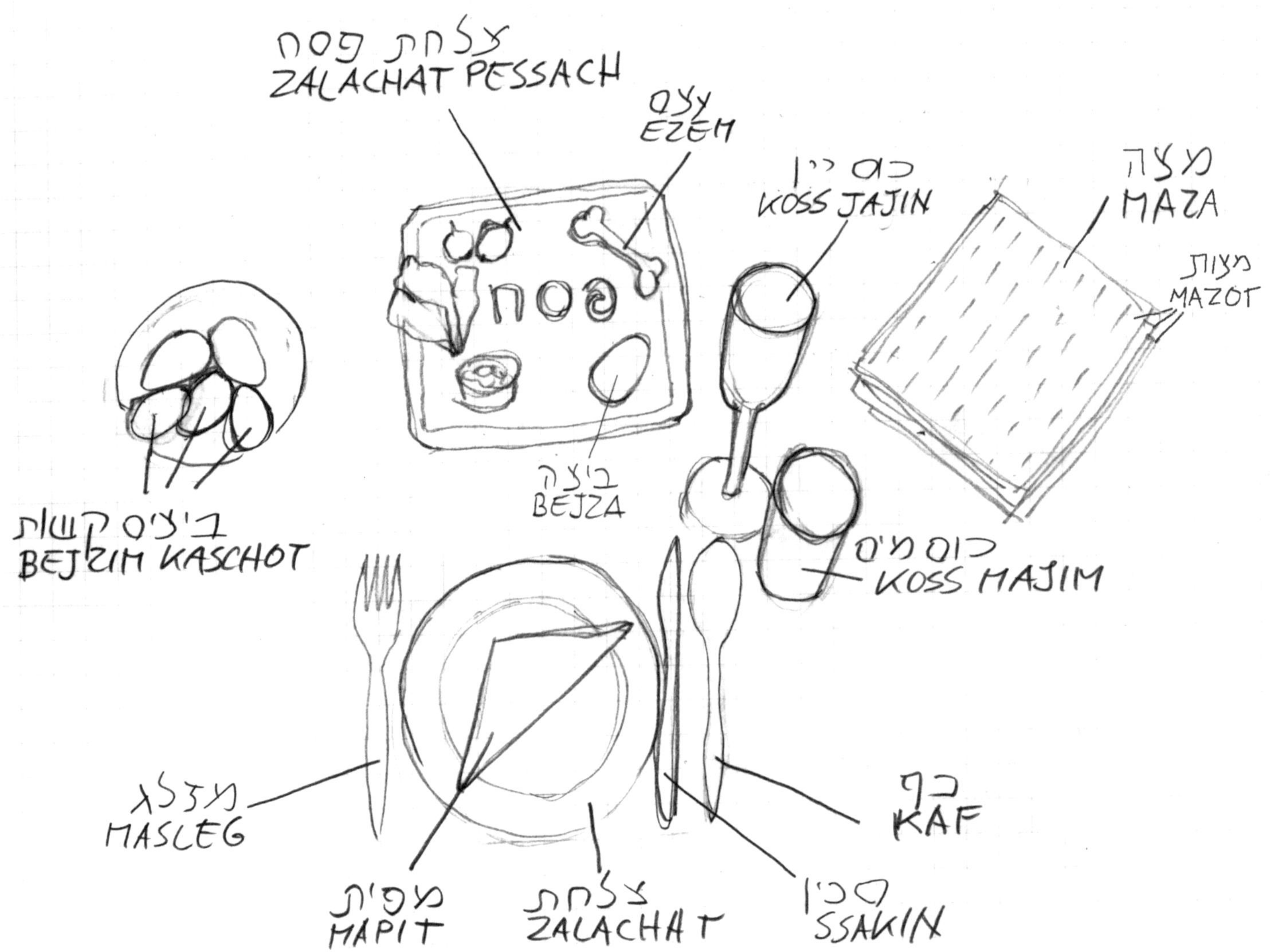
צלחת פסח
ZALACHAT PESSACH
עצם
EZEM
כוס יין
KOSS JAJIN
מצה
MAZA
מצות
MAZOT
פסח
ביצים קשות
BEJZIM KASCHOT
ביצה
BEJZA
כוס מים
KOSS MAJIM
מזלג
MASLEG
מפית
MAPIT
צלחת
ZALACHAT
סכין
SSAKIN
כף
KAF

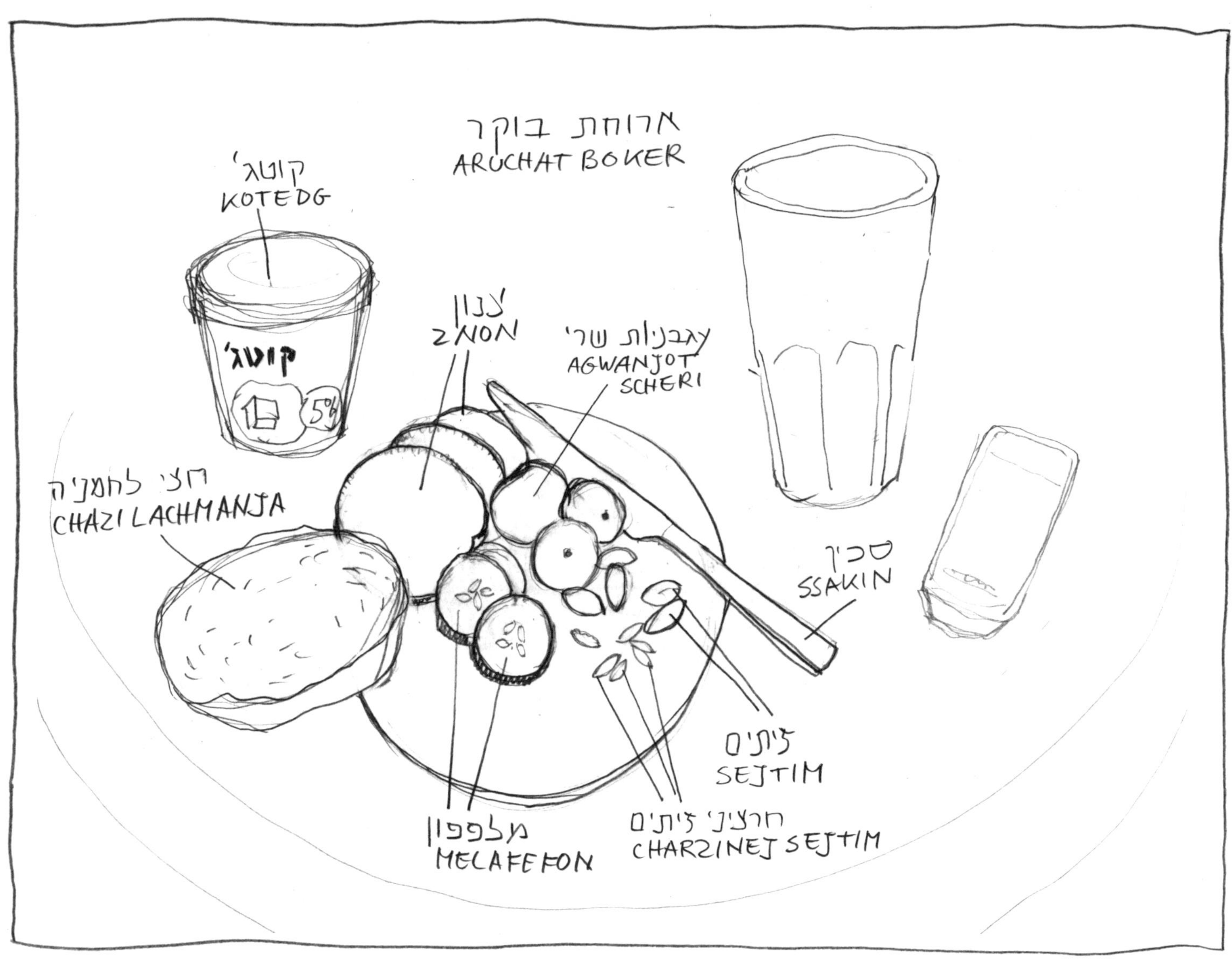

ארוחת בוקר
ARUCHAT BOKER
קוטג'
KOTEDG
קוטג'
5%
צנון
ZNON
עגבניות שרי
AGWANJOT SCHERI
חצי לחמניה
CHAZI LACHMANJA
סכין
SSAKIN
זיתים
SEJTIM
מלפפון
MELAFEFON
חרציני זיתים
CHARZINEJ SEJTIM

לחיים!
LECHAJIM!

ארוחת צהור"ם
ARUCHAT ZOHORAJIM
אחותי
ACHOTI
חברה
CHAWERA
בקבוק
BAKBUK
צלחת
ZALACHAT
מזטים
MASETIM
קערית
KE'ARIT
פיתה
PITA
בירה
BIRA

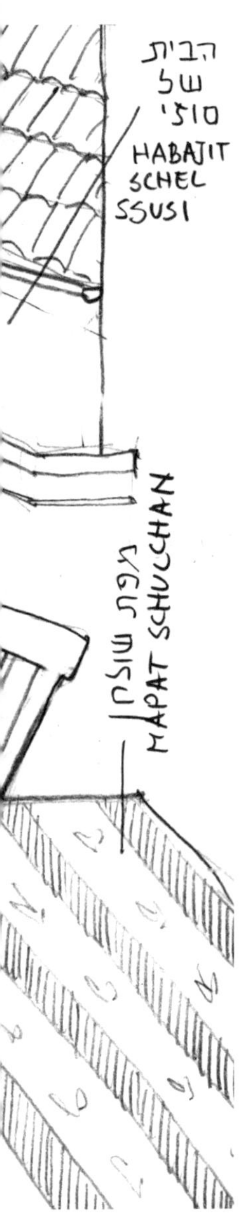

מרפסת גג
mirpesset gag

הבית
של
סוזי
HABAJIT
SCHEL
SSUSI
מפת שולחן
MAPAT SCHULCHAN

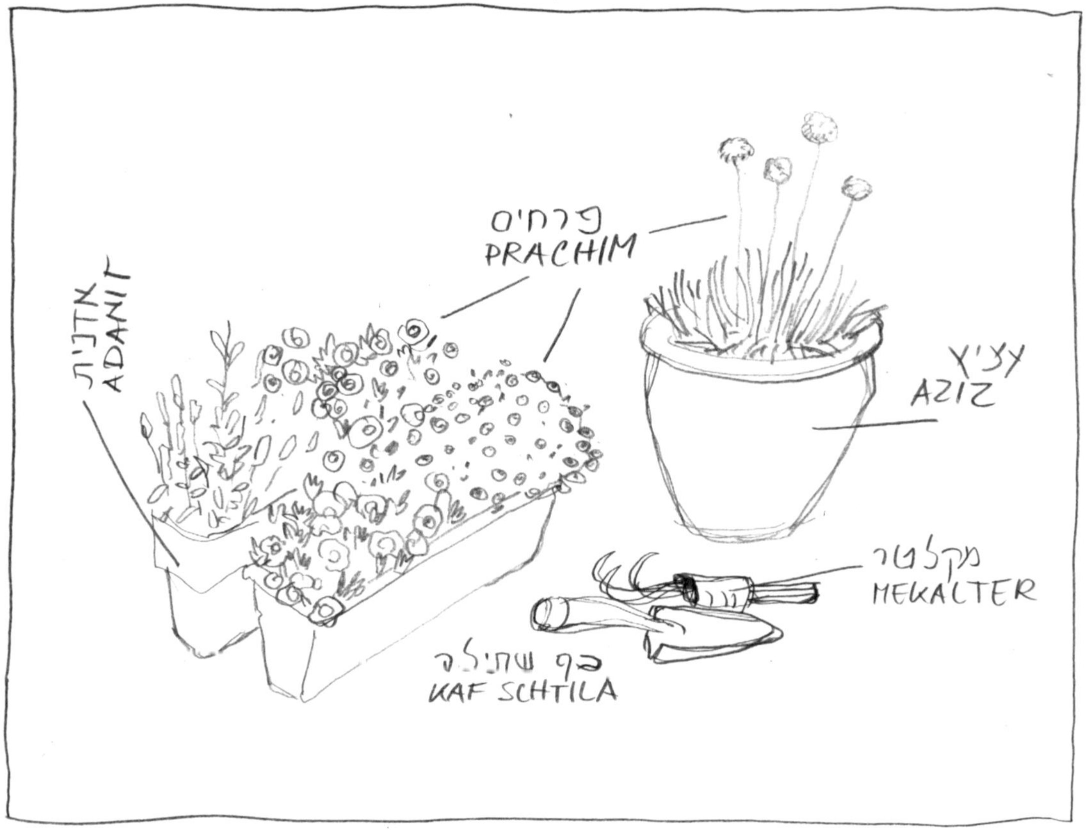
פרחים
PRACHIM
אדנית
ADANIT
עציץ
AZIZ
מקלטר
MEKALTER
כף שתילה
KAF SCHTILA

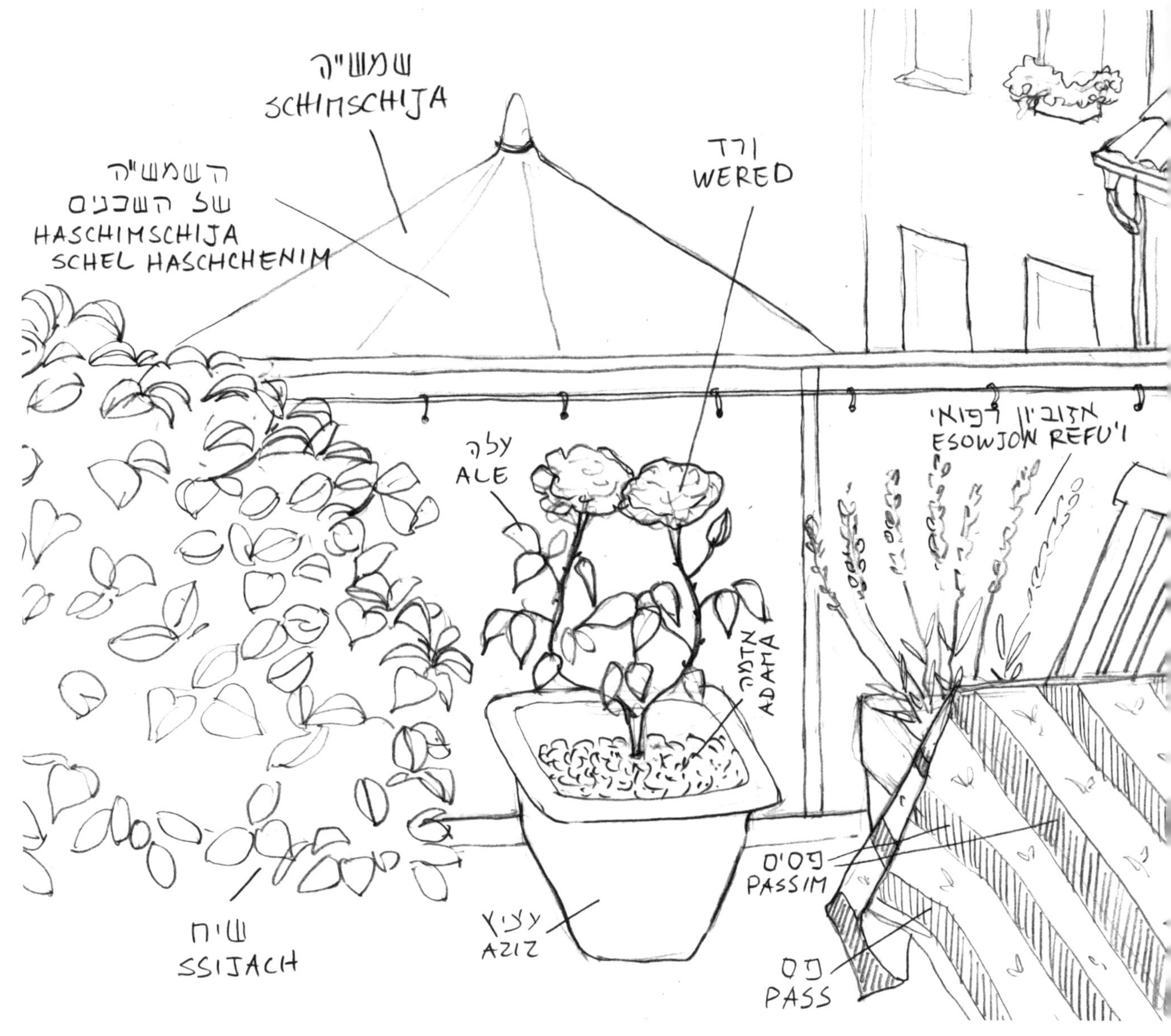
שמשי"ה
SCHIMSCHIJA
השמשי"ה
של השכנים
HASCHIMSCHIJA
SCHEL HASCHCHENIM
ורד
WERED
עלה
ALE
אזוביון רפואי
ESOWJON REFU'I
אדמה
ADAMA
שיח
SSIJACH
עציץ
AZIZ
פסים
PASSIM
פס
PASS

זר צבעונים
SER ZIWONIM

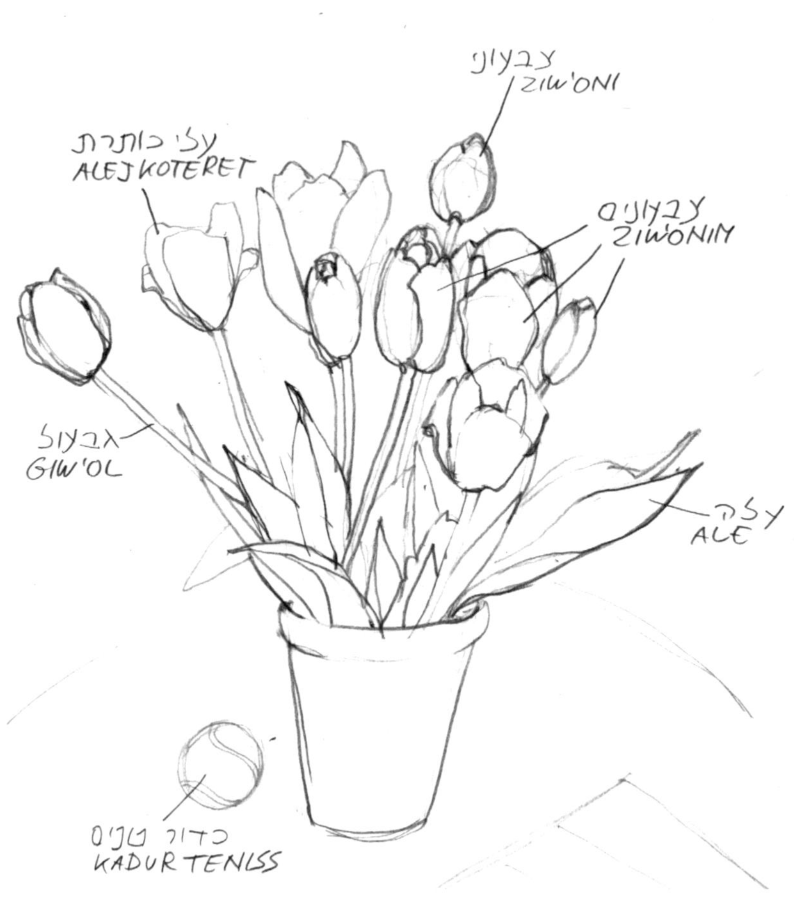

בחוץ

bachuz

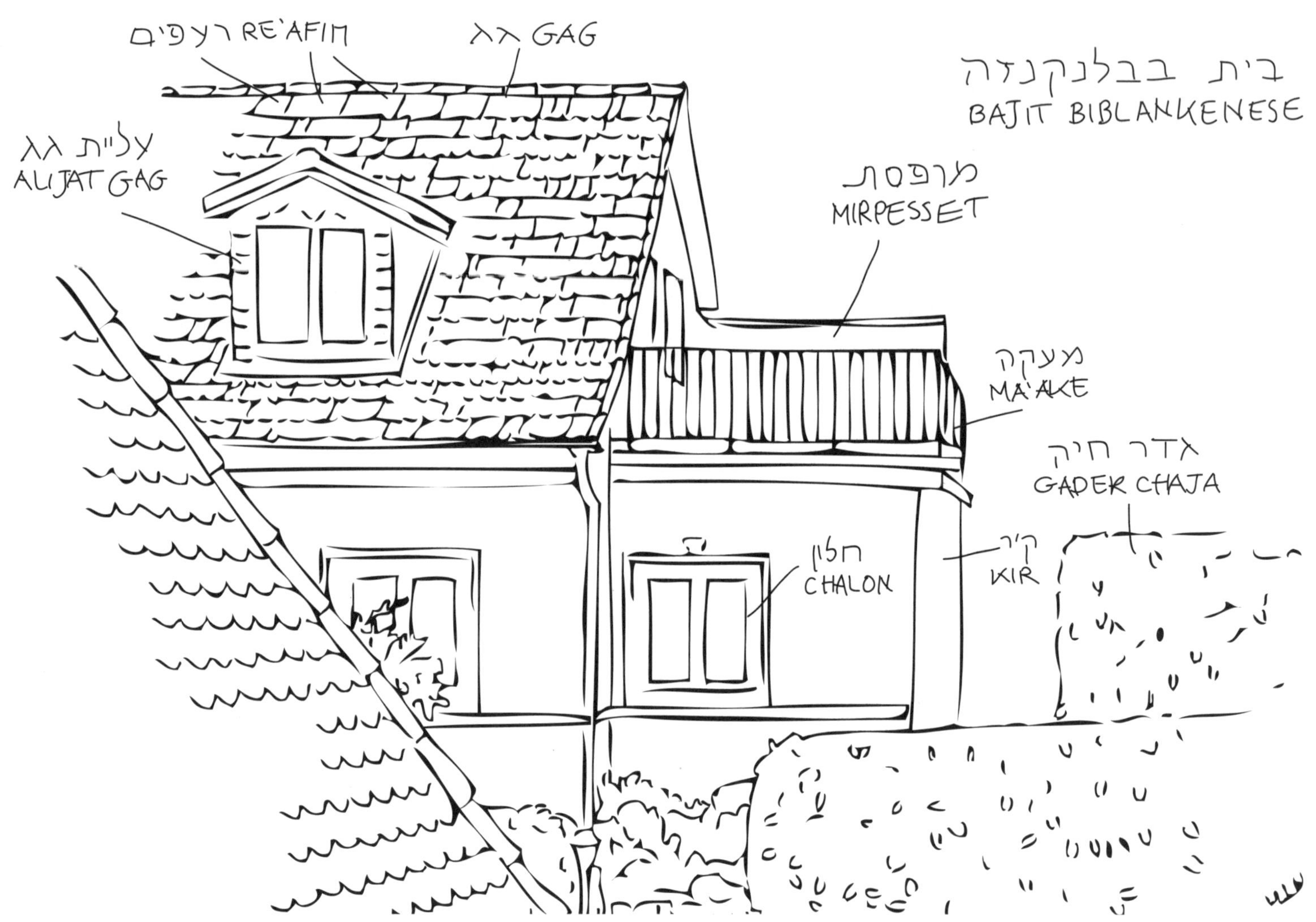
רעפים RE'AFIM
גג GAG
בית בבלנקנזה
BAJIT BIBLANKENESE
עליית גג
ALIJAT GAG
מרפסת
MIRPESSET
מעקה
MA'AKE
גדר חיה
GADER CHAJA
חלון
CHALON
קיר
KIR

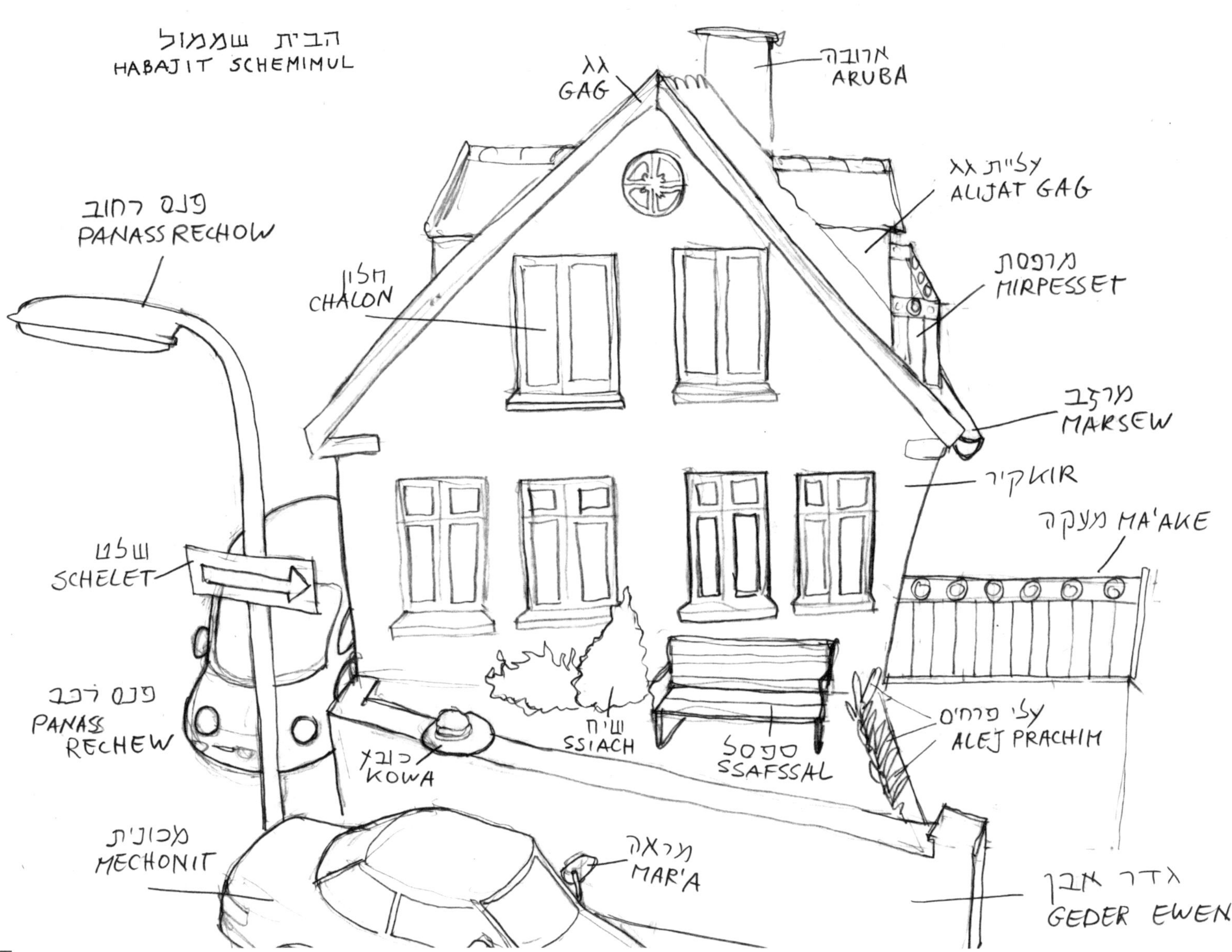
הבית שממול
HABAJIT SCHEMIMUL
גג
GAG
ארובה
ARUBA
עליית גג
ALIJAT GAG
פנס רחוב
PANASS RECHOW
חלון
CHALON
מרפסת
MIRPESSET
מרזב
MARSEW
קיר
KIR
מעקה MA'AKE
שלט
SCHELET
פנס רכב
PANASS
RECHEW
כובע
KOWA
שיח
SSIACH
ספסל
SSAFSSAL
עצי פרחים
ALEJ PRACHIM
מכונית
MECHONIT
מראה
MAR'A
גדר אבן
GEDER EWEN

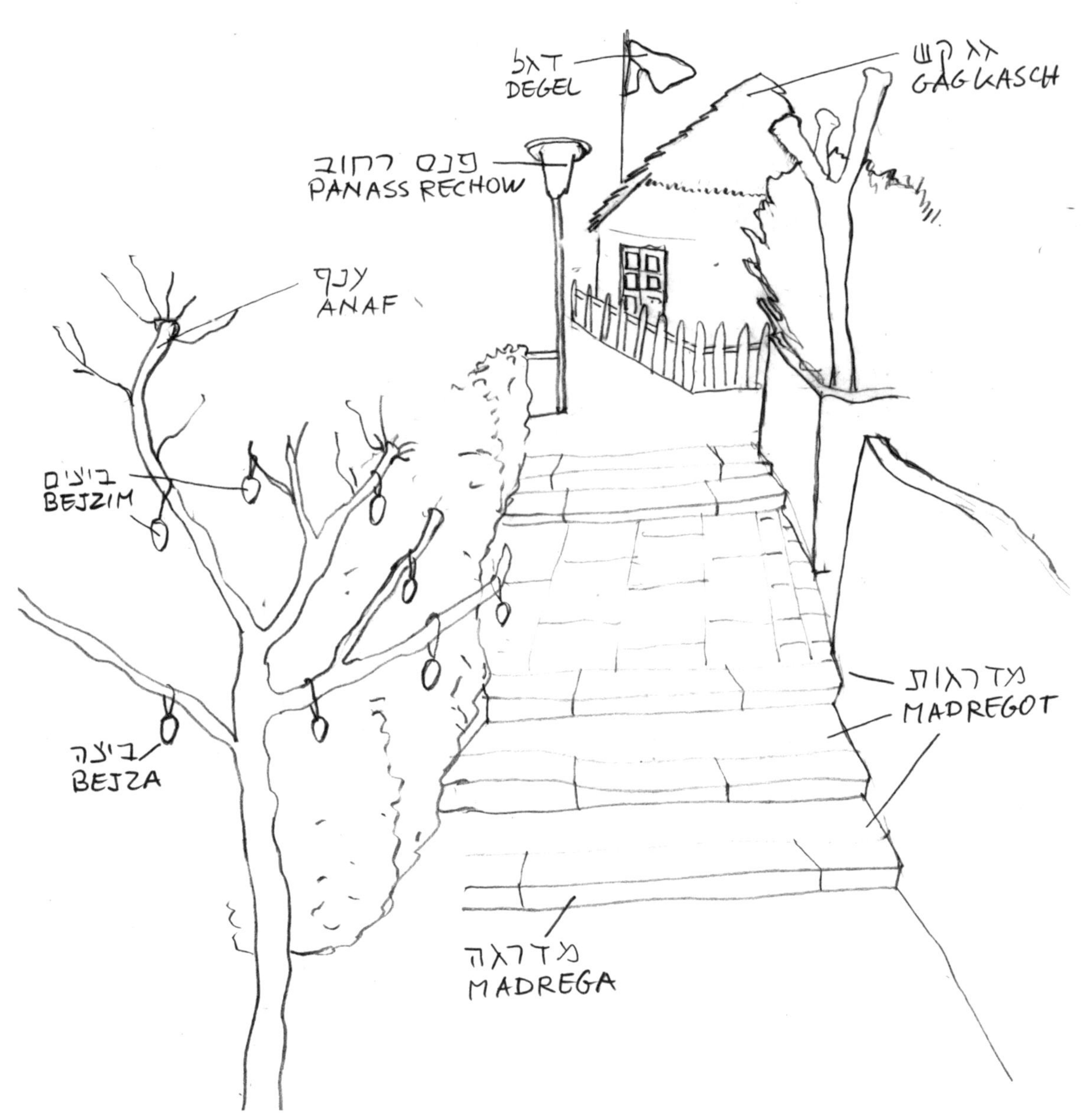

דגל
DEGEL
גג קש
GAG KASCH
פנס רחוב
PANASS RECHOW
ענף
ANAF
ביצים
BEJZIM
ביצה
BEJZA
מדרגות
MADREGOT
מדרגה
MADREGA

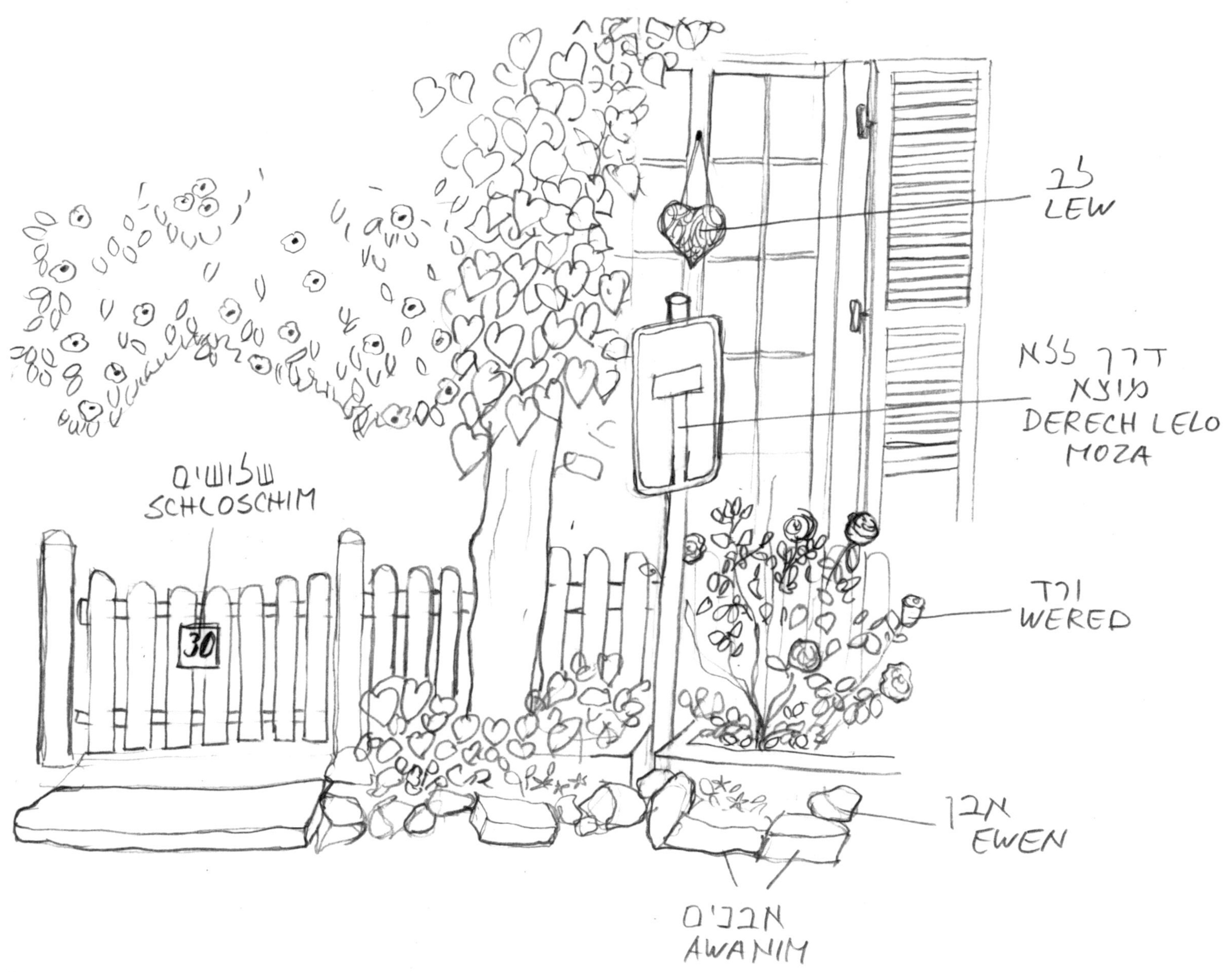
לב
LEW
דרך ללא
מוצא
DERECH LELO
MOZA
שלושים
SCHLOSCHIM
30
ורד
WERED
אבן
EWEN
אבנים
AWANIM

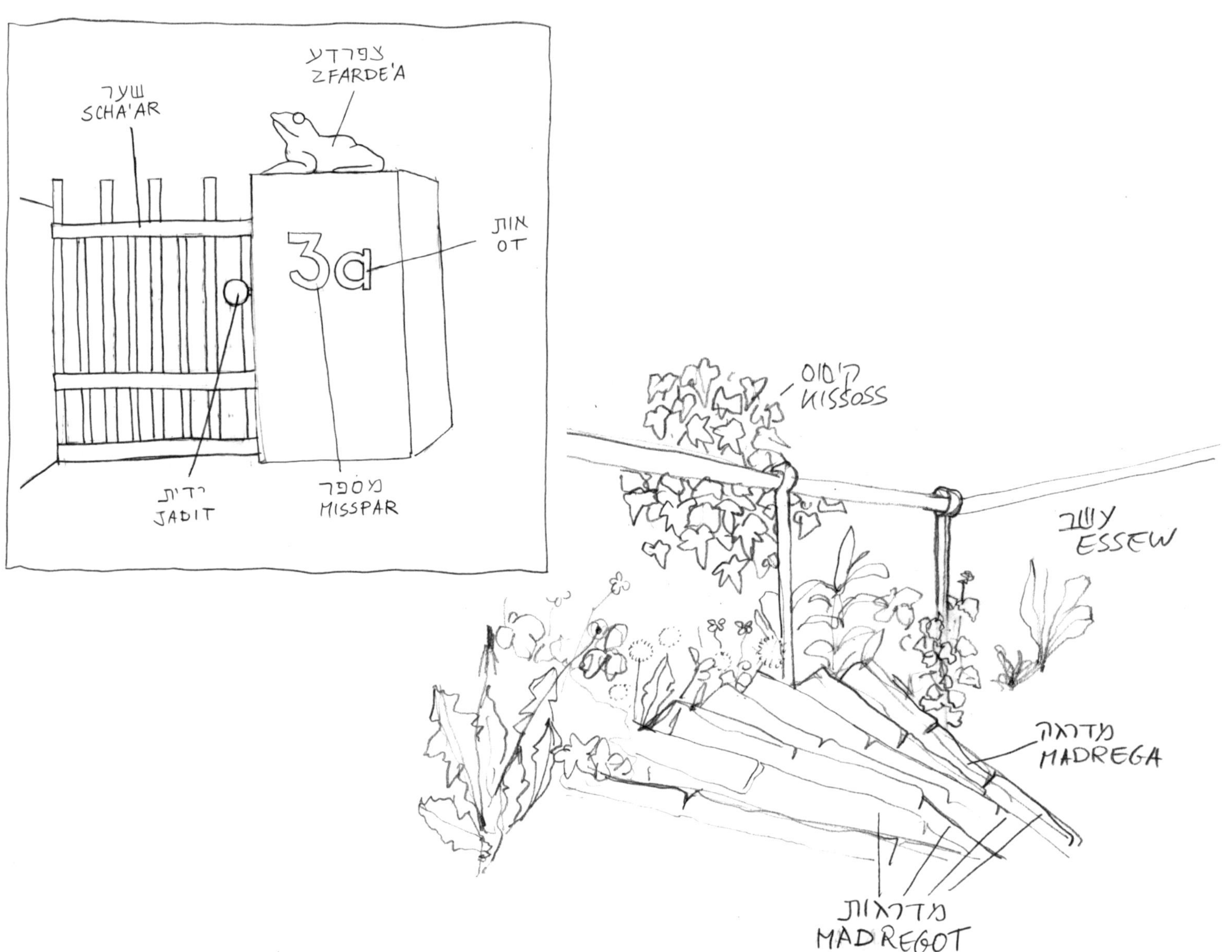
צפרדע
ZFARDE'A
שער
SCHA'AR
אות
OT
3a
ידית
JADIT
מספר
MISSPAR
קיסוס
KISSOSS
עשב
ESSEW
מדרגה
MADREGA
מדרגות
MADREGOT

אביב
awiw

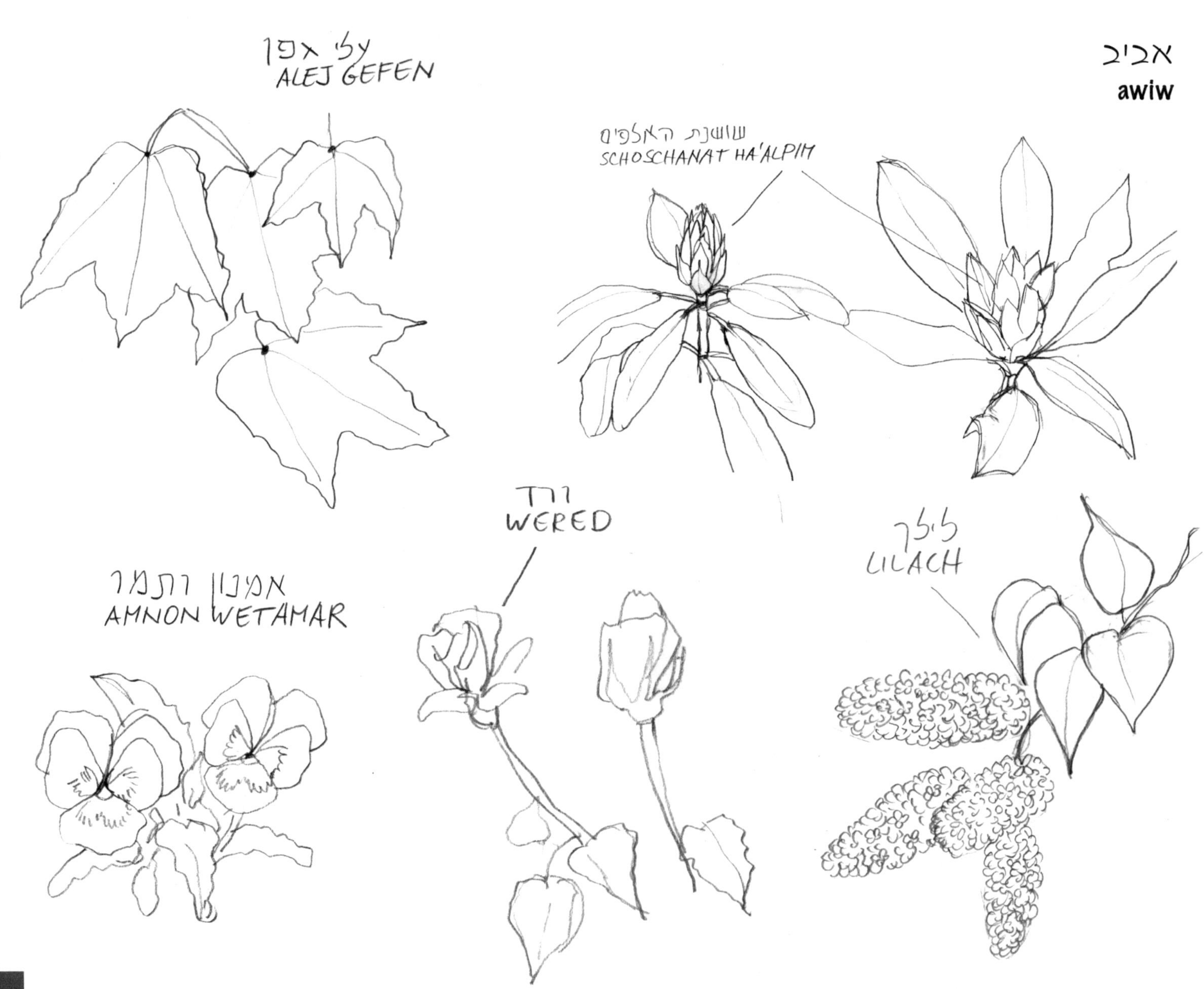

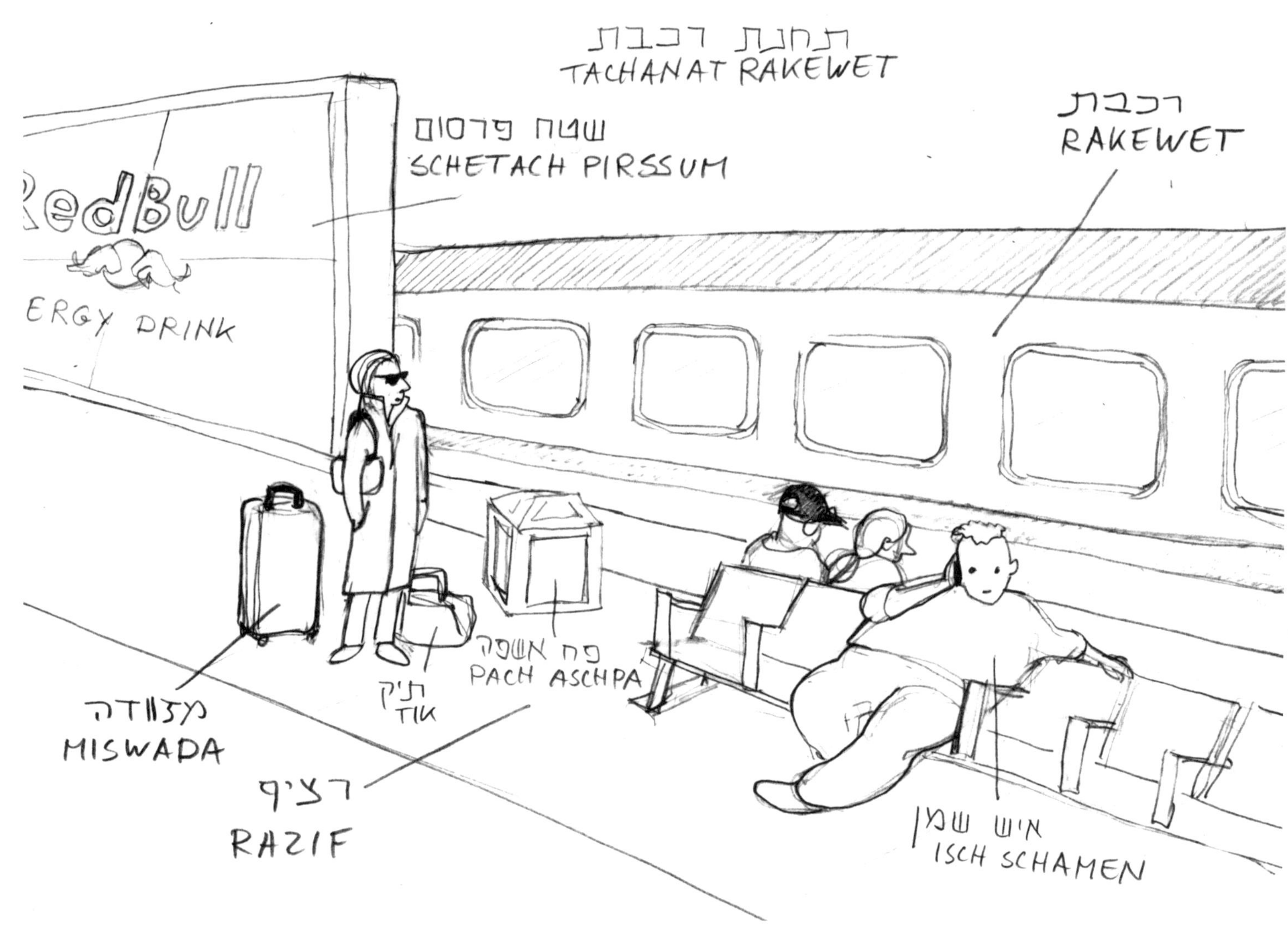
תחנת רכבת
TACHANAT RAKEWET
RedBull
ERGY DRINK
שטח פרסום
SCHETACH PIRSSUM
רכבת
RAKEWET
מזוודה
MISWADA
תיק
TIK
פח אשפה
PACH ASCHPA
רציף
RAZIF
איש שמן
ISCH SCHAMEN

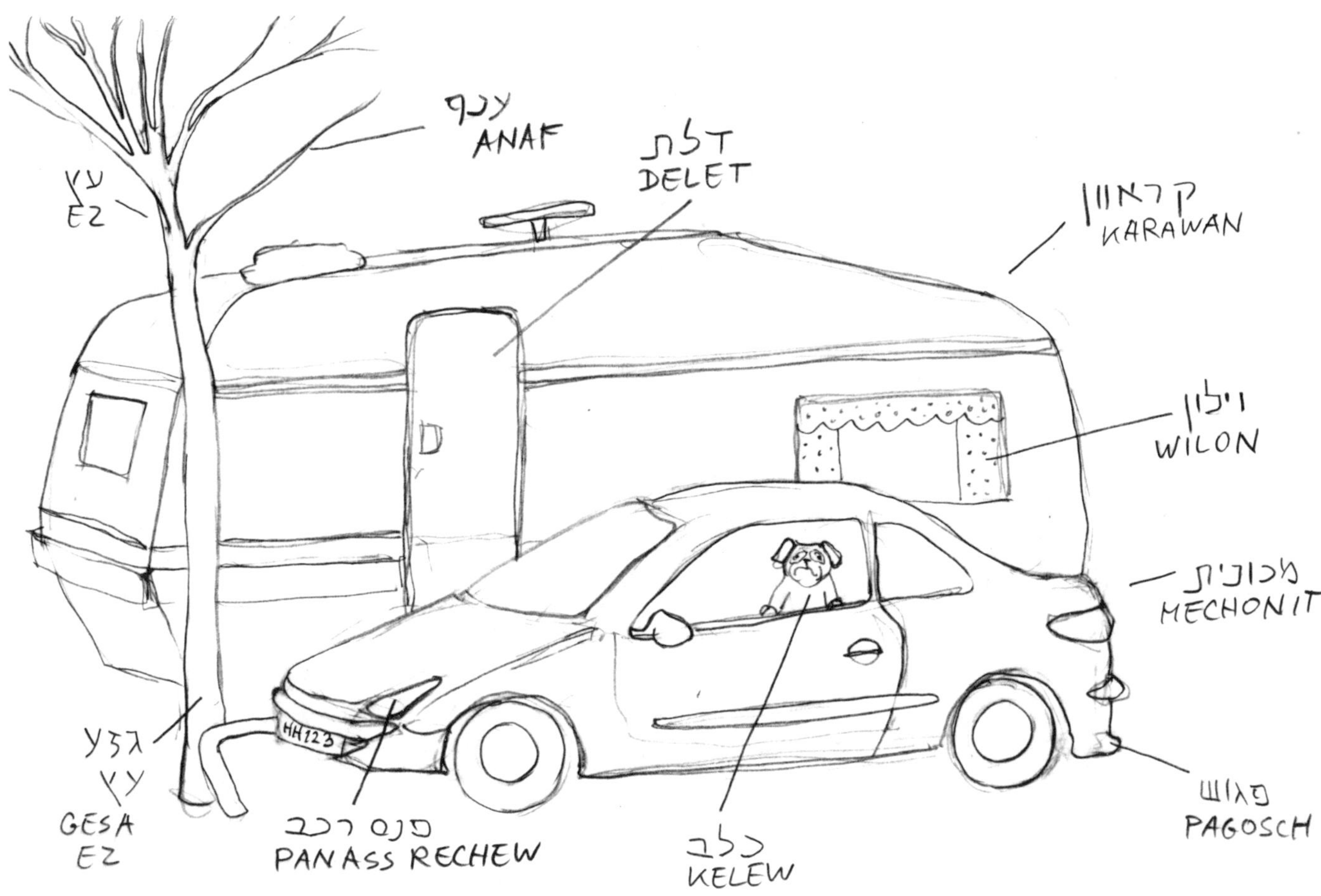
ענף
ANAF
דלת
DELET
עץ
EZ
קראוון
KARAWAN
וילון
WILON
מכונית
MECHONIT
HH123
גזע
עץ
GESA
EZ
פנס רכב
PANASS RECHEW
כלב
KELEW
פגוש
PAGOSCH

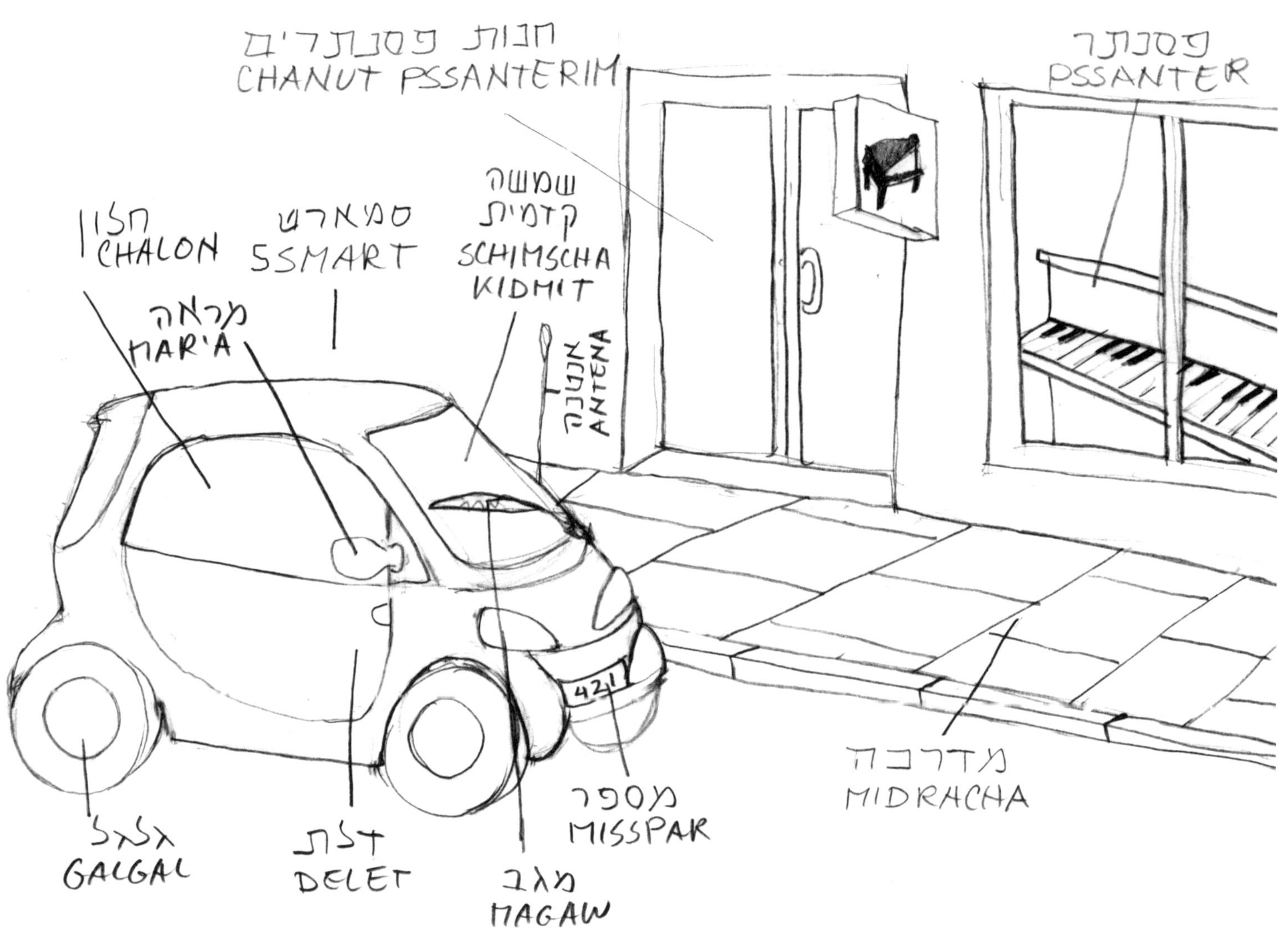
חנות פסנתרים
CHANUT PSSANTERIM
פסנתר
PSSANTER
שמשה קדמית
SCHIMSCHA KIDMIT
סמארט
SSMART
חלון
CHALON
מראה
MAR'A
אנטנה
ANTENA
גלגל
GALGAL
דלת
DELET
מגב
MAGAW
מספר
MISSPAR
421
מדרכה
MIDRACHA

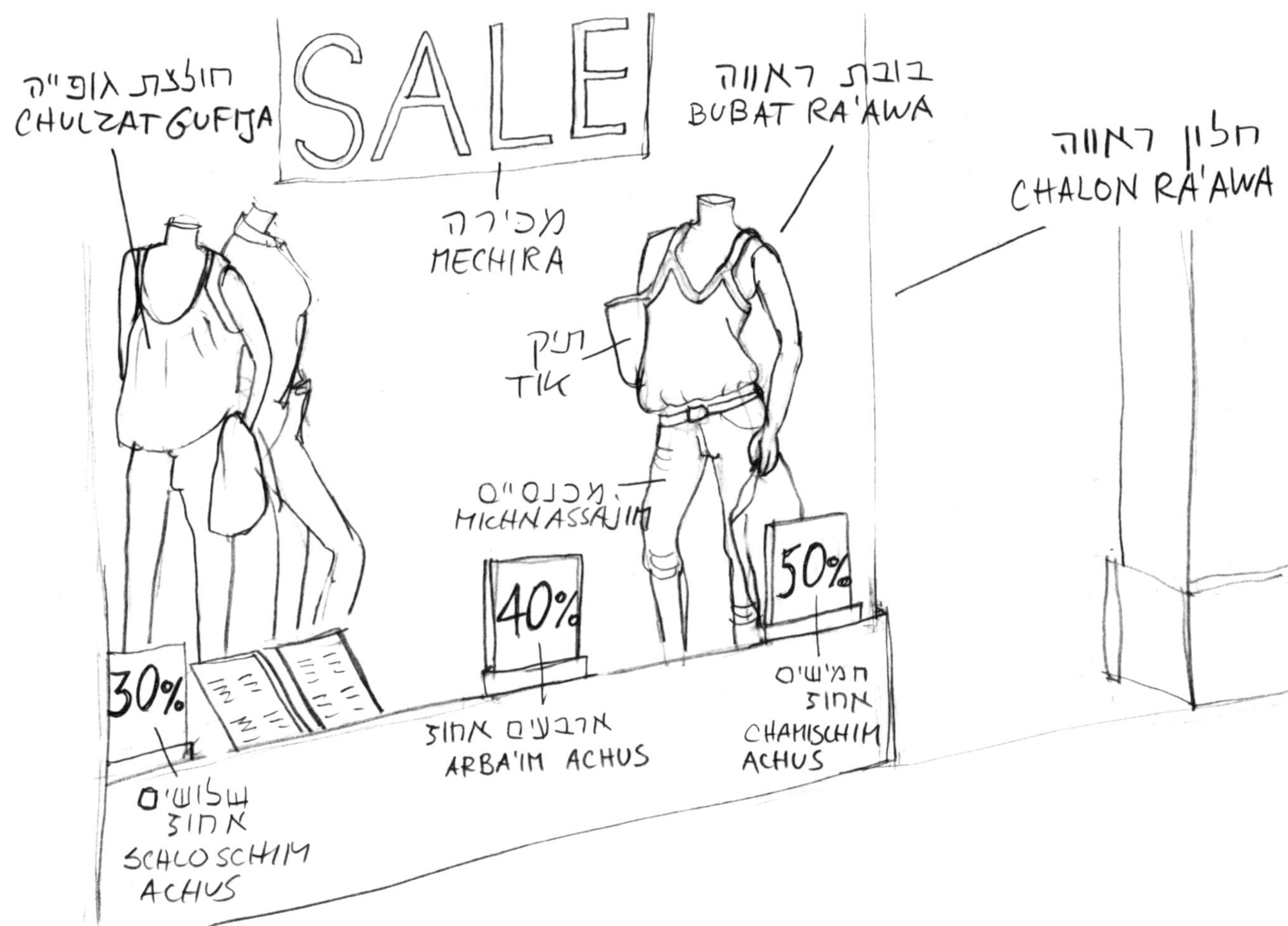

SALE
חולצת גופייה
CHULZAT GUFIJA
בובת ראווה
BUBAT RA'AWA
מכירה
MECHIRA
חלון ראווה
CHALON RA'AWA
תיק
TIK
מכנסיים
MICHNASSAJIM
30%
40%
50%
שלושים אחוז
SCHLOSCHIM ACHUS
ארבעים אחוז
ARBA'IM ACHUS
חמישים אחוז
CHAMISCHIM ACHUS

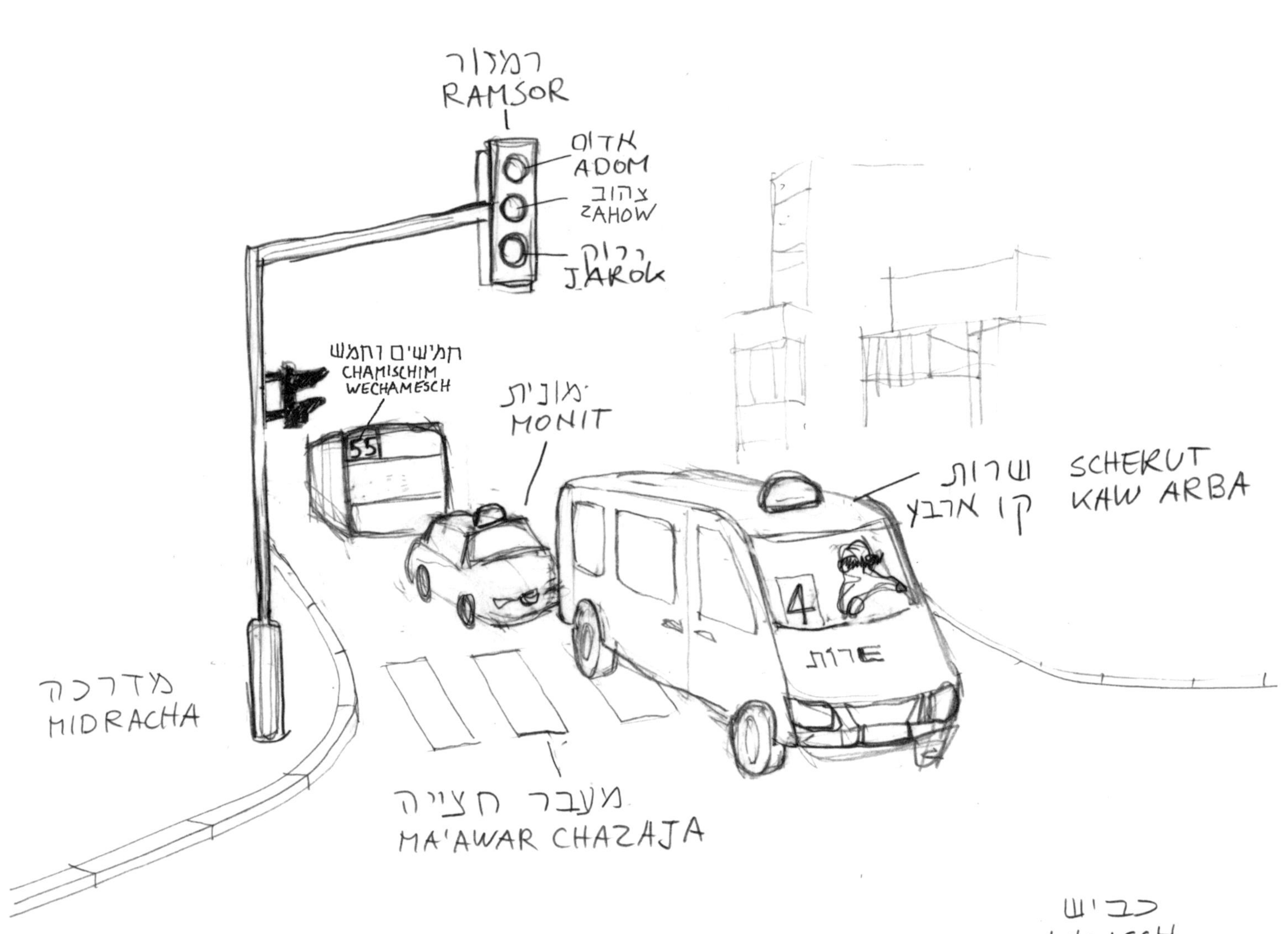
רמזור
RAMSOR
אדום
ADOM
צהוב
ZAHOW
ירוק
JAROK
חמישים וחמש
CHAMISCHIM
WECHAMESCH
55
מונית
MONIT
שרות
קו ארבע
SCHERUT
KAW ARBA
4
שרות
מדרכה
MIDRACHA
מעבר חצייה
MA'AWAR CHAZAJA
כביש
KWISCH

בתחנת אוטובוס
BETACHANAT OTOBUSS
כובע
KOWA
נשיקה
NESCHIKA
זקן
SAKAN
תינוק
TINOK
עגלת ילדים
EGLAT JELADIM

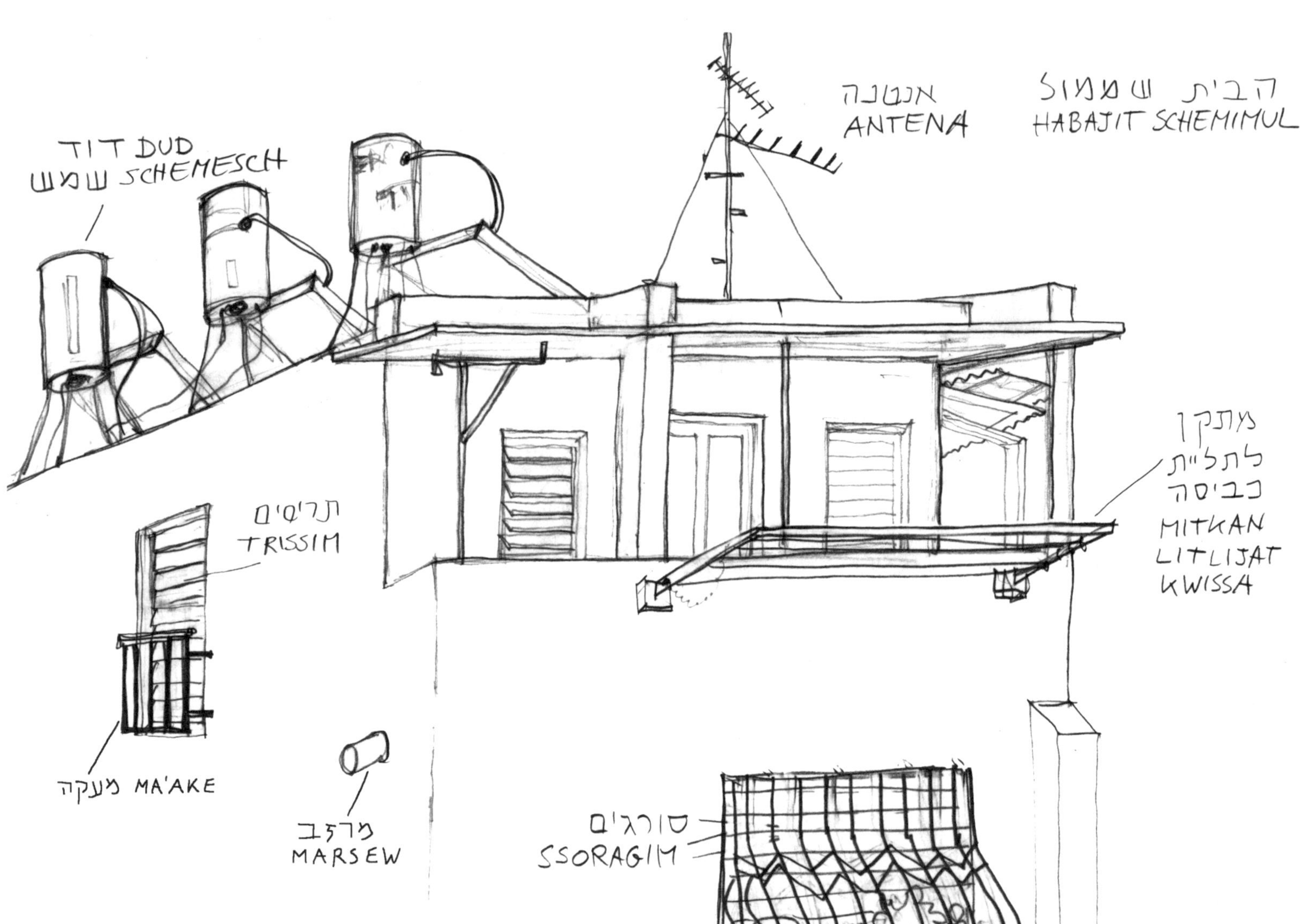

דוד DUD
שמש SCHEMESCH
אנטנה
ANTENA
הבית שממול
HABAJIT SCHEMIMUL
תריסים
TRISSIM
מתקן
לתליית
כביסה
MITKAN
LITLIJAT
KWISSA
מעקה MA'AKE
מרזב
MARSEW
סורגים
SSORAGIM

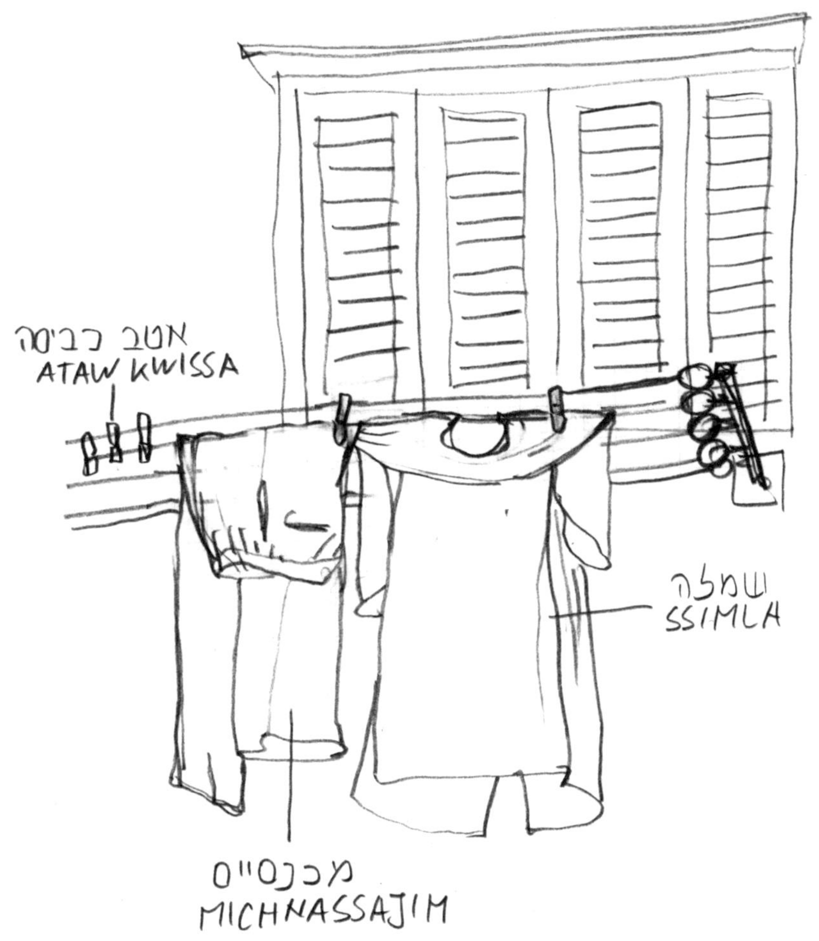
אטב כביסה
ATAW KWISSA
שמלה
SSIMLA
מכנסיים
MICHNASSAJIM

בתל אביב
betel awiw

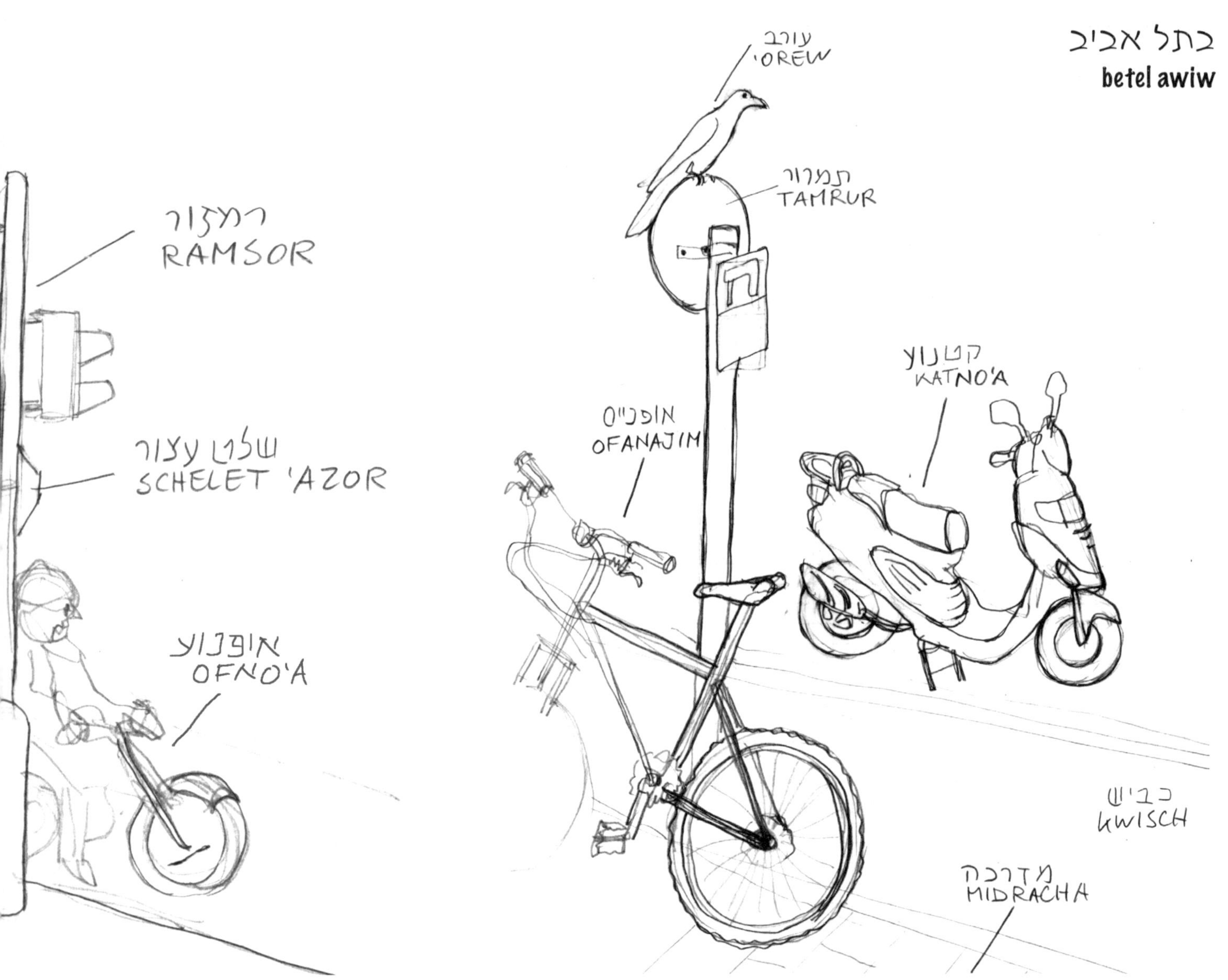

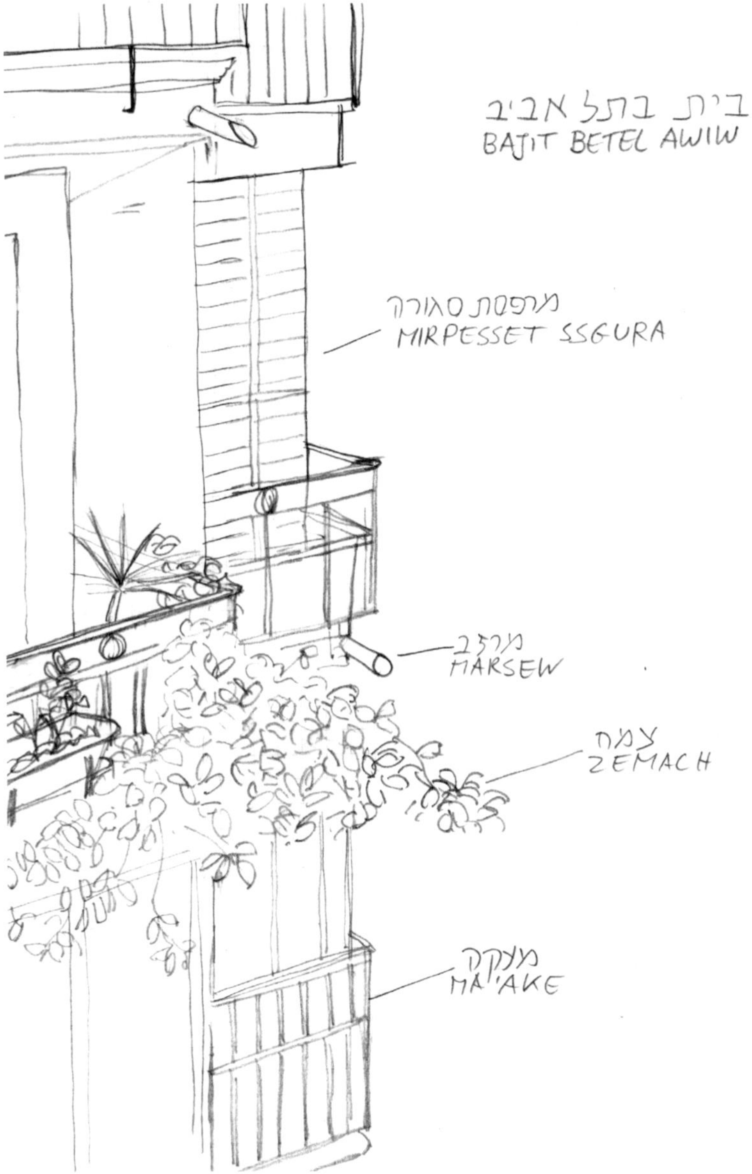
בית בתל אביב
BAJIT BETEL AWIW
מרפסת סגורה
MIRPESSET SSGURA
מרזב
MARSEW
צמח
ZEMACH
מעקה
MA'AKE

אדום
ADOM
צהוב
ZAHOW
ירוק
JAROK

אופנ״ים
OFANAJIM

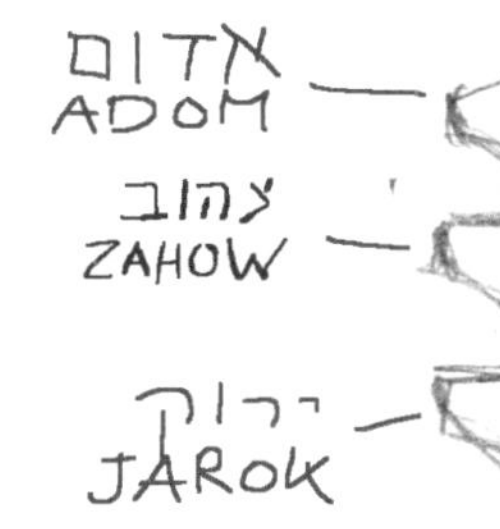

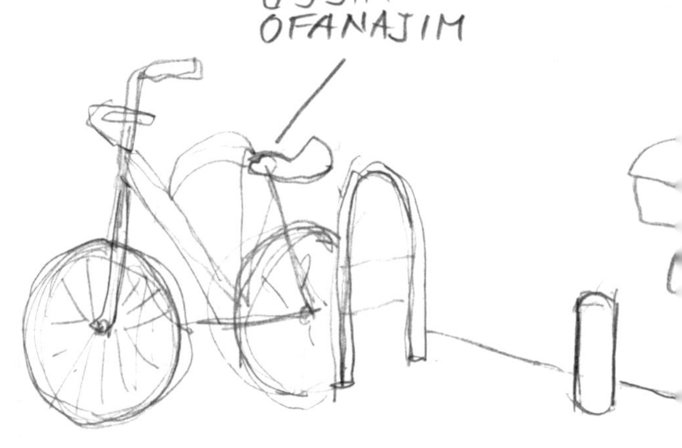

בית דירות
BEJT DIROT
מרפסת סגורה
MIRPESSET SSGURA

דוד DUD
שמש SCHEMESCH
בית דירות
BEJT DIROT
מרפסות סגורות
MIRPASSOT SSGUROT
עצי דקל
EZEJ DEKEL
מכונית
MECHONIT

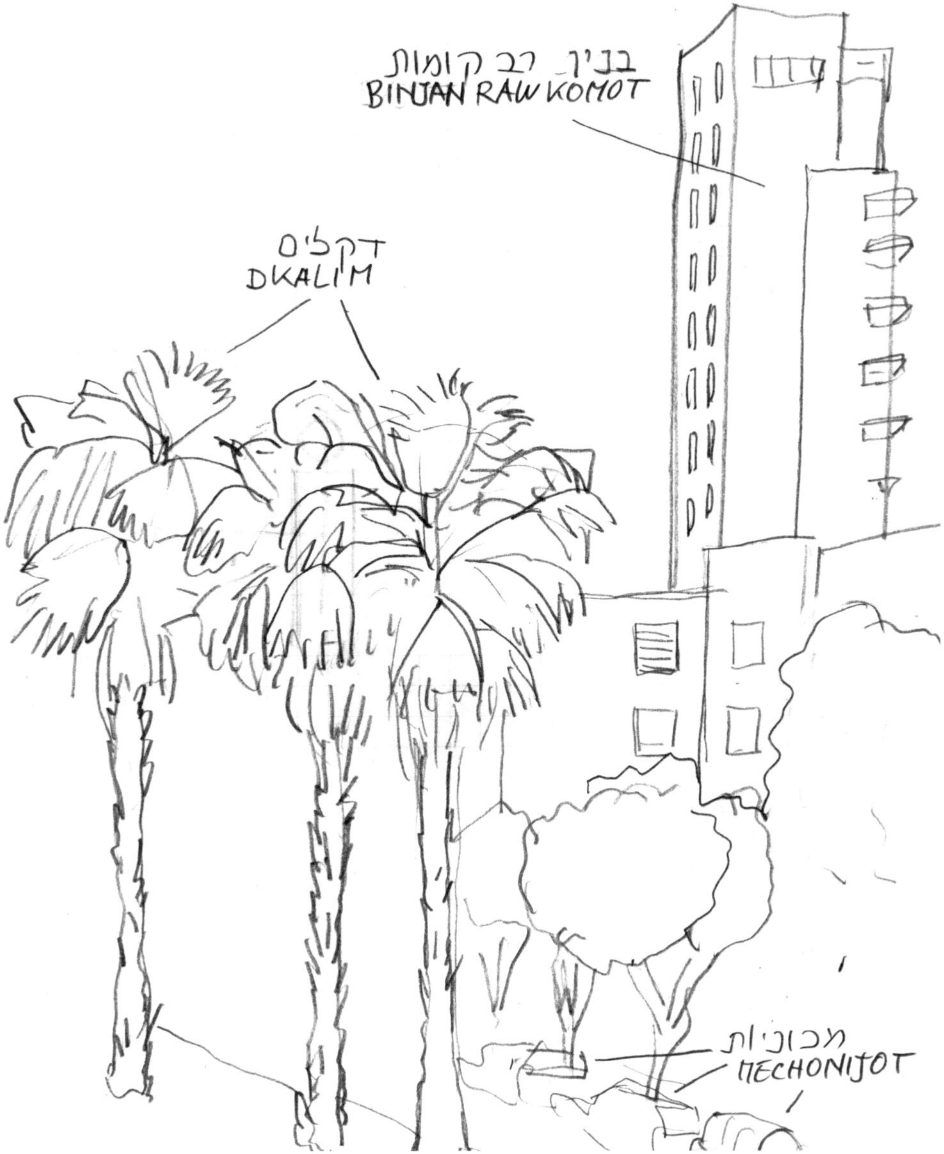
בנין רב קומות
BINJAN RAW KOMOT
דקלים
DKALIM
מכוניות
MECHONIJOT

גדר
חיה
CHAJA

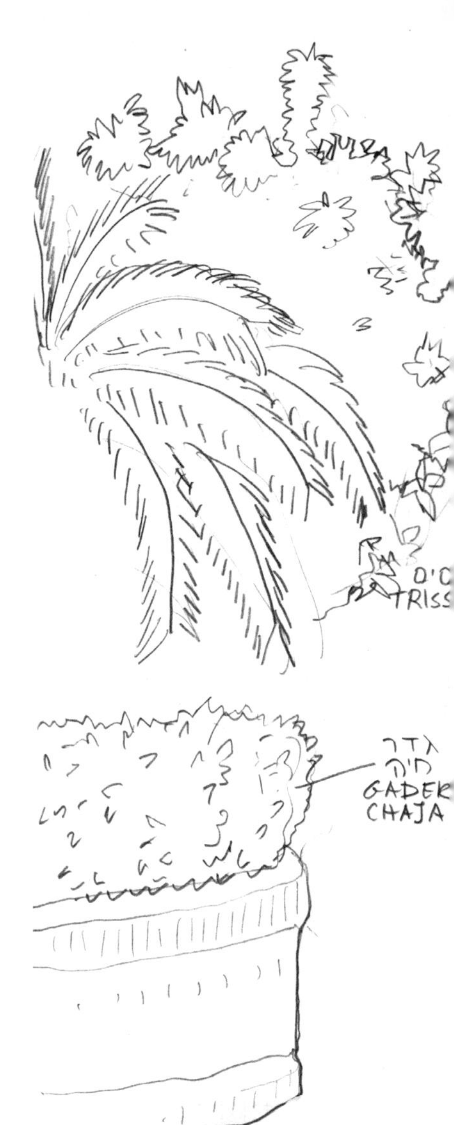

בהמבורג
behamburg

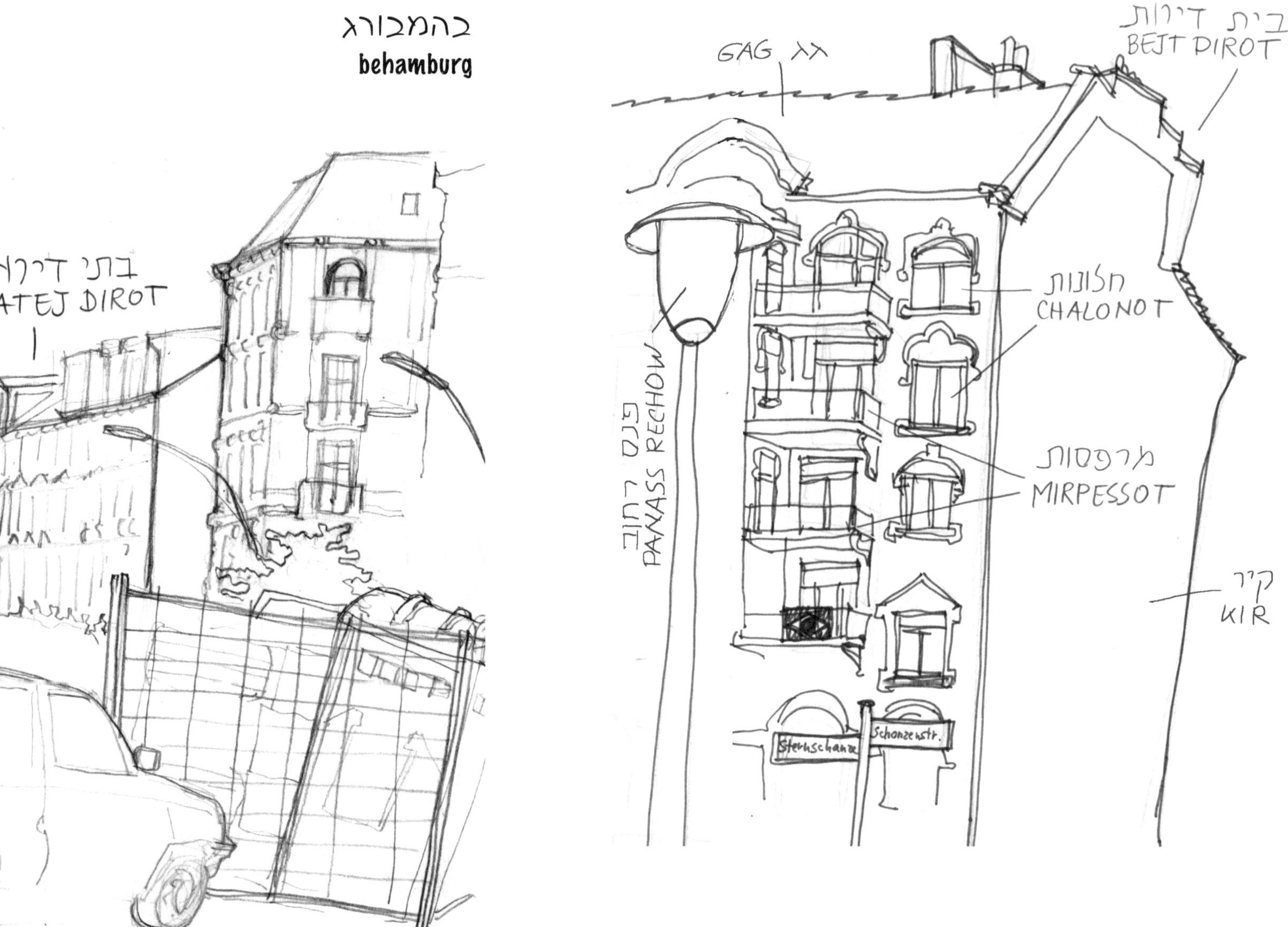

בית קולנוע
BEJT KOLNO'A
ABATON-KINO
ABATON

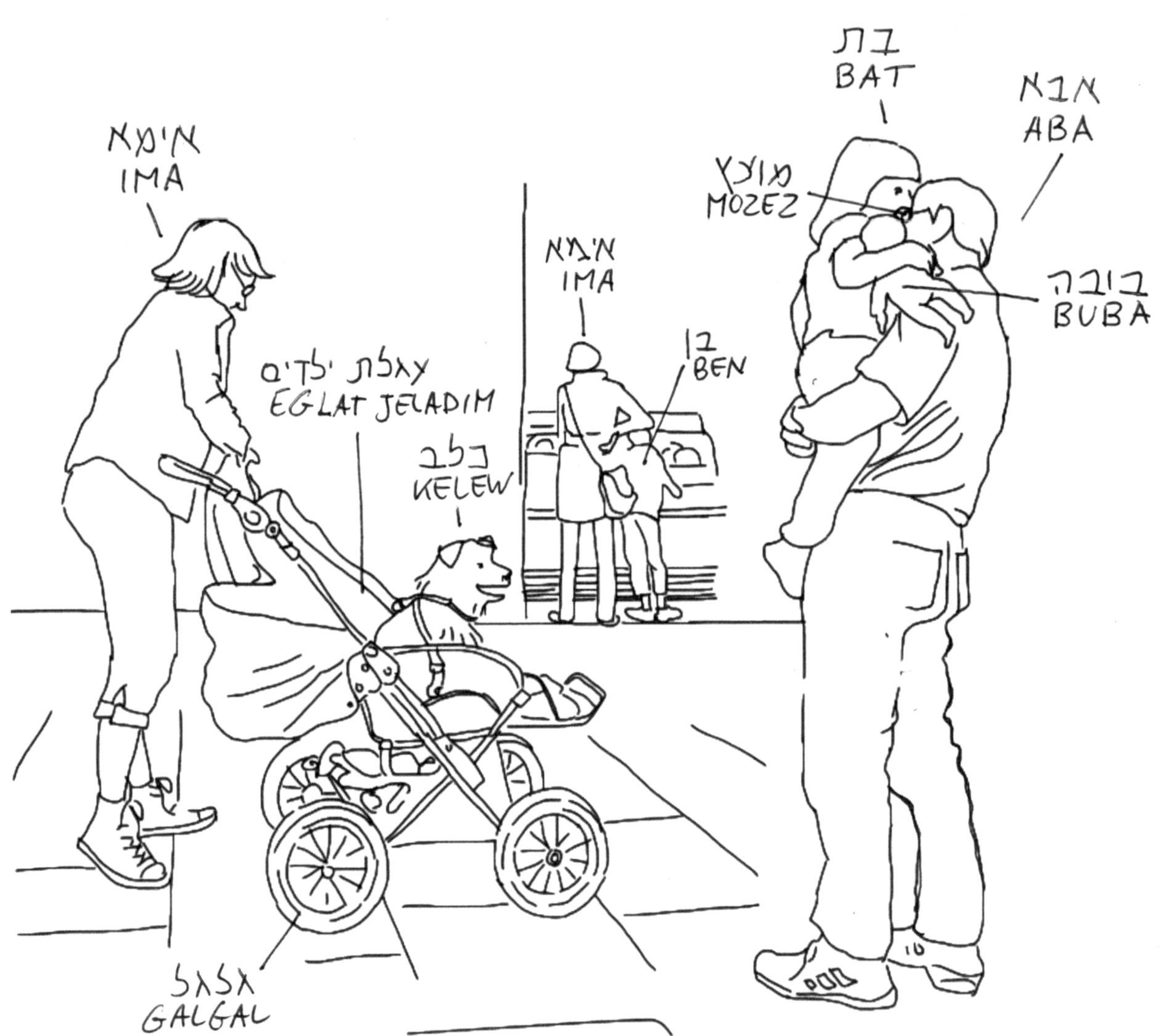
אימא
IMA
עגלת ילדים
EGLAT JELADIM
כלב
KELEW
אימא
IMA
בן
BEN
בת
BAT
מוצץ
MOZEZ
אבא
ABA
בובה
BUBA
גלגל
GALGAL

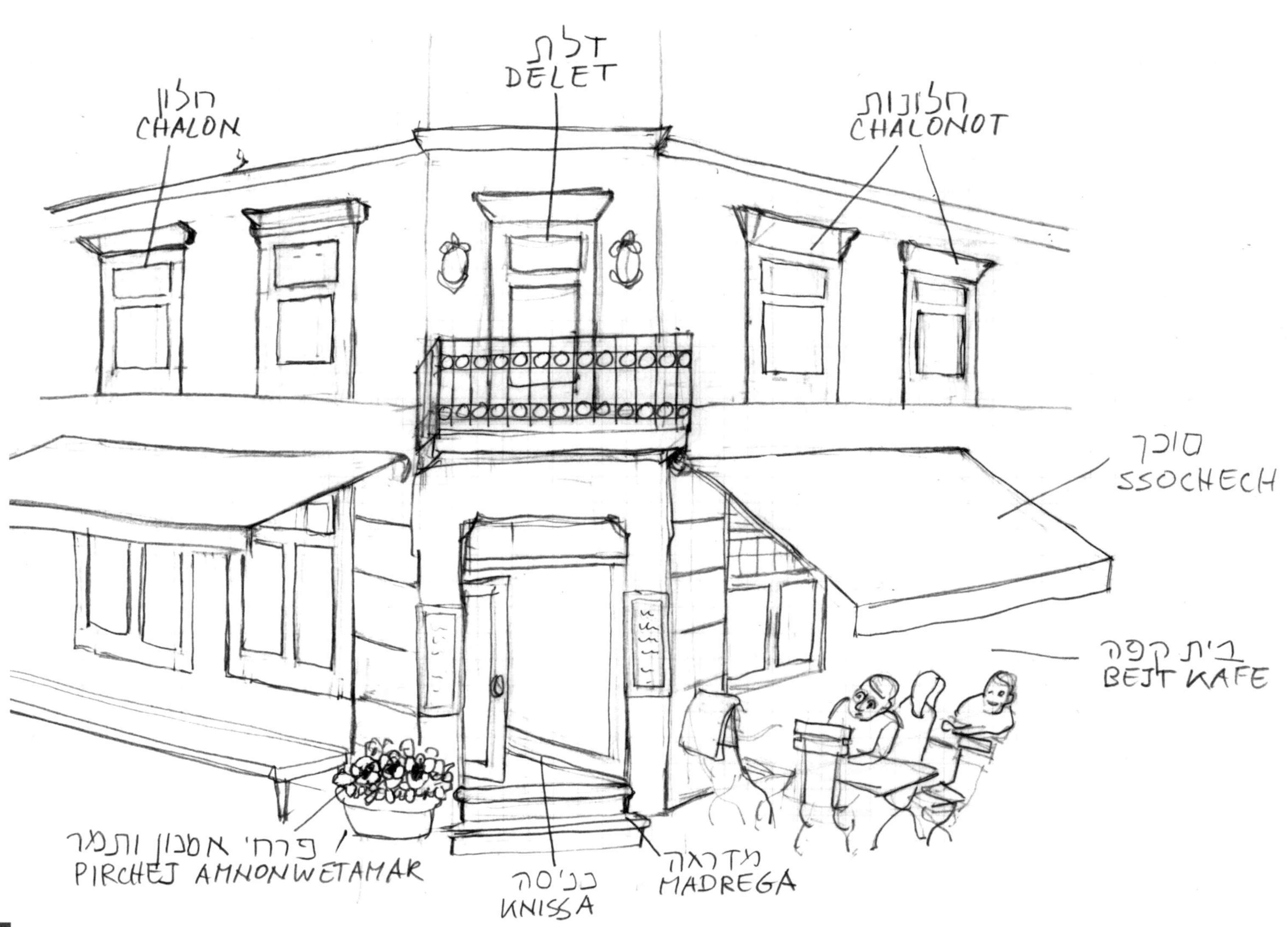

דלת
DELET
חלון
CHALON
חלונות
CHALONOT
סוכך
SSOCHECH
בית קפה
BEJT KAFE
פרחי אמנון ותמר
PIRCHEJ AMNONWETAMAR
כניסה
KNISSA
מדרגה
MADREGA

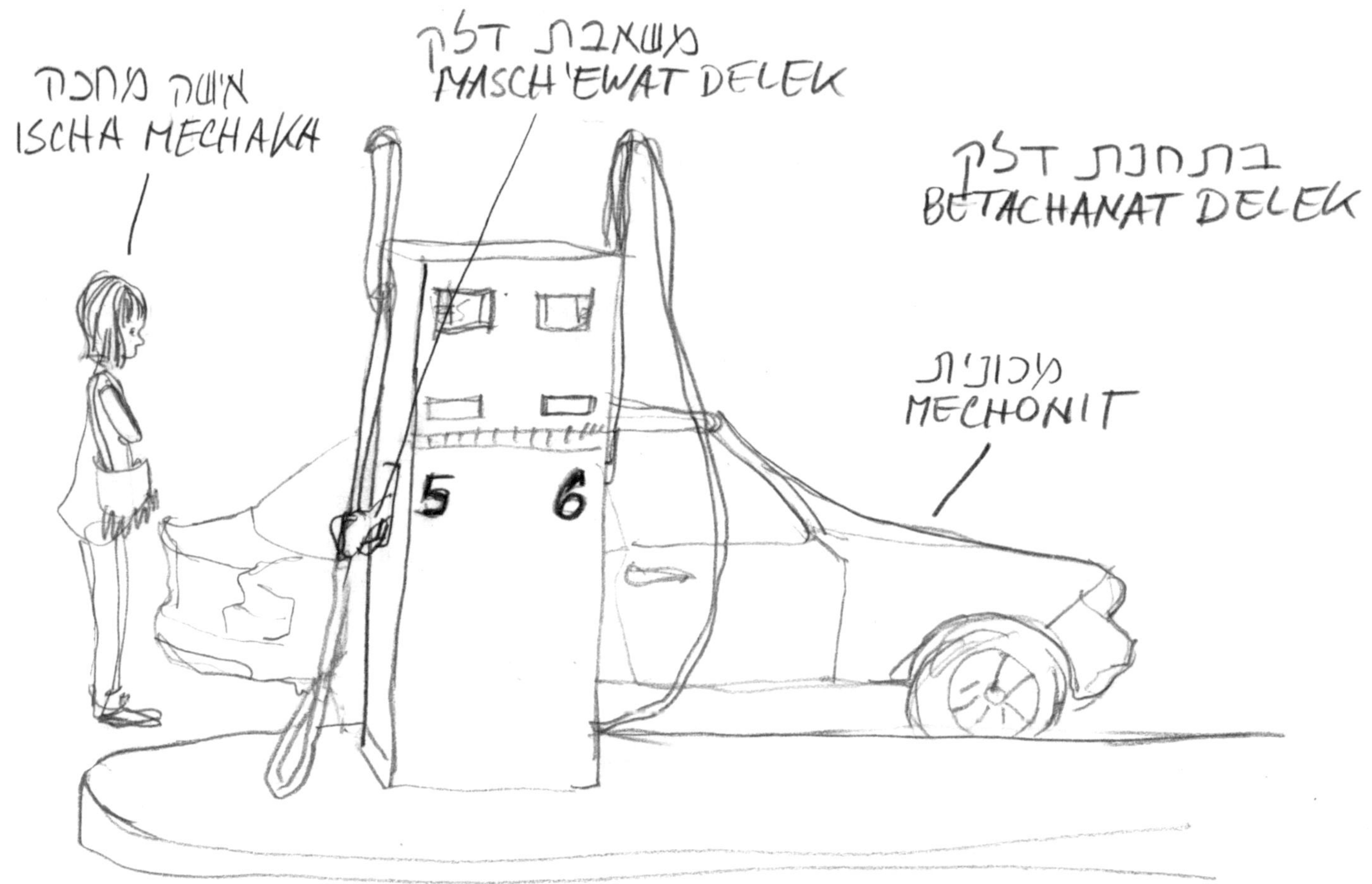
אישה מחכה
ISCHA MECHAKA
משאבת דלק
MASCH'EWAT DELEK
בתחנת דלק
BETACHANAT DELEK
מכונית
MECHONIT
5
6

אנשים בגשם
ANASCHIM BAGESCHEM
מטריות
MITRIJOT
מטריה
MITRIJA
השתקפות
HISCHTAKFUT

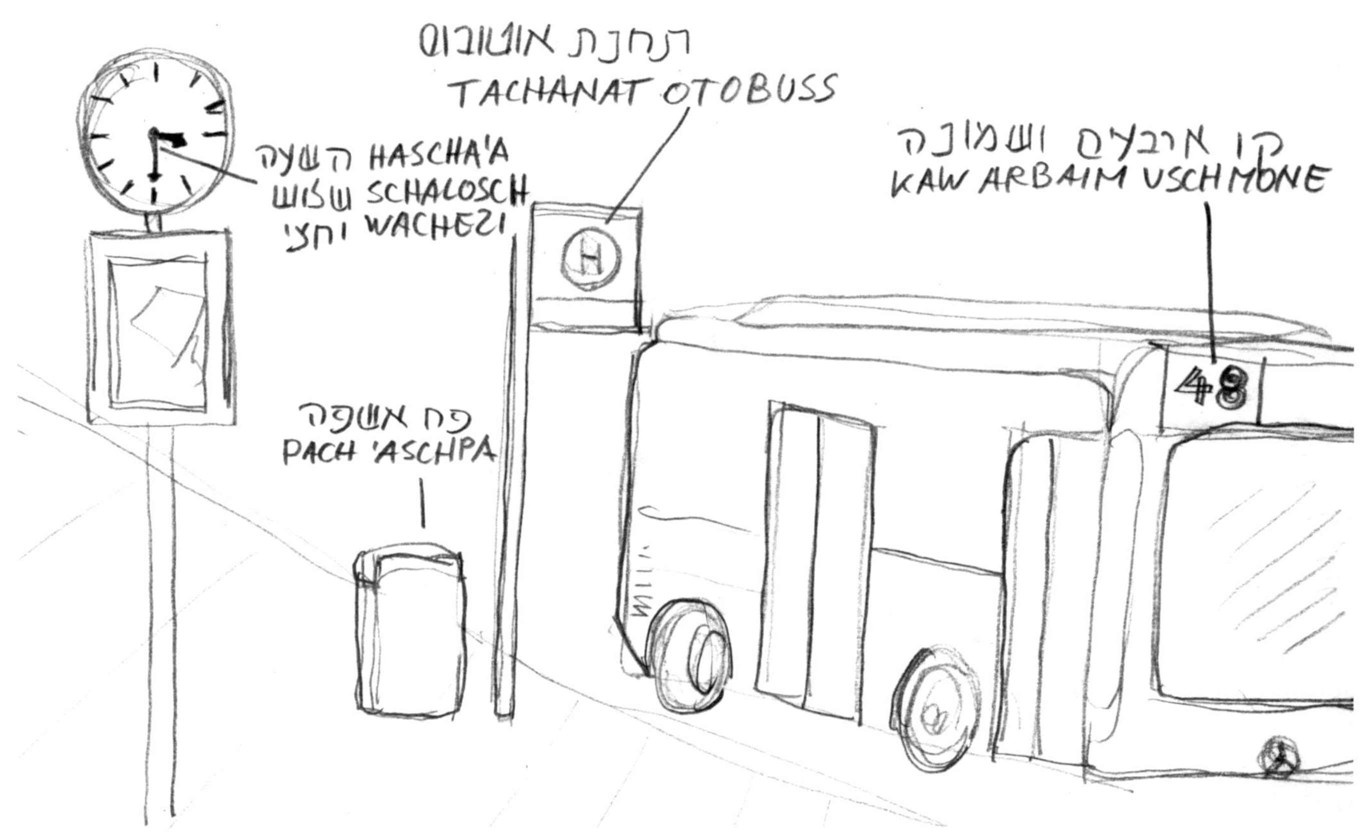
תחנת אוטובוס
TACHANAT OTOBUSS
השעה שלוש וחצי
HASCHA'A SCHALOSCH WACHEZI
קו ארבעים ושמונה
KAW ARBAIM USCHMONE
48
פח אשפה
PACH 'ASCHPA

שלט במדבר
SCHELET BAMIDBAR
עברית
IWRIT
גמל
GAMAL
ערבית
ARAWIT
אנגלית
ANGLIT
זהירות גמלים
בקרבת הדרך
BEWARE OF CAMELS
NEAR THE ROAD

השעה עשרים לשש
HASCHA'A ESSRIM LESCHESCH
משקאות
MASCHKA'OT
אבטיח
AWATIACH
סלט פירות
SSALAT PEROT
לחם
LECHEM
אבטיח
AWATIACH

448496
ארבע
ARBA
שמונה
SCHMONE
שש
SCHESCH
תשע
TESCHA

מגדל
כנסייה
MIGDAL
KNESSIJA
פעמון
A'AMON
השעה HASCH'A
חמש CHAMESCH
ורבע WAREWA
השעה עשר
HASCH'A
ESSER
עץ
EZ
מכונית
MECHNIT

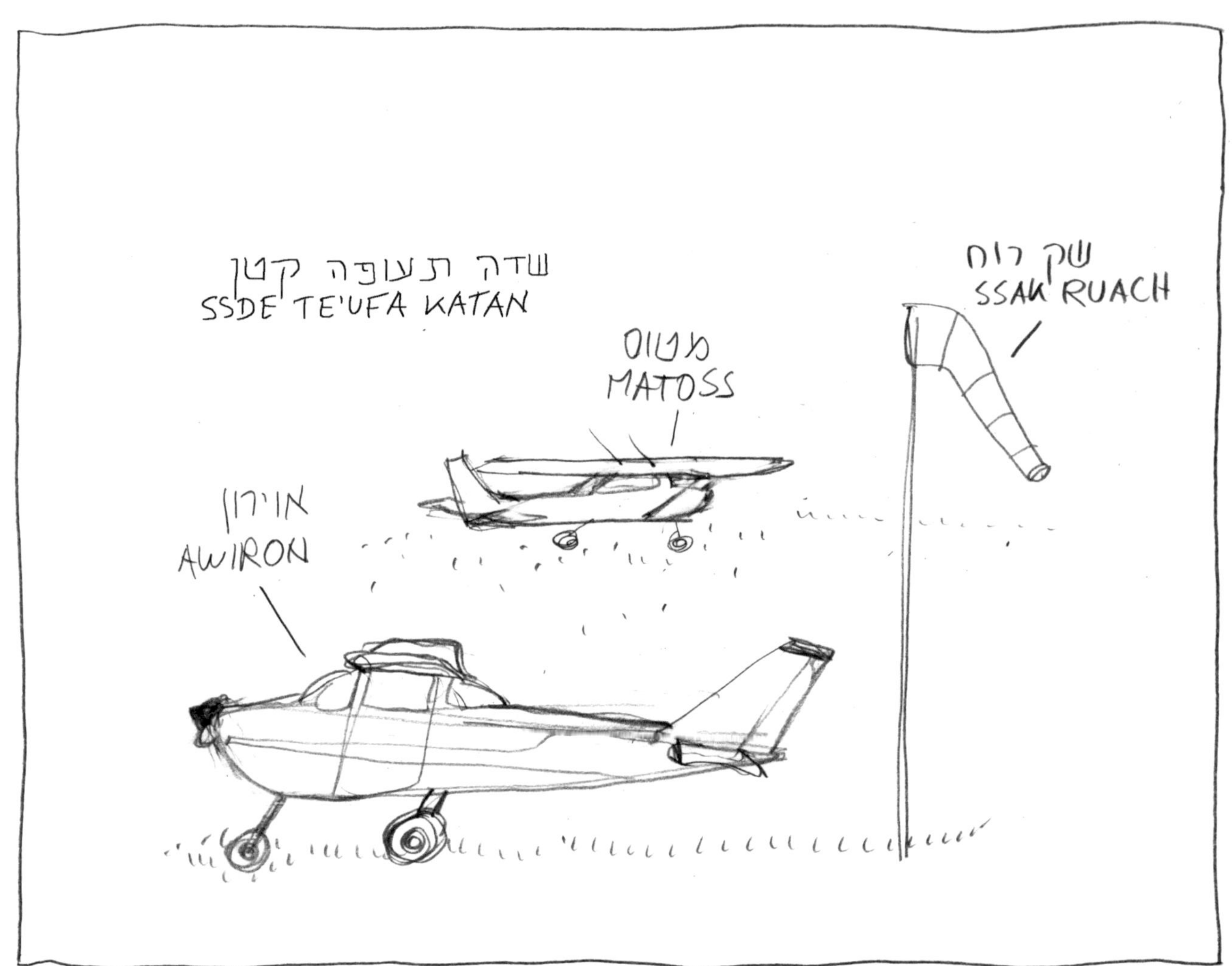
שדה תעופה קטן
SSDE TE'UFA KATAN
שק רוח
SSAK RUACH
מטוס
MATOSS
אוירון
AWIRON

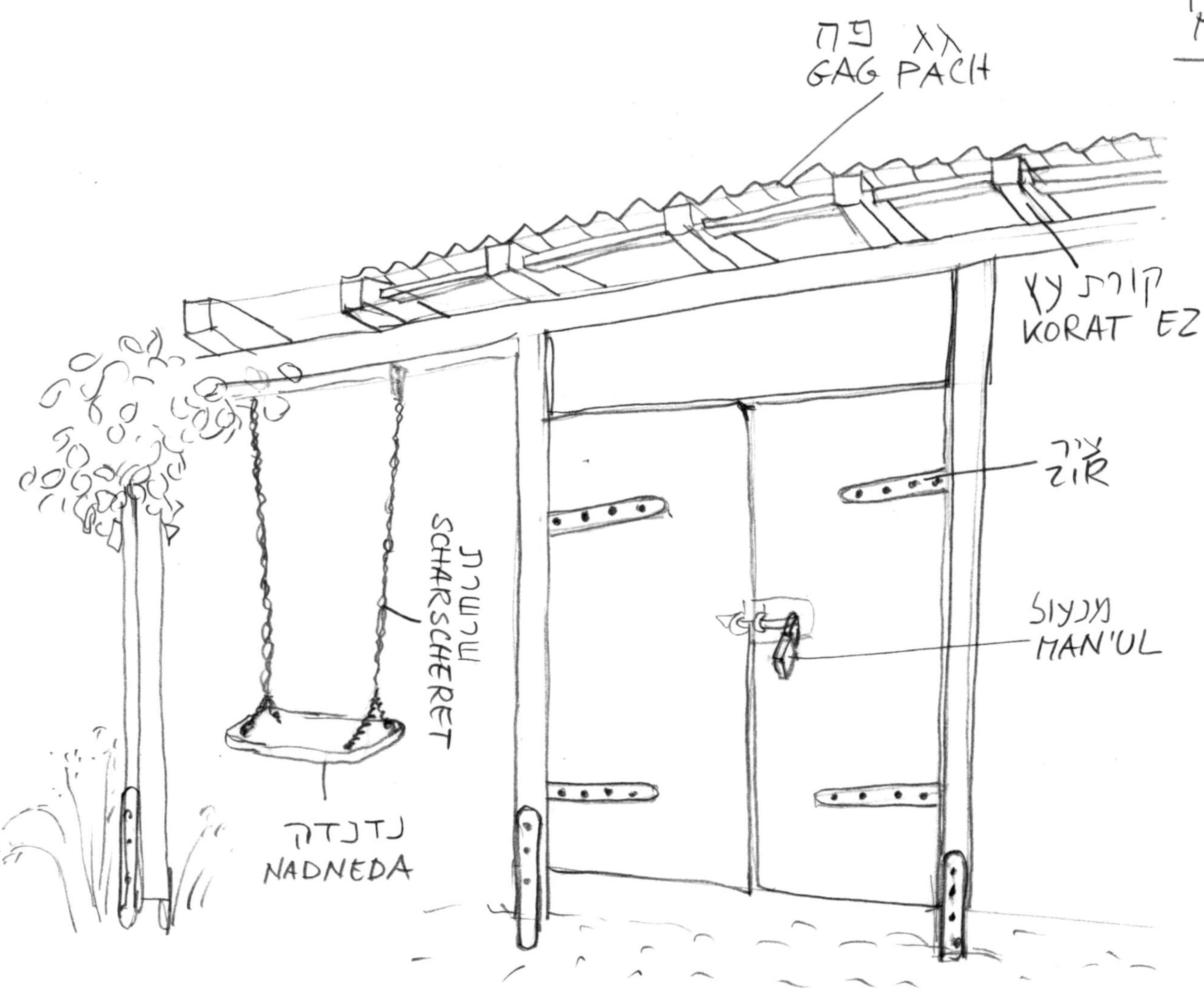
מחסן
MACHSSAN
גג פח
GAG PACH
קורת עץ
KORAT EZ
ציר
ZIR
מנעול
MAN'UL
שרשרת
SCHARSCHERET
נדנדה
NADNEDA

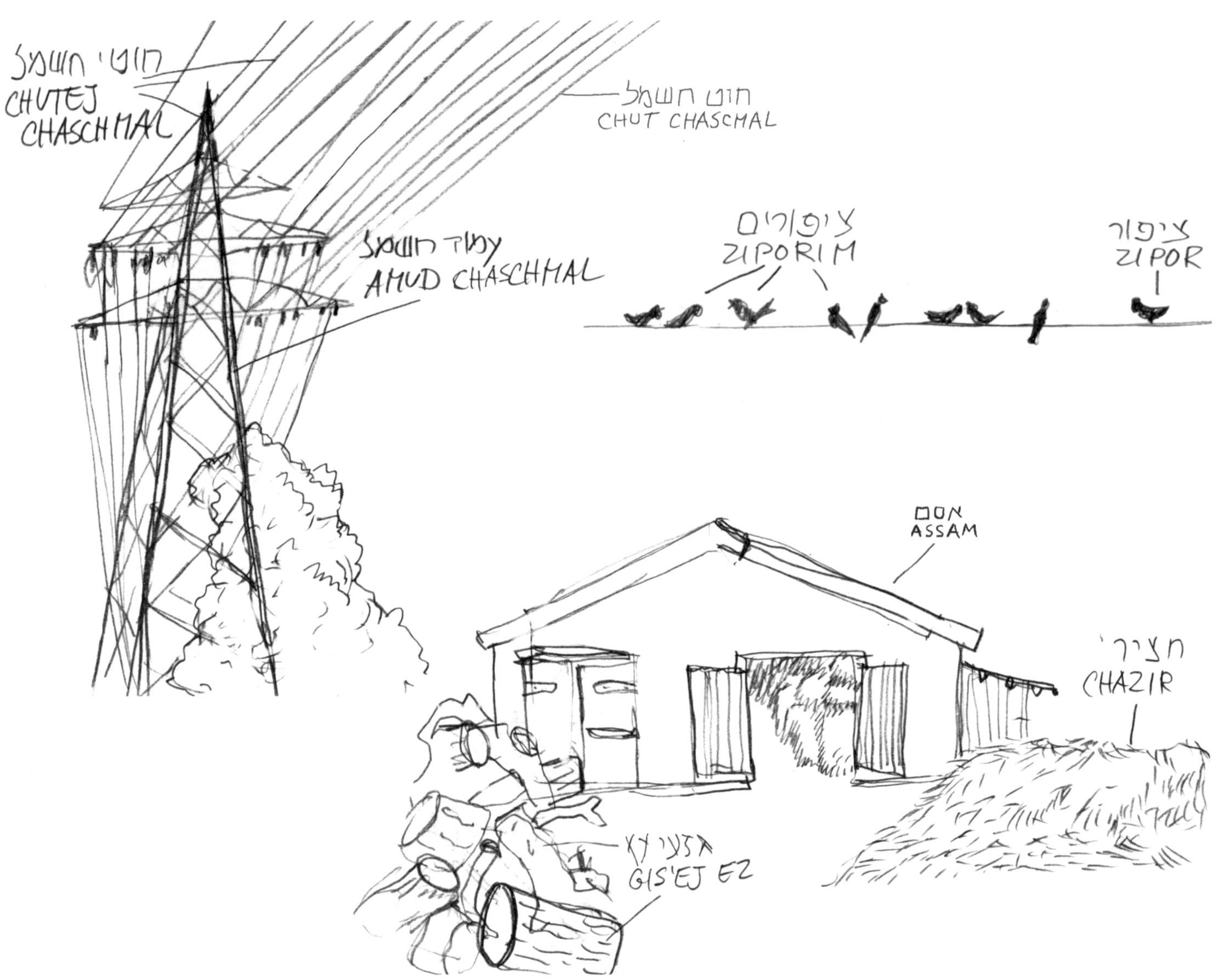

חוטי חשמל
CHUTEJ CHASCHMAL
חוט חשמל
CHUT CHASCMAL
עמוד חשמל
AMUD CHASCHMAL
ציפורים
ZIPORIM
ציפור
ZIPOR
אסם
ASSAM
חציר
CHAZIR
גזעי עץ
GIS'EJ EZ

סוסים באחו
SSUSSIM BA'ACHU
נערה רוכבת
NA'ARA ROCHEWET
סוס שותה
SSUSS SCHOTE
סוס
SSUSS
סוסים
SSUSSIM
רעמה
RA'AMA
מריצה
MERIZA
דלי
DLI

כבשים
KWASSIM

כבשה
KIWSSA

טלה
TALE

בבית קפה

bewejt kafe

עניבת פרפר
ANIWAT PARPAR
שיער שחור
SSE'AR SCHACHOR
חולצה
CHULZA
צעיף
ZA'IF
סינר
SSINAR
מגבת מטבח
MAGEWET MITBACH
שרוול
SCHARWUL
וו תלייה
WAW TLIJA
חגורה
CHAGORA
כיסא בר
KISSE BAR

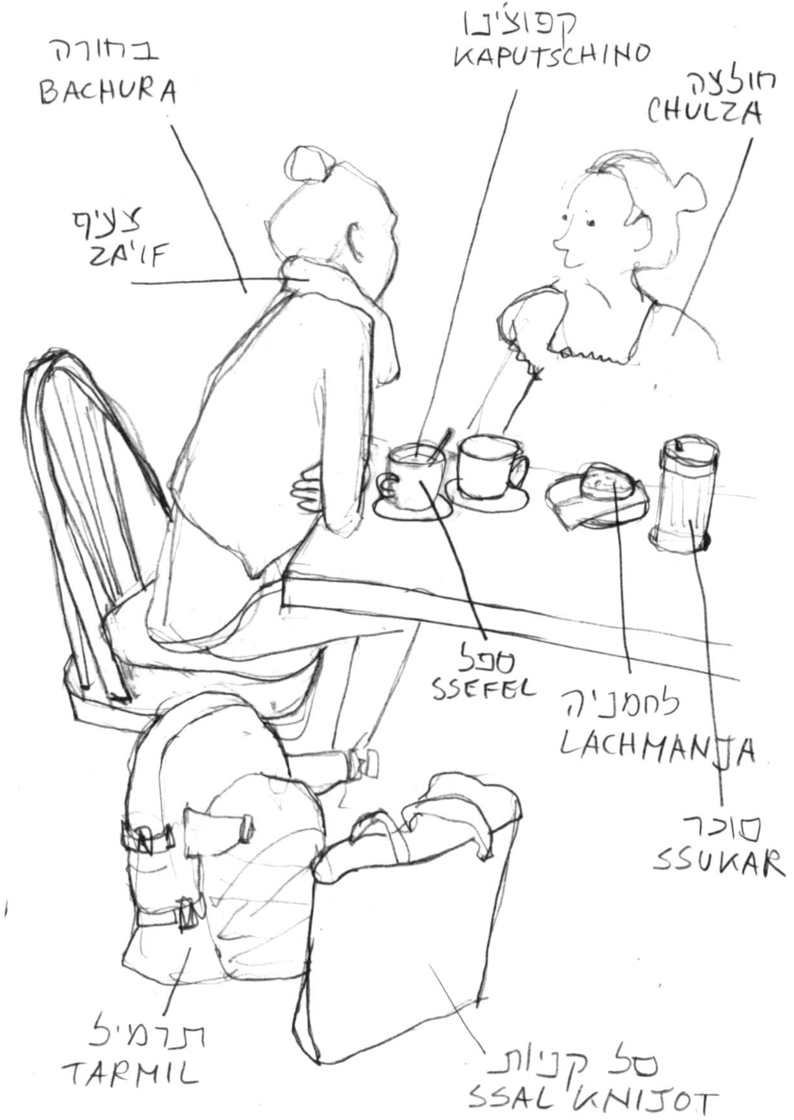
קפוצ'ינו
KAPUTSCHINO
בחורה
BACHURA
חולצה
CHULZA
צעיף
ZA'IF
ספל
SSEFEL
לחמניה
LACHMANJA
סוכר
SSUKAR
תרמיל
TARMIL
סל קניות
SSAL KNIJOT

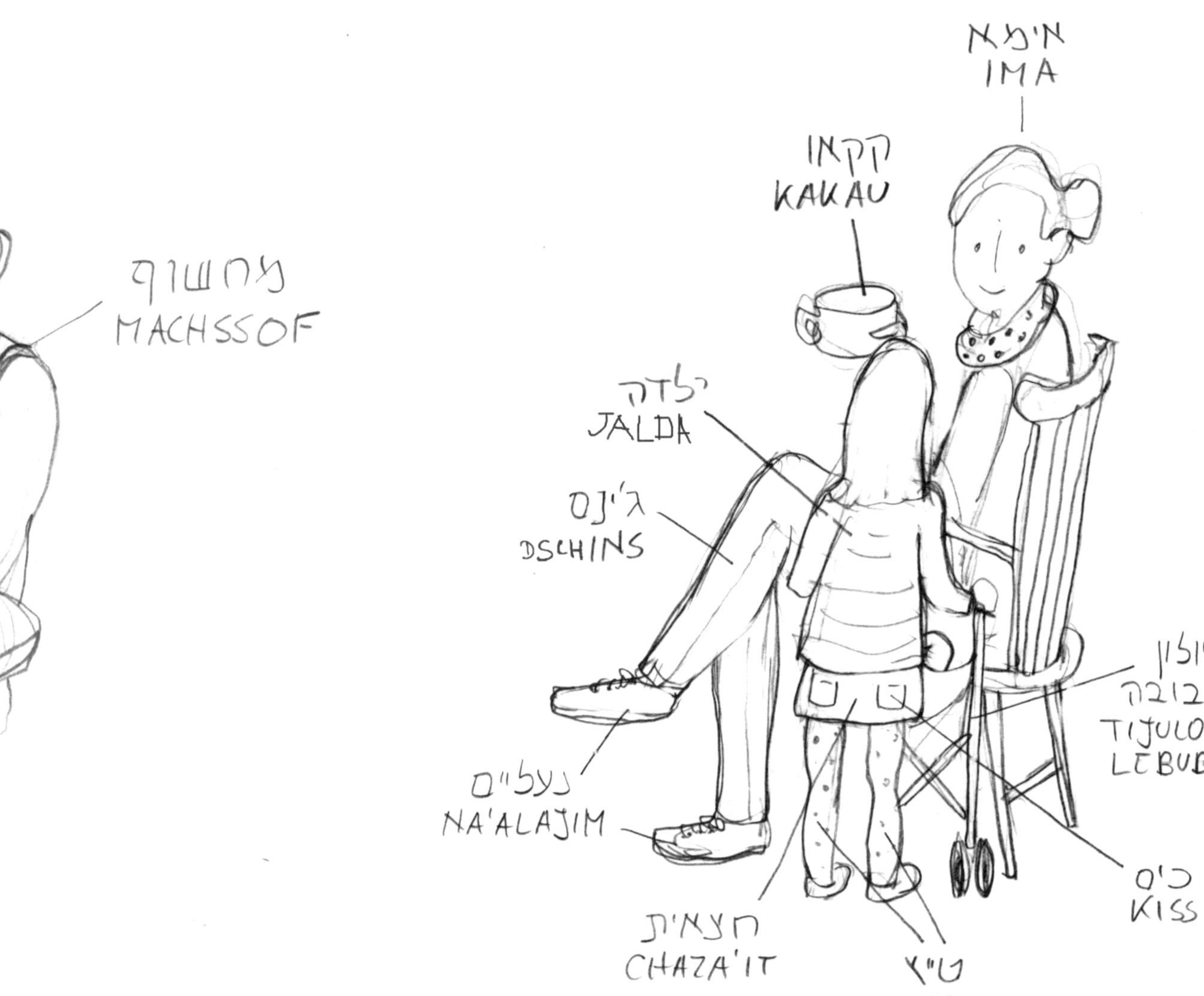
מחשוף
MACHSSOF
אימא
IMA
קקאו
KAKAU
ילדה
JALDA
ג'ינס
DSCHINS
נעליים
NA'ALAJIM
טיולון לבובה
TIJULON LEBUBA
כיס
KISS
חצאית
CHAZA'IT
טייץ
TAJZ

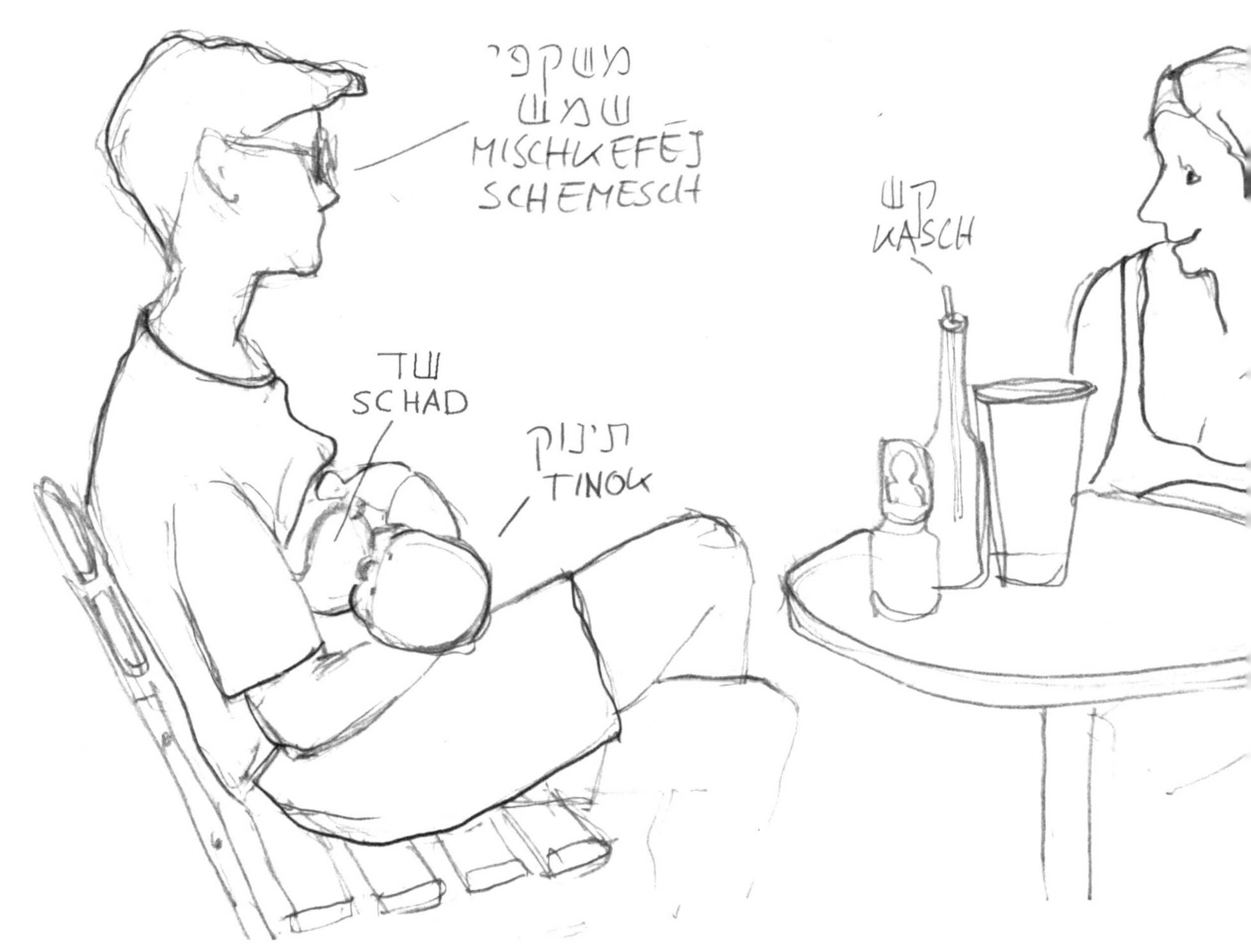
משקפי
שמש
MISCHKEFEJ
SCHEMESCH
קש
KASCH
שד
SCHAD
תינוק
TINOK

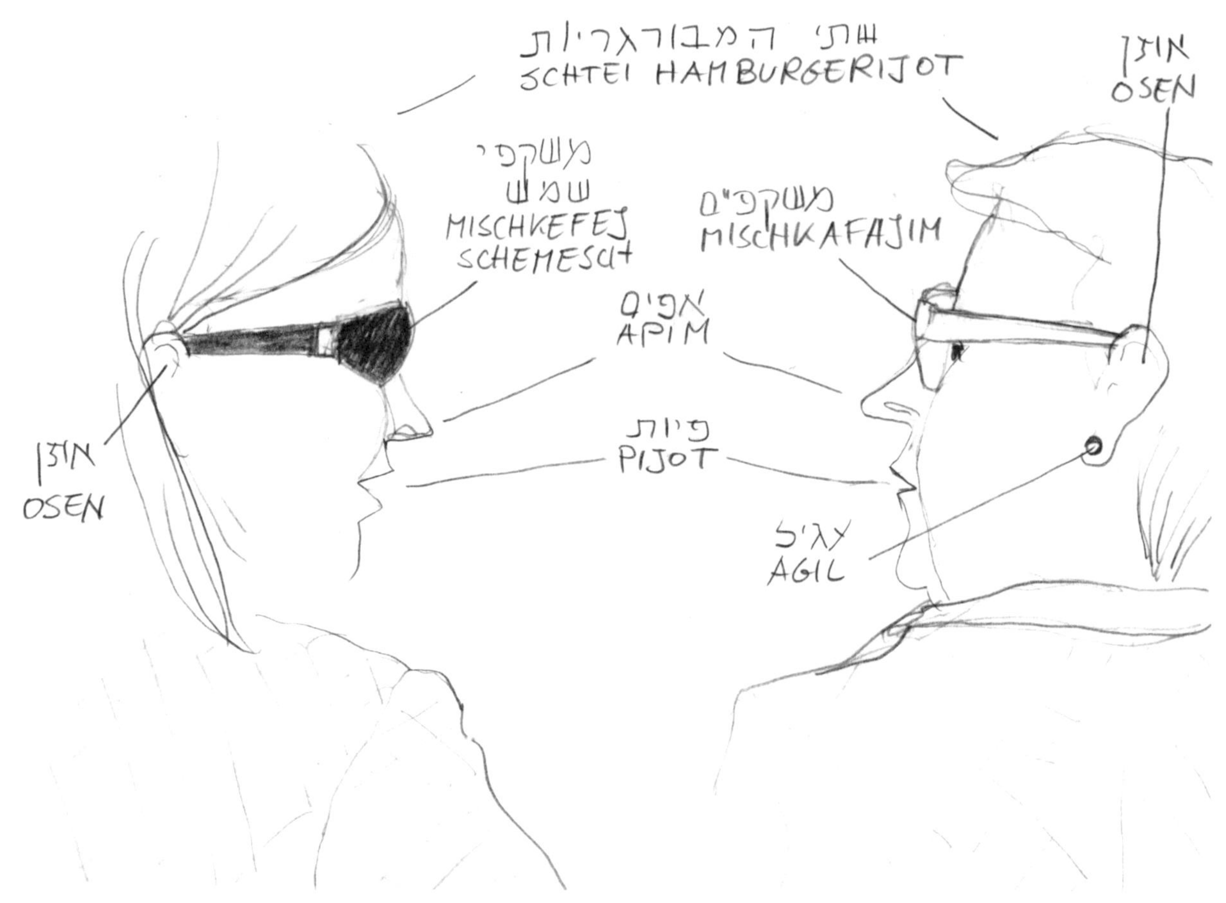
שתי המבורגריות
SCHTEI HAMBURGERIJOT
אוזן
OSEN
משקפי
שמש
MISCHKEFEJ
SCHEMESCH
משקפיים
MISCHKAFAJIM
אפים
APIM
פיות
PIJOT
אוזן
OSEN
עגיל
AGIL

שתי נשים שותות בירה
SCHTEJ NASCHIM SCHOTOT BIRA

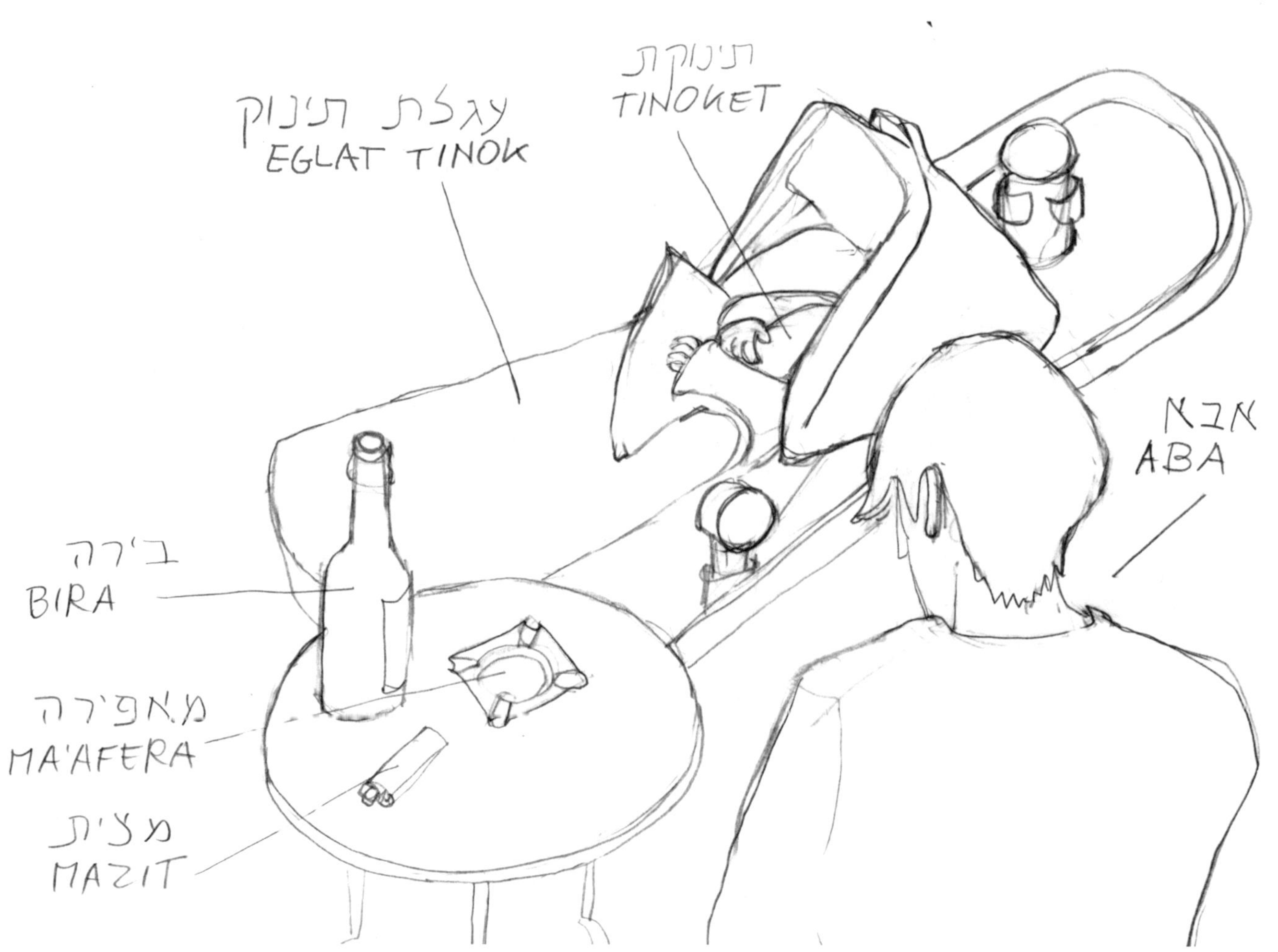
תינוקת
TINOKET
עגלת תינוק
EGLAT TINOK
אבא
ABA
בירה
BIRA
מאפירה
MA'AFERA
מצית
MAZIT

שני גברים
SCHNEJ GWARIM
ראש
ROSCH
קרחת
KARACHAT
שפם
SSAFAM

איש
ISCH
איש קורא עיתון
ISCH KORE ITON
קרחת
KARACHA
עין
AJIN
אף
AF
פה
PE
עיתון
ITON

שתי נשים
SCHTEJ NASCHIM
ראש
ROSCH
שיער
SSE'AR
אוזן
OSEN
עגיל
AGIL

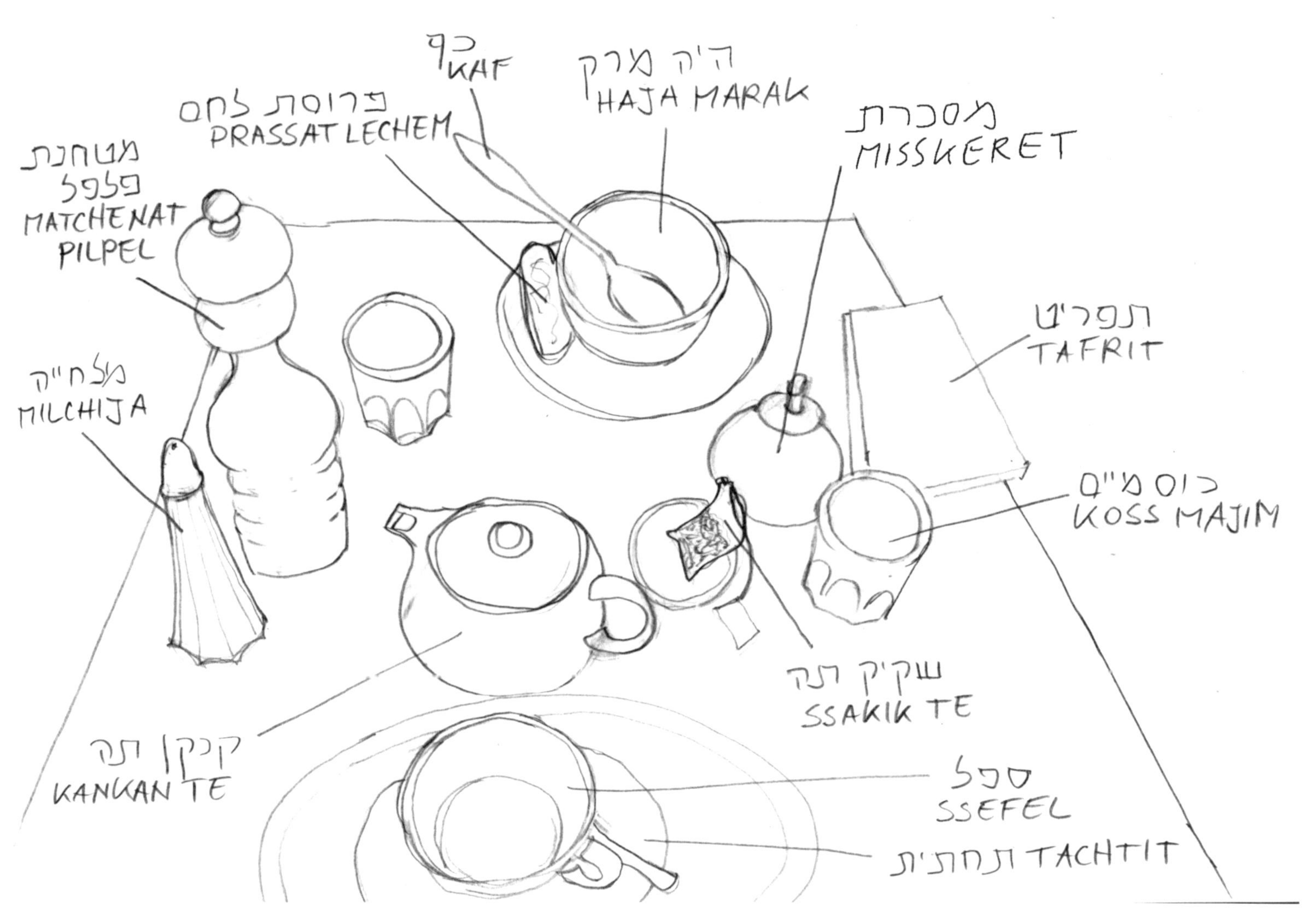
כף
KAF
HAJA MARAK
פרוסת לחם
PRASSAT LECHEM
מטחנת
פלפל
MATCHENAT
PILPEL
מסכרת
MISSKERET
תפריט
TAFRIT
MILCHIJA
כוס מים
KOSS MAJIM
שקיק תה
SSAKIK TE
קנקן תה
KANKAN TE
ספל
SSEFEL
תחתית TACHTIT

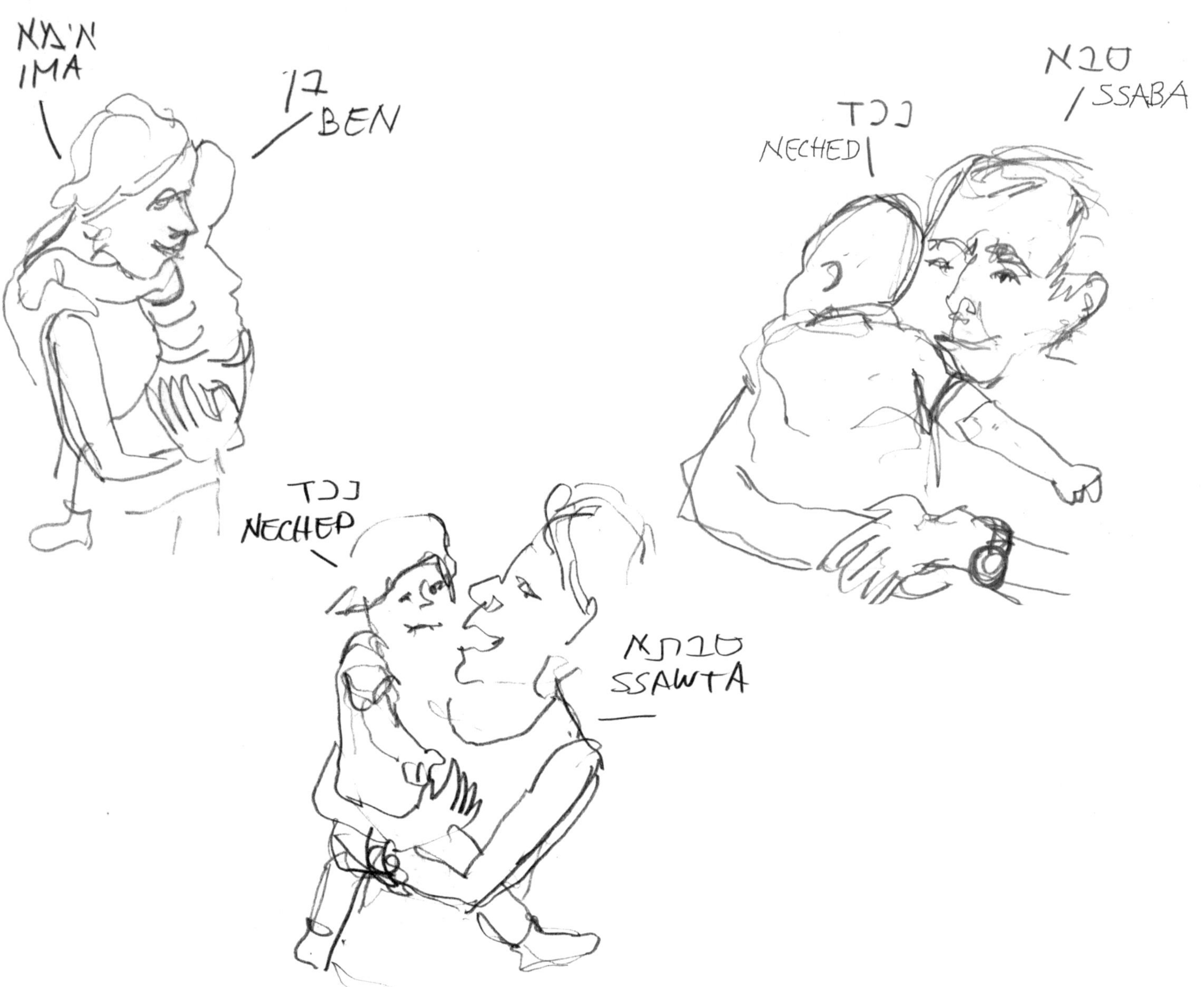

אימא
IMA
בן
BEN
נכד
NECHED
סבא
SSABA
נכד
NECHED
סבתא
SSAWTA

איש אוכל גלידה
'ISCH 'OCHEL GLIDA'

גלידה
GLIDA

אימא ובת אוכלות גלידה
IMA UWAT 'OCHLOT GLIDA'

זוג עם כלב
SUG IM KELEW
ענף
ANAF
גזע עץ
GESA EZ
בקבוקי בירה
BAKBUKEJ BIRA
זנב
SANAW
כלב
KELEW

אנשים בבית קפה
ANASCHIM
BEWEJT
KAFE
זוג
SUG
מטריה
MITRIJA

λIS
SUG

מכונת אספרסו
MECHONAT ESSPRESSO
ספלים
SSFALIM
מטחנת קפה
MATCHANAT KAFE
קנקן
KANKAN
CHALAW חלב
0 1 2

על יד המים

al jad hamajim

מכולה
MECHULA
אניית מכולות
ONIJAT MECHULOT
ZIM
אלבה
ELBE
כלב
KELEW
קרחת
KARACHAT
לאטה LATE
מקיאטו MAKJATO
פרווה PARWA
סינטטית SSINTETIT

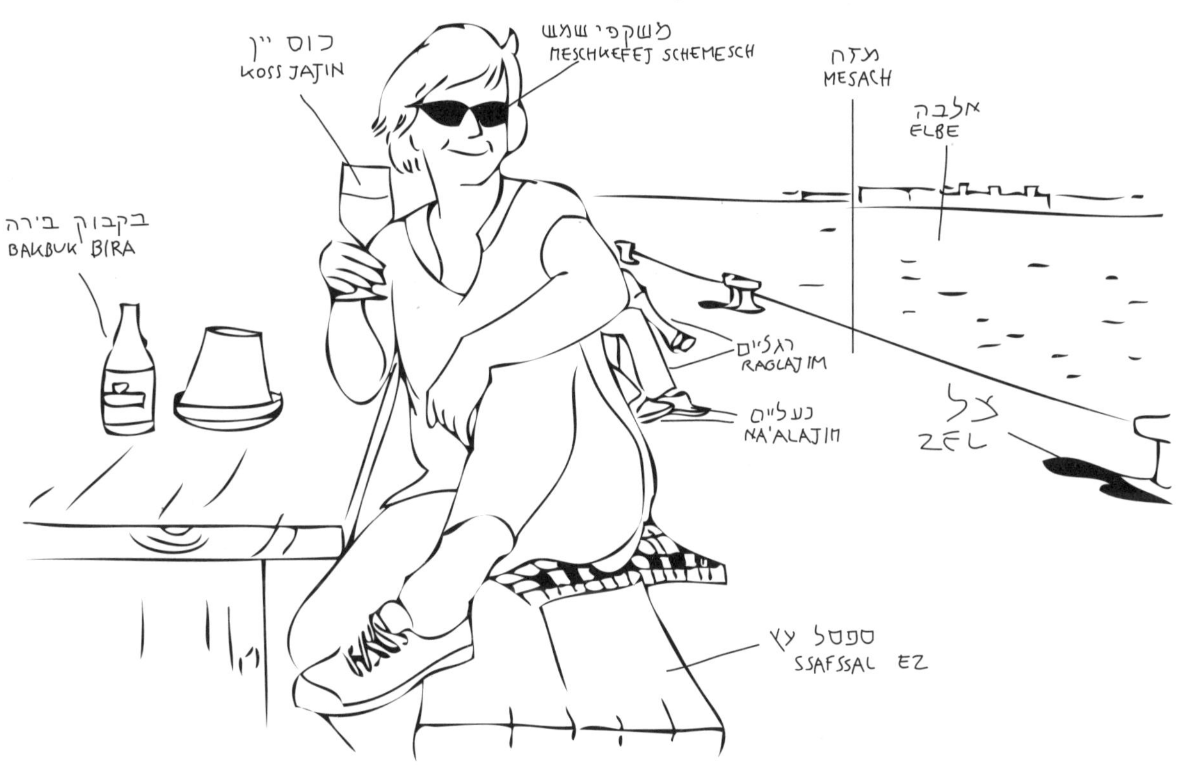
כוס יין
KOSS JAJIN
משקפי שמש
MESCHKEFEJ SCHEMESCH
מזח
MESACH
אלבה
ELBE
בקבוק בירה
BAKBUK BIRA
רגליים
RAGLAJIM
נעליים
NA'ALAJIM
צל
ZEL
ספסל עץ
SSAFSSAL EZ

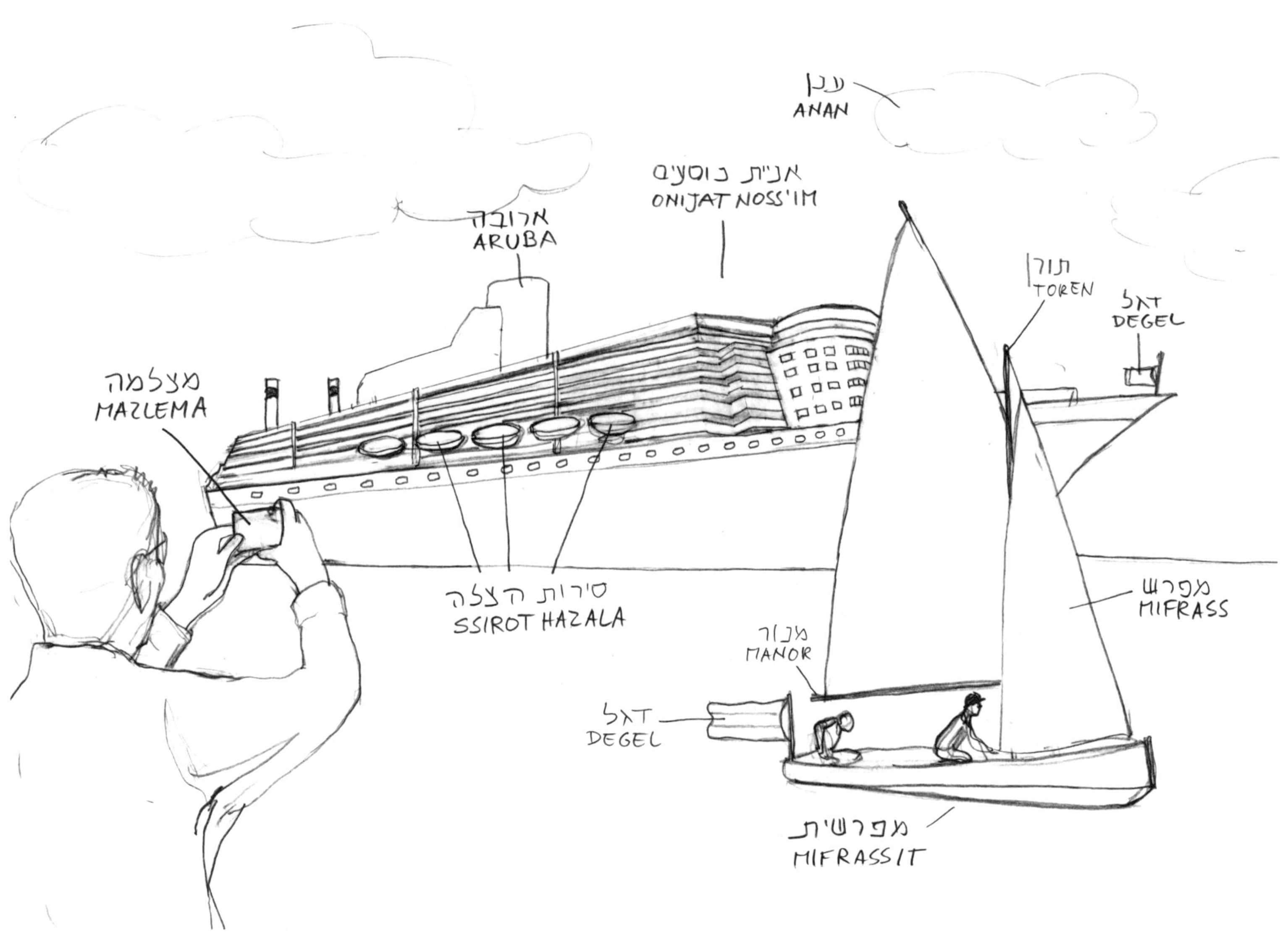
ענן
ANAN
אניית נוסעים
ONIJAT NOSS'IM
ארובה
ARUBA
תורן
TOREN
דגל
DEGEL
מצלמה
MAZLEMA
סירות הצלה
SSIROT HAZALA
מפרש
MIFRASS
מנור
MANOR
דגל
DEGEL
מפרשית
MIFRASSIT

על המצח
AL HAMESACH
אלבה
ELBE
גבר
GEWER
אישה
ISCHA
סירה
SSIRA
כוס יין
KOSS JAJIN
rtz-kola

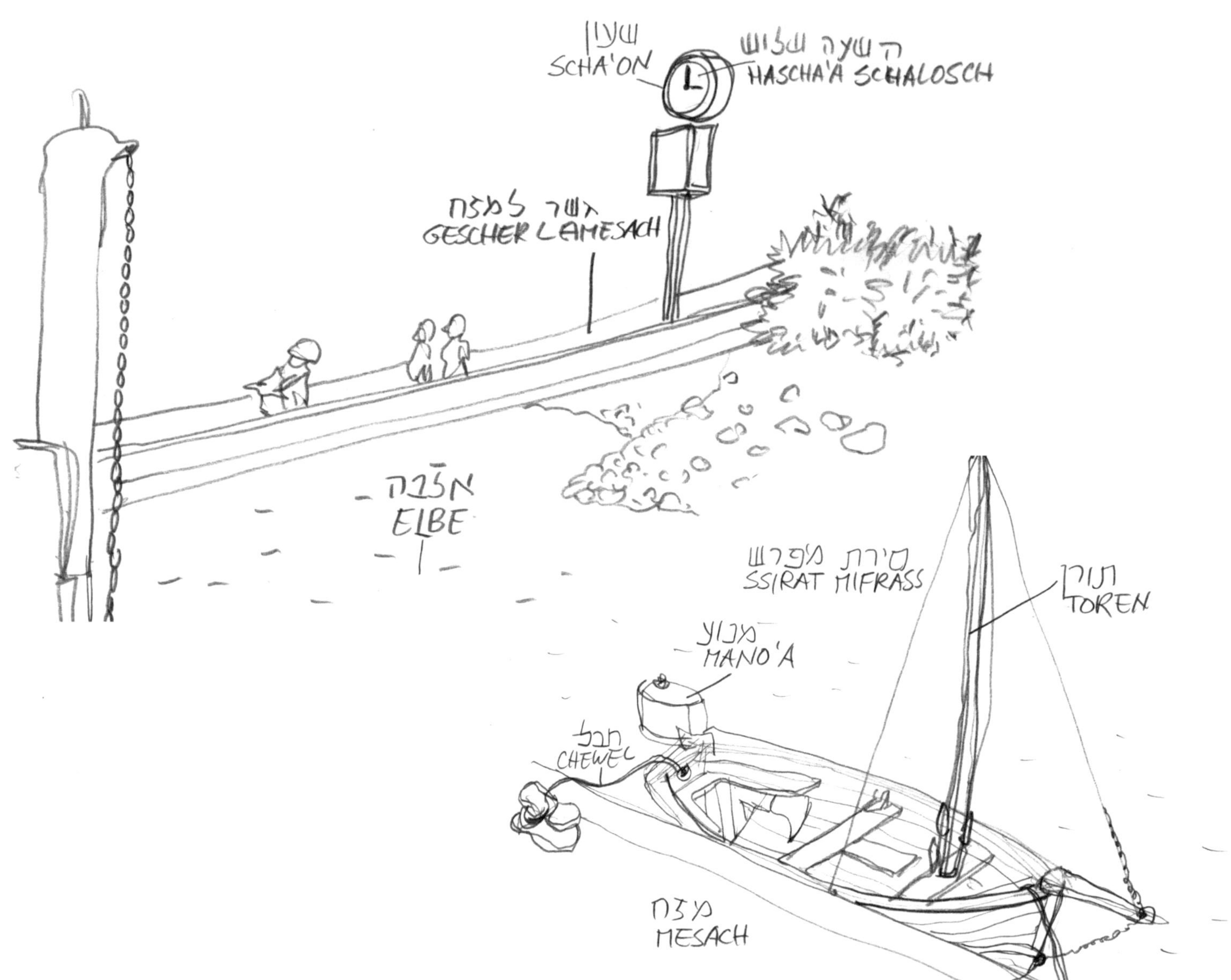
שעון
SCHA'ON
השעה שלוש
HASCHA'A SCHALOSCH
גשר למזח
GESCHER LAMESACH
אלבה
ELBE
סירת מפרש
SSIRAT MIFRASS
תורן
TOREN
מנוע
MANO'A
חבל
CHEWEL
מזח
MESACH

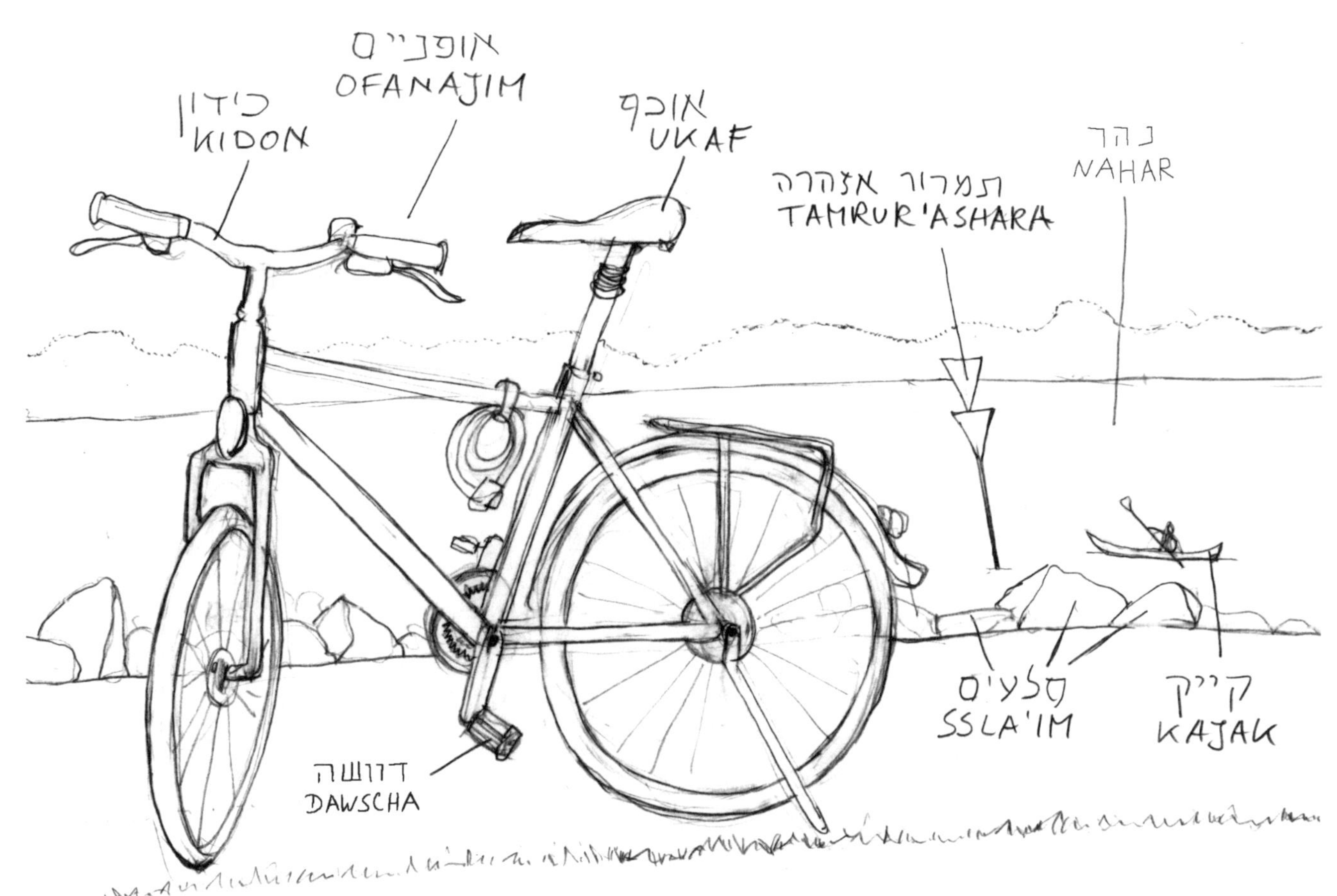
אופניים
OFANAJIM
כידון
KIDON
אוכף
UKAF
נהר
NAHAR
תמרור אזהרה
TAMRUR'ASHARA
סלעים
SSLA'IM
קייק
KAJAK
דוושה
DAWSCHA

שלוש נשים
SCHALOSCH NASCHIM

בגד ים
BEGED JAM

מגבת
MAGEWET

מלון קרלטון
MALON KARLTON
שלושה גברים
SCHLOSCHA GWARIM
כובע מצחייה
KOWA MIZCHIJA
בטן
BETEN
כיסא נוח
KISSE NOACH

בחוף גורדון
BECHOF GORDON

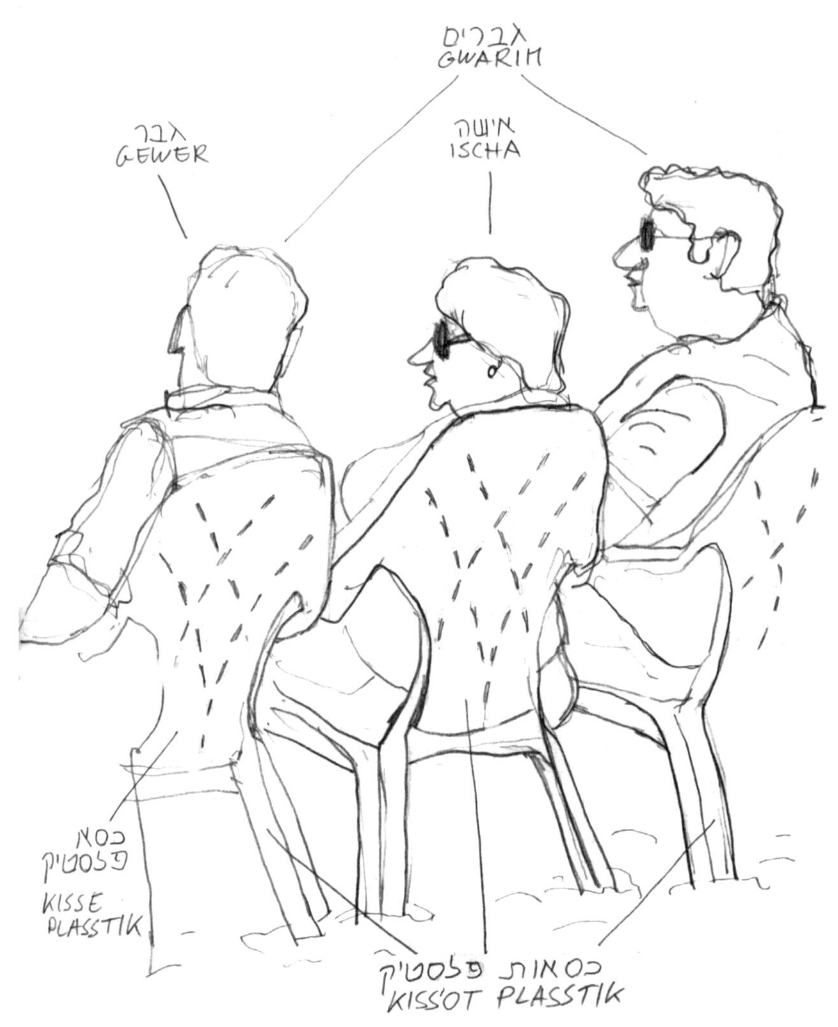

בחוף הים הבלטי
BECHOF HAJAM HABALTI
ארבעים ושש
ARBA'IM WESCHESCH
46
כיסא נוח צפוני
KISSE NOACH
ZFONI
גופייה
GUFIJA

דוג אוהבים בחוף הים
sug ohawim bechof hajam

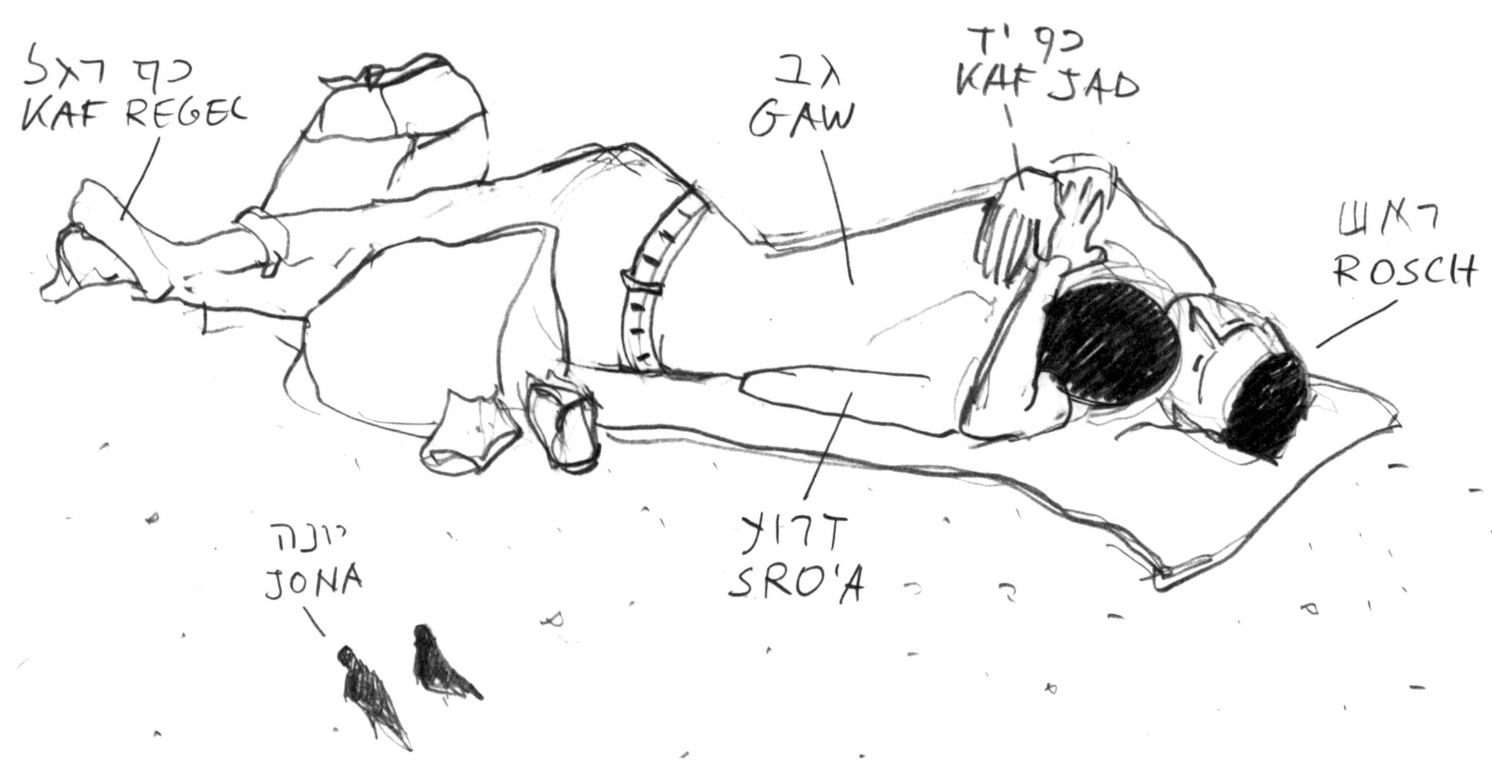

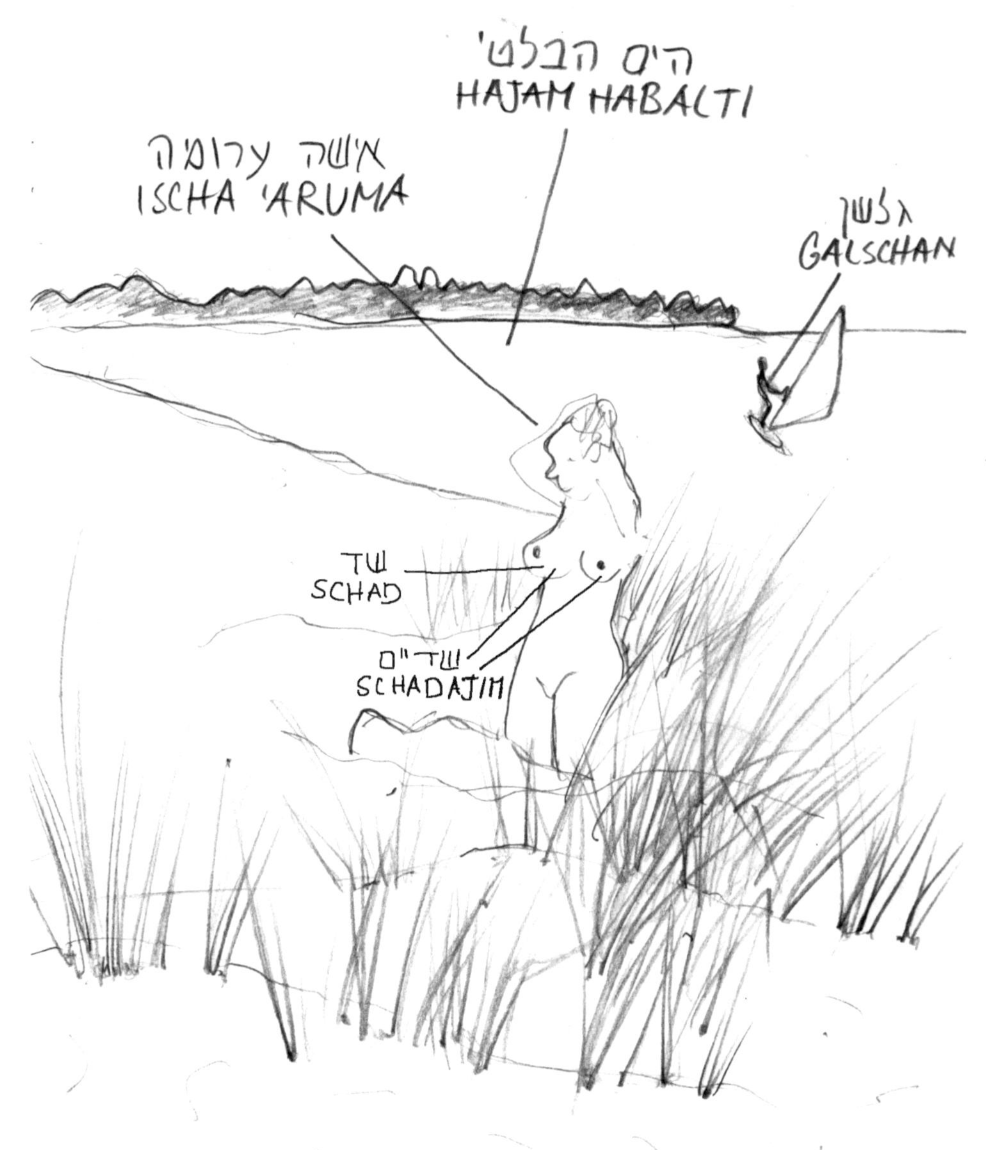
הים הבלטי
HAJAM HABALTI
אישה ערומה
ISCHA 'ARUMA
גלשן
GALSCHAN
שד
SCHAD
שדיים
SCHADAJIM

שישים וחמש
SCHISCHIM WECHAMESCH
65

כובע
KOWA
מחברת
שירבוטים
MACHBERET
SCHIRBUTIM

חמישים ושבע
CHAMISCHIM WESCHEWA
57

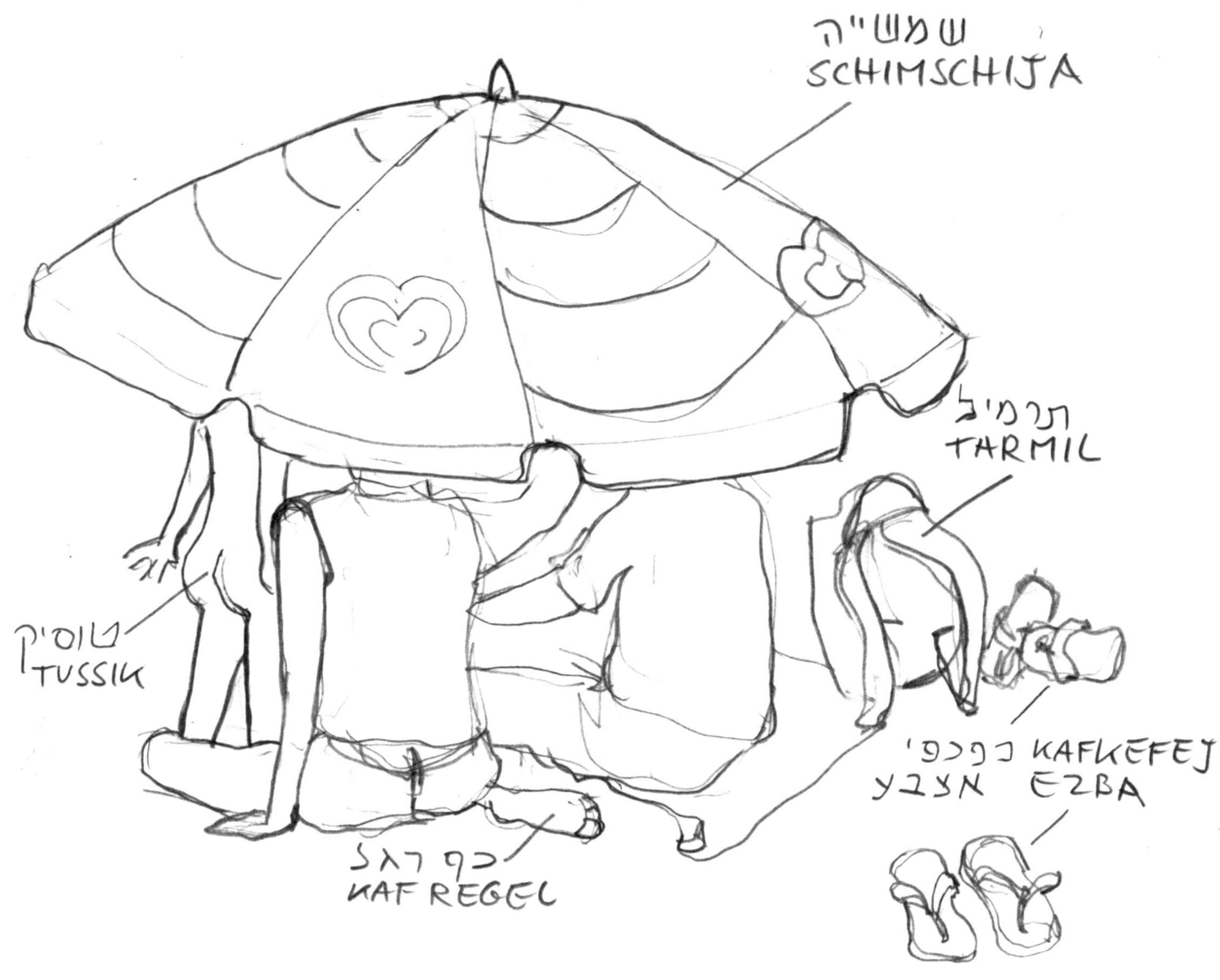
שמשייה
SCHIMSCHIJA
תרמיל
TARMIL
טוסיק
TUSSIK
כף רגל
KAF REGEL
כפכפי אצבע
KAFKEFEJ EZBA

בחוף בוגרשוב
BECHOF BOGRASCHOW
שמשייה
SCHIMSCHIJA
כיסא פלסטיק
KISSE PLASSTIK
פיתה
PITA
סיגריה
SSIRARJA
מוקסינים
MOKASSINIM
חול
CHOL

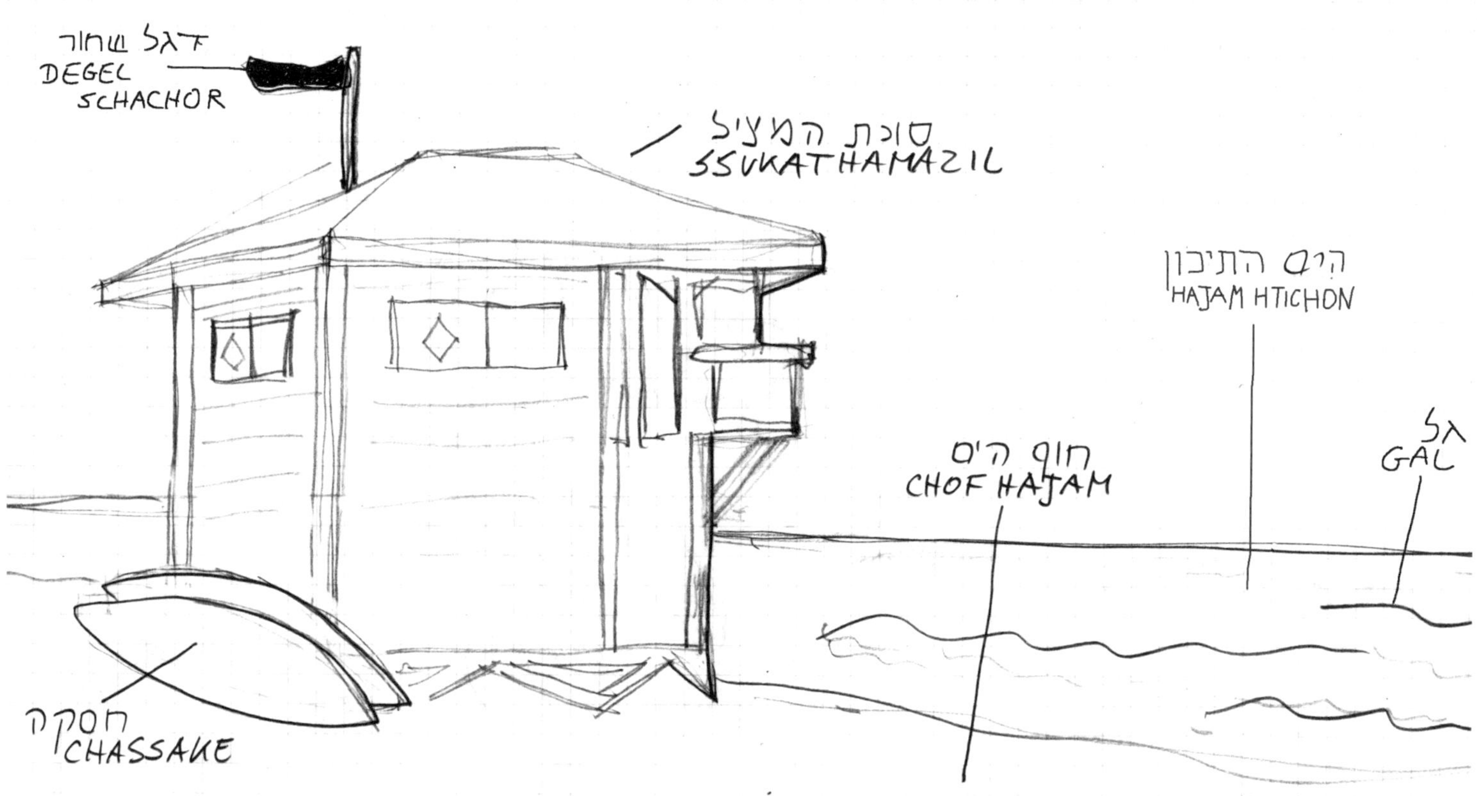
דגל שחור
DEGEL
SCHACHOR
סוכת המציל
SSUKATHAMAZIL
הים התיכון
HAJAM HTICHON
גל
GAL
חוף הים
CHOF HAJAM
חסקה
CHASSAKE

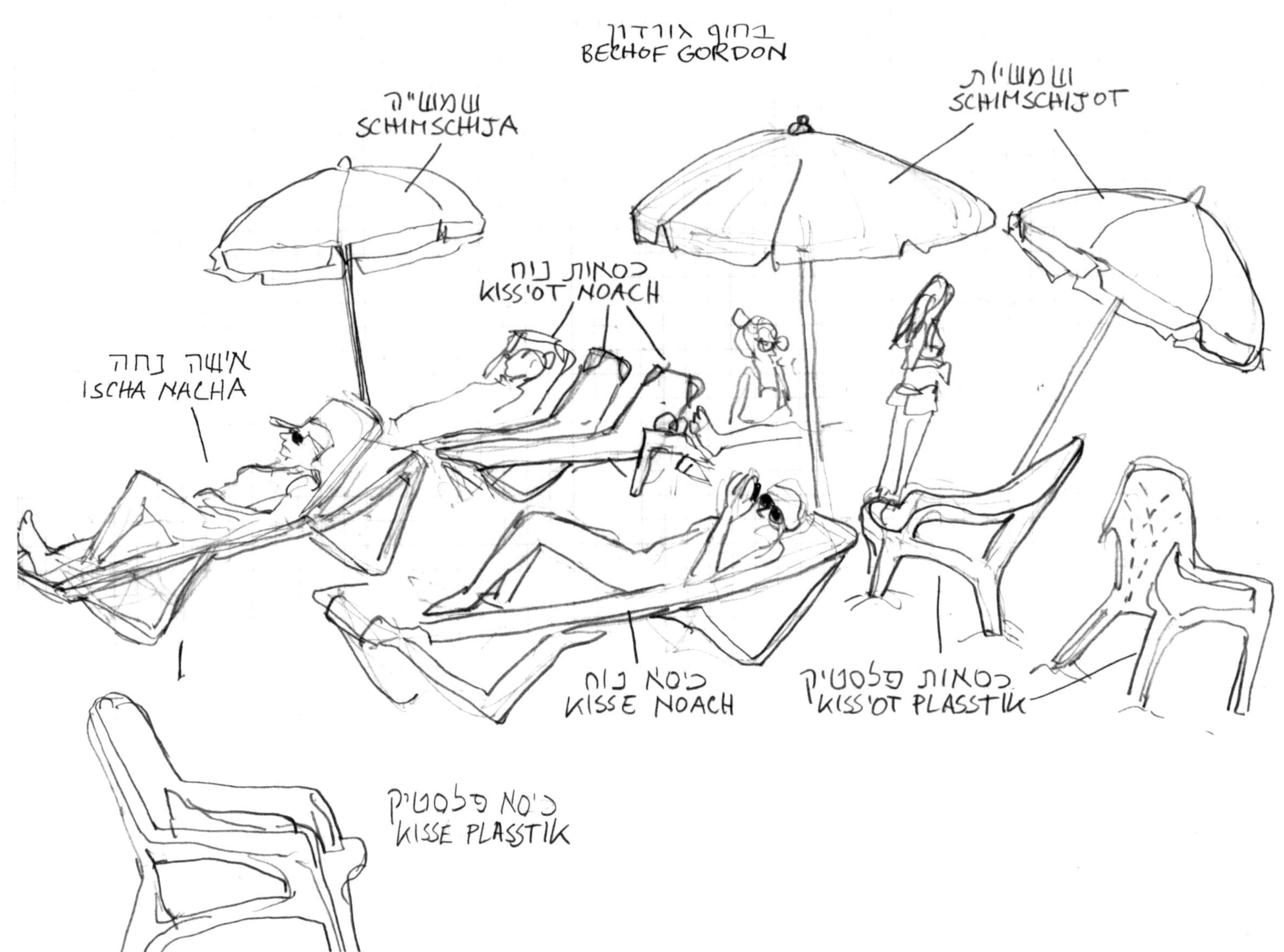
בחוף גורדון
BECHOF GORDON
שמשייה
SCHIMSCHIJA
שמשיות
SCHIMSCHIJOT
כסאות נוח
KISS'OT NOACH
אישה נחה
ISCHA NACHA
כיסא נוח
KISSE NOACH
כסאות פלסטיק
KISS'OT PLASSTIK
כיסא פלסטיק
KISSE PLASSTIK

במקומות שונים

bimkomot schonim

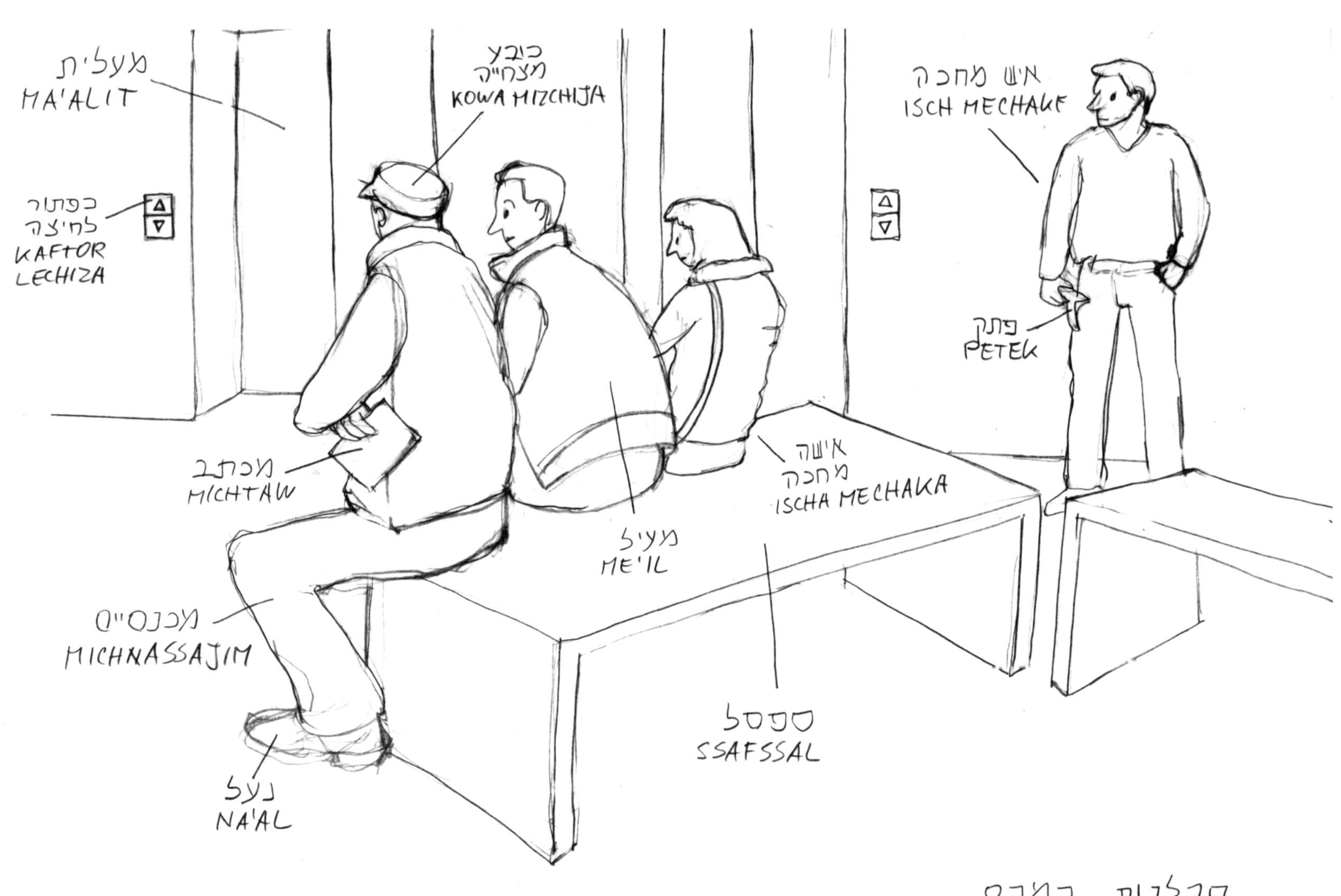

סבלנות במכס
SAWLANUT BAMECHESS

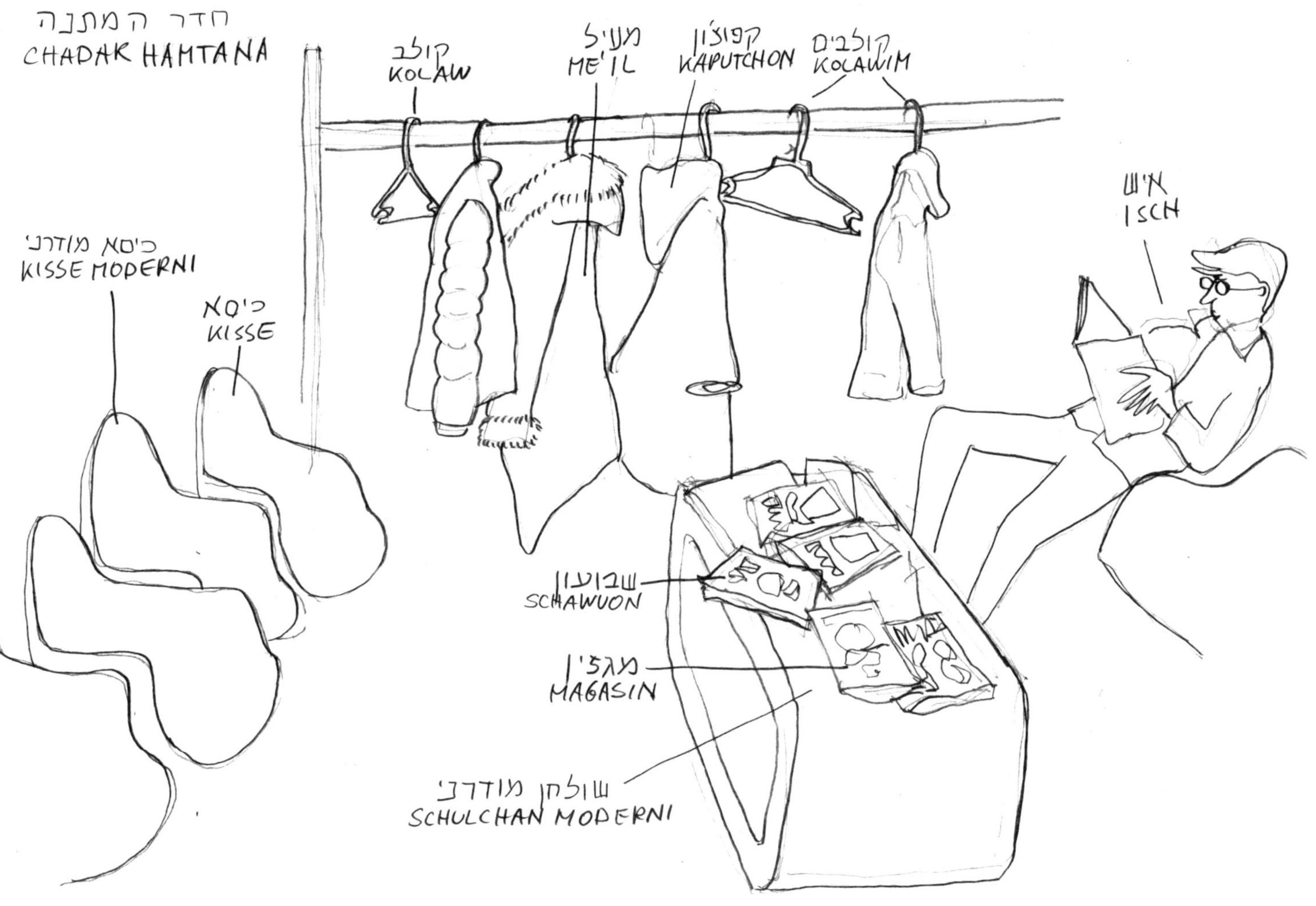

חדר המתנה
CHADAR HAMTANA
קולב
KOLAW
מעיל
ME'IL
קפוצ'ון
KAPUTCHON
קולבים
KOLAWIM
איש
ISCH
כיסא מודרני
KISSE MODERNI
כיסא
KISSE
שבועון
SCHAWUON
מגזין
MAGASIN
שולחן מודרני
SCHULCHAN MODERNI

ברכבת
barakewet

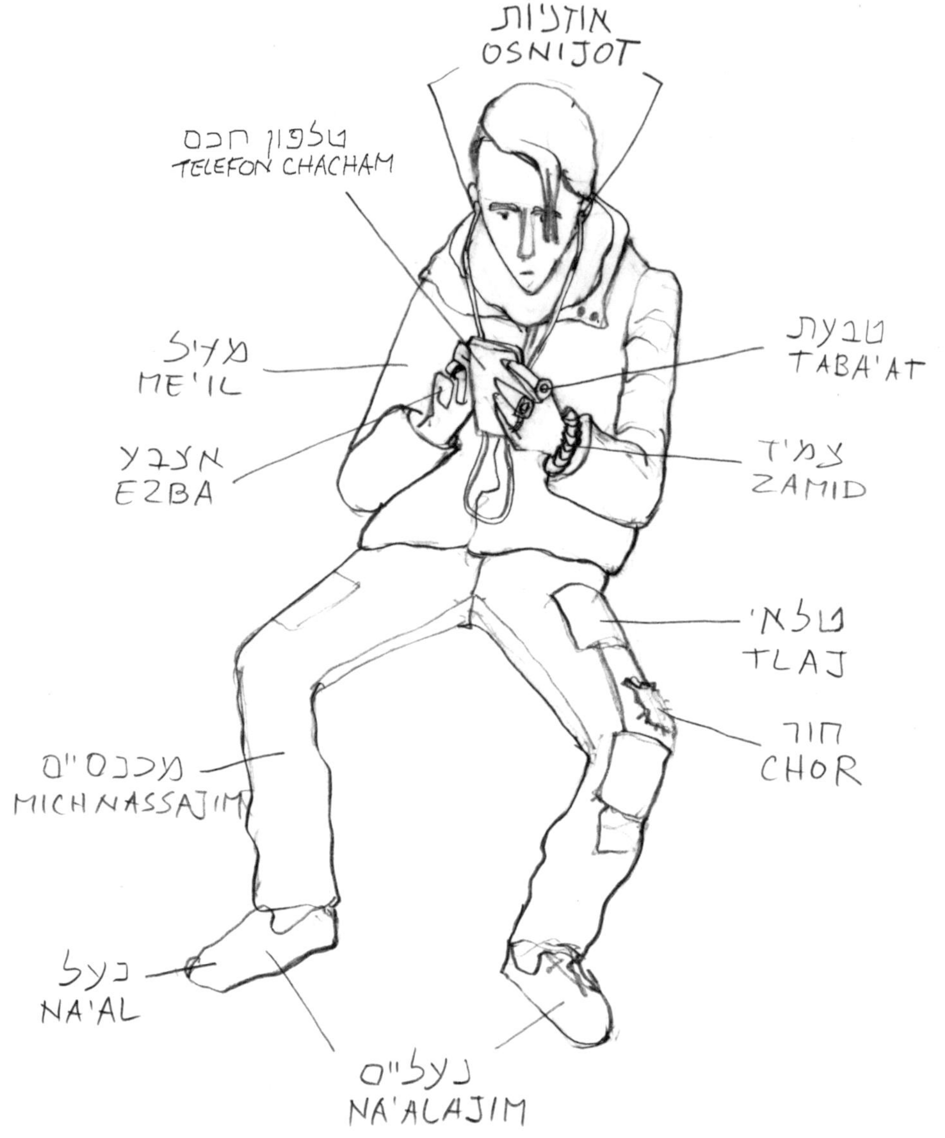

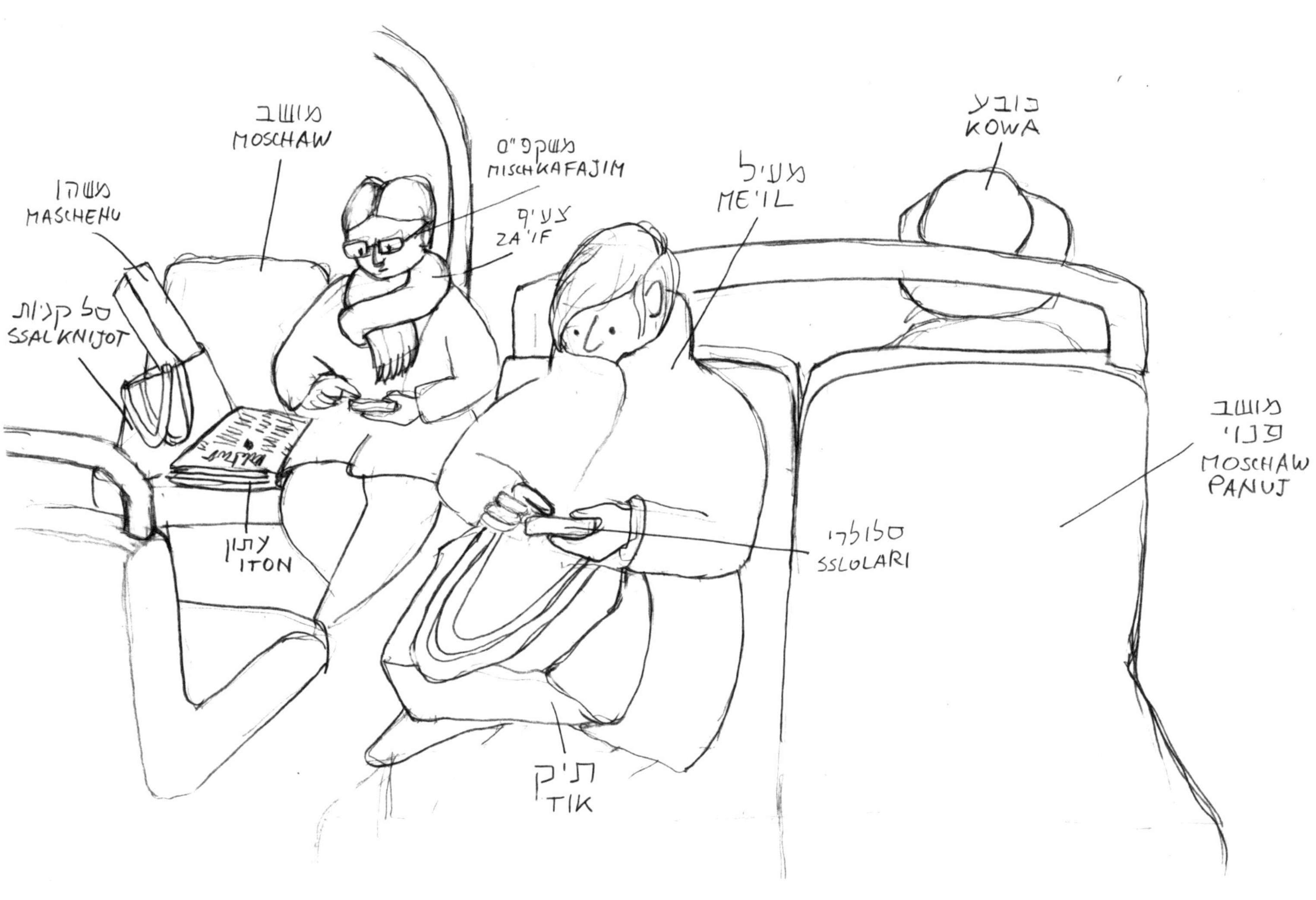

מושב
MOSCHAW
משהו
MASCHEHU
משקפ"ם
MISCHKAFAJIM
צעיף
ZA'IF
מעיל
ME'IL
כובע
KOWA
סל קניות
SSALKNIJOT
עתון
ITON
סלולרי
SSLOLARI
מושב פנוי
MOSCHAW PANUJ
תיק
TIK

במספרה
bamisspara

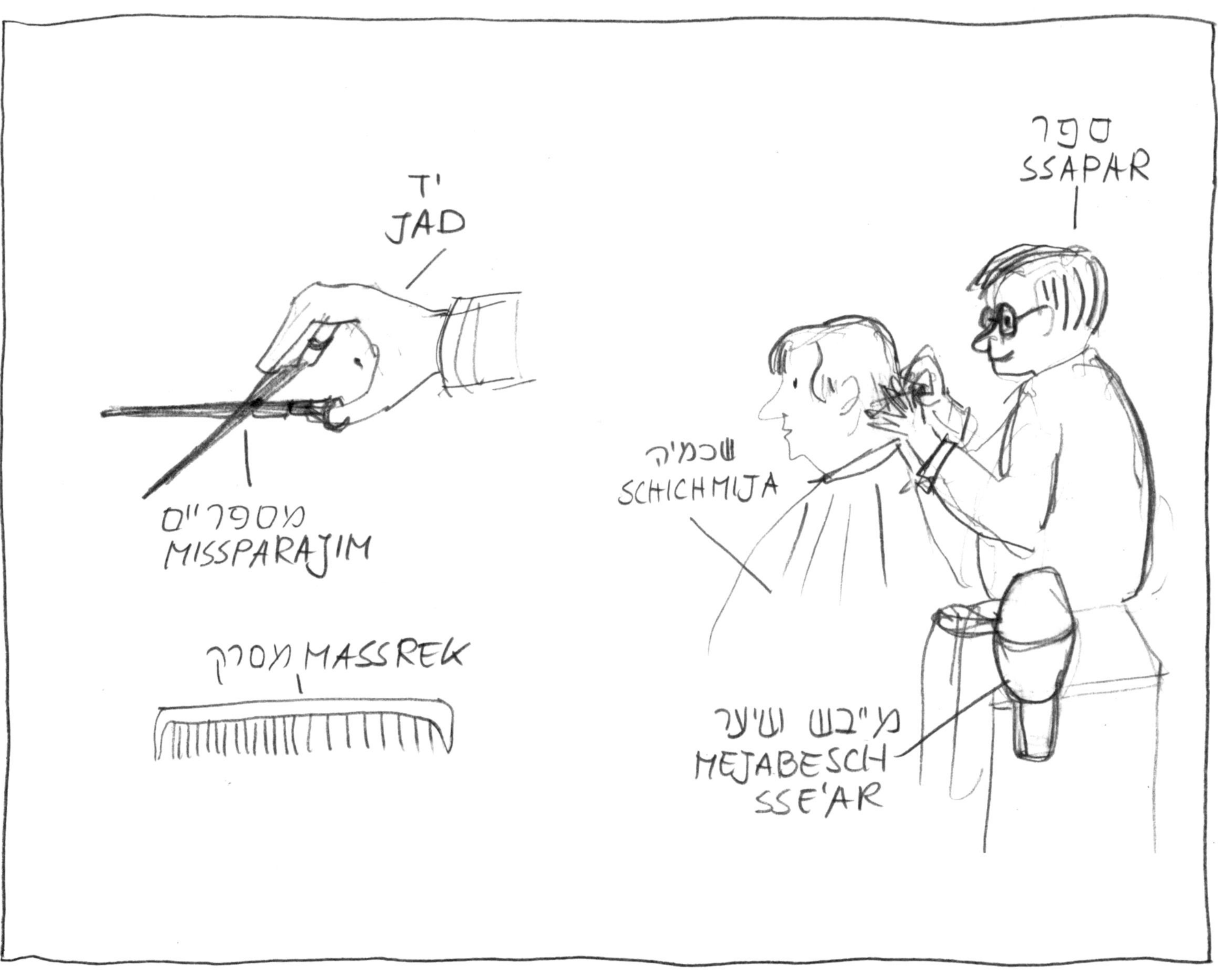

יד
JAD
מספריים
MISSPARAJIM
מסרק MASSREK
ספר
SSAPAR
שכמיה
SCHICHMIJA
מייבש שיער
MEJABESCH
SSE'AR

אני במספרה
ani bamisspara

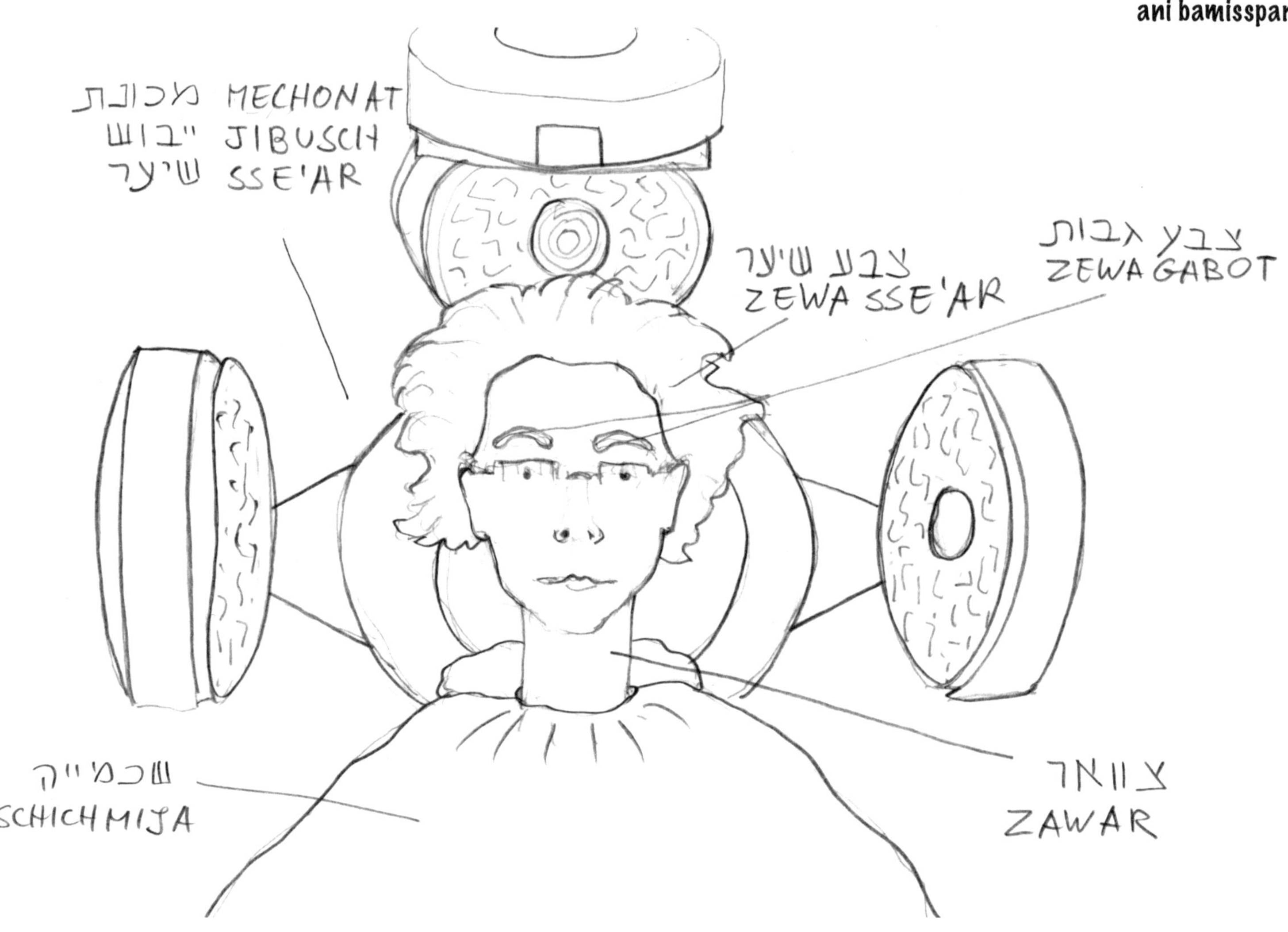

בבית חולים

bewejt cholim

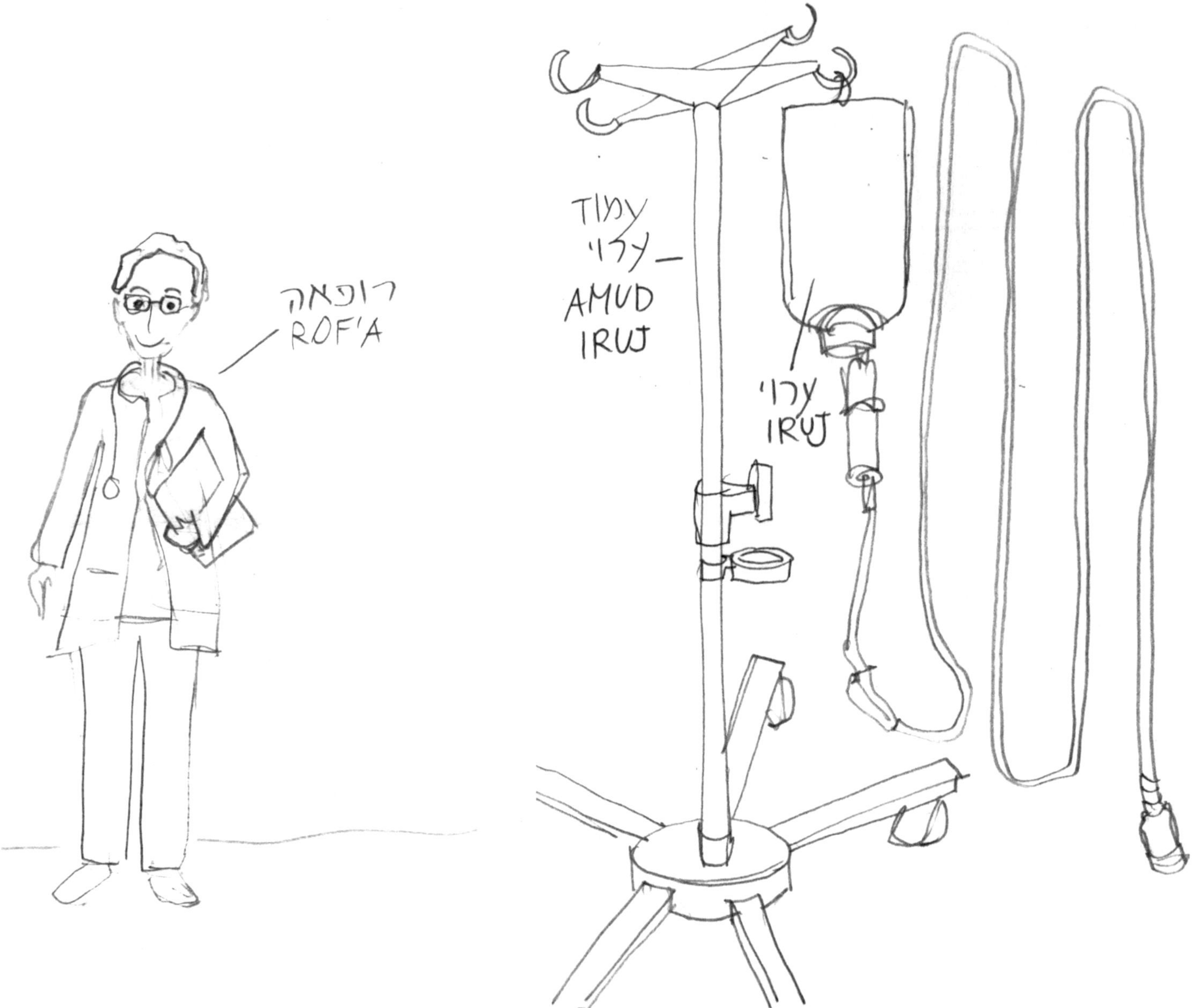
רופאה
ROF'A
עמוד
ערוי
AMUD
IRUJ
ערוי
IRUJ

המנקה
ממדו מנה
HAMENAKE
MAMADU MANE
האח כריסטיאן
HA'ACH KRISTIAN

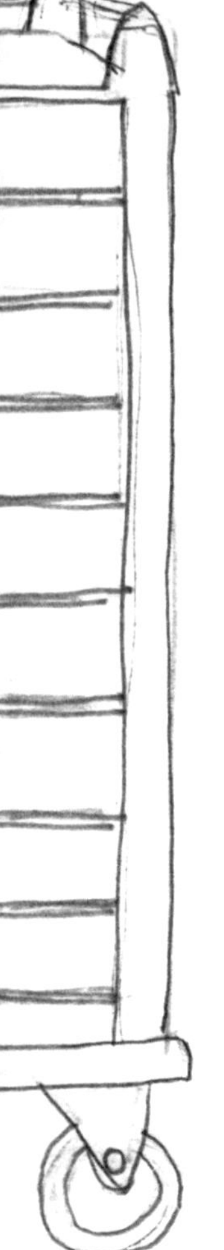
עגלת
אוכל
EGLAT
OCHEL

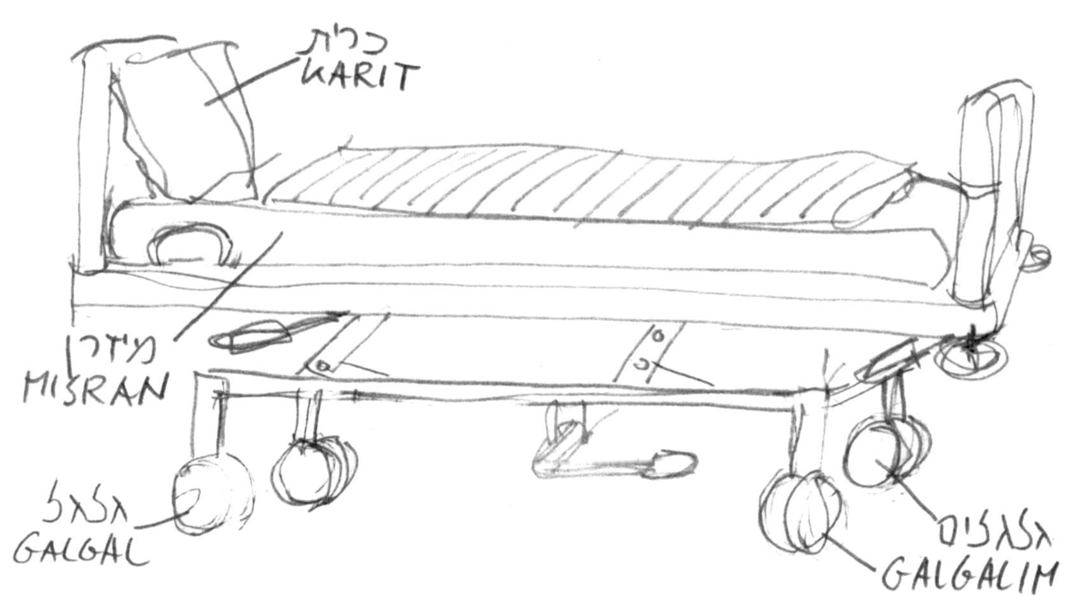
מיטת בית חולים
MITAT BEJT CHOLIM
כרית
KARIT
מיזרן
MISRAN
גלגל
GALGAL
גלגלים
GALGALIM

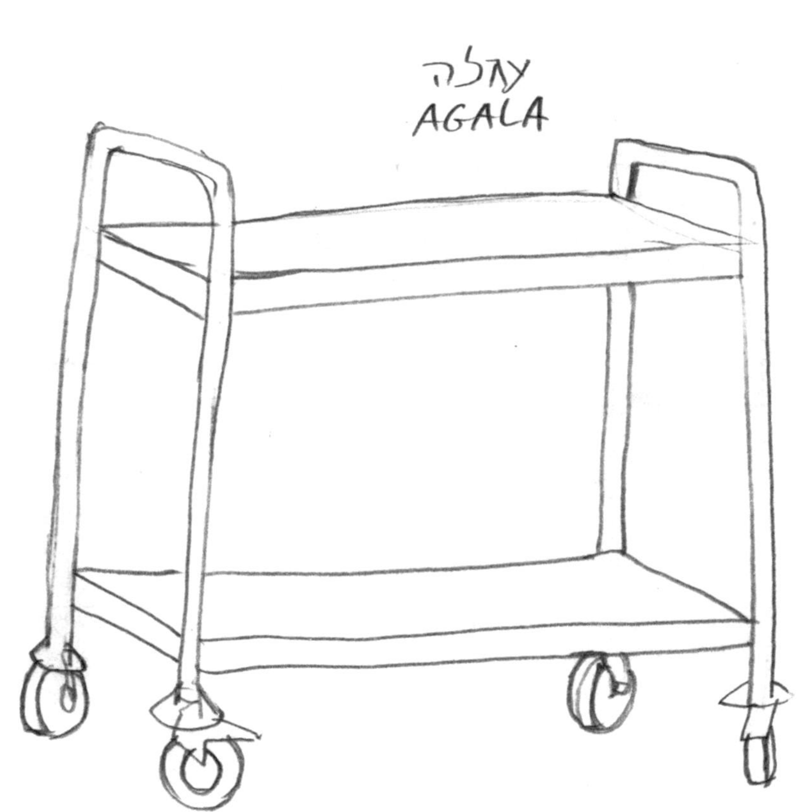
עגלה
AGALA

מגש
MAGASCH

מחכים בתור
MECHAKIM BATOR

דלת
DELET
שבע
SCHEWA
שעון
SCHA'ON
השעה אחת ועשרה
HASCHA'A ACHAT WA'ASSARA
ידית
JADIT

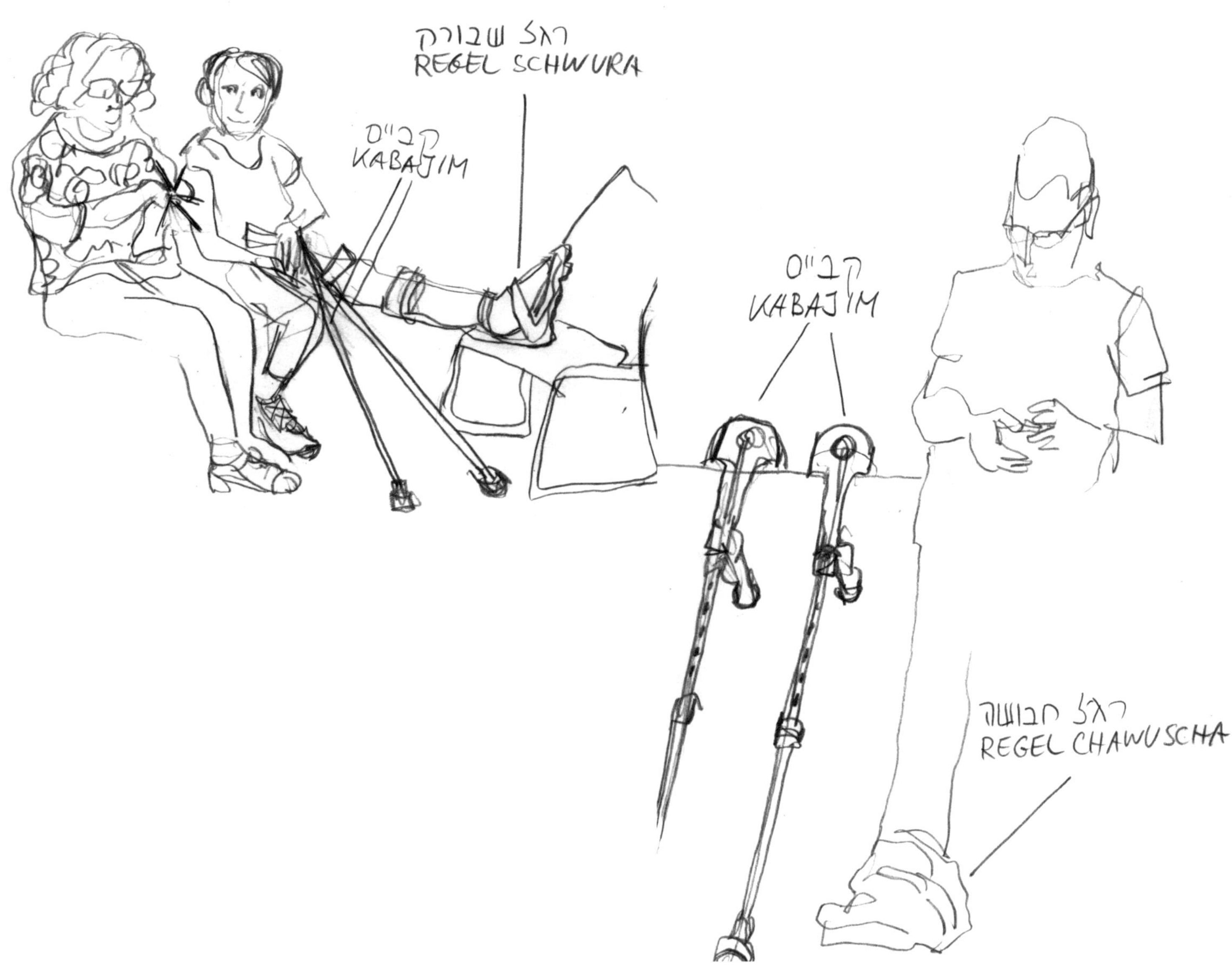

רגל שבורה
REGEL SCHWURA
קביים
KABAJIM
קביים
KABAJIM
רגל חבושה
REGEL CHAWUSCHA

חנות אורגנית בהמבורג
CHANUT ORGANIT BEHAMBUR

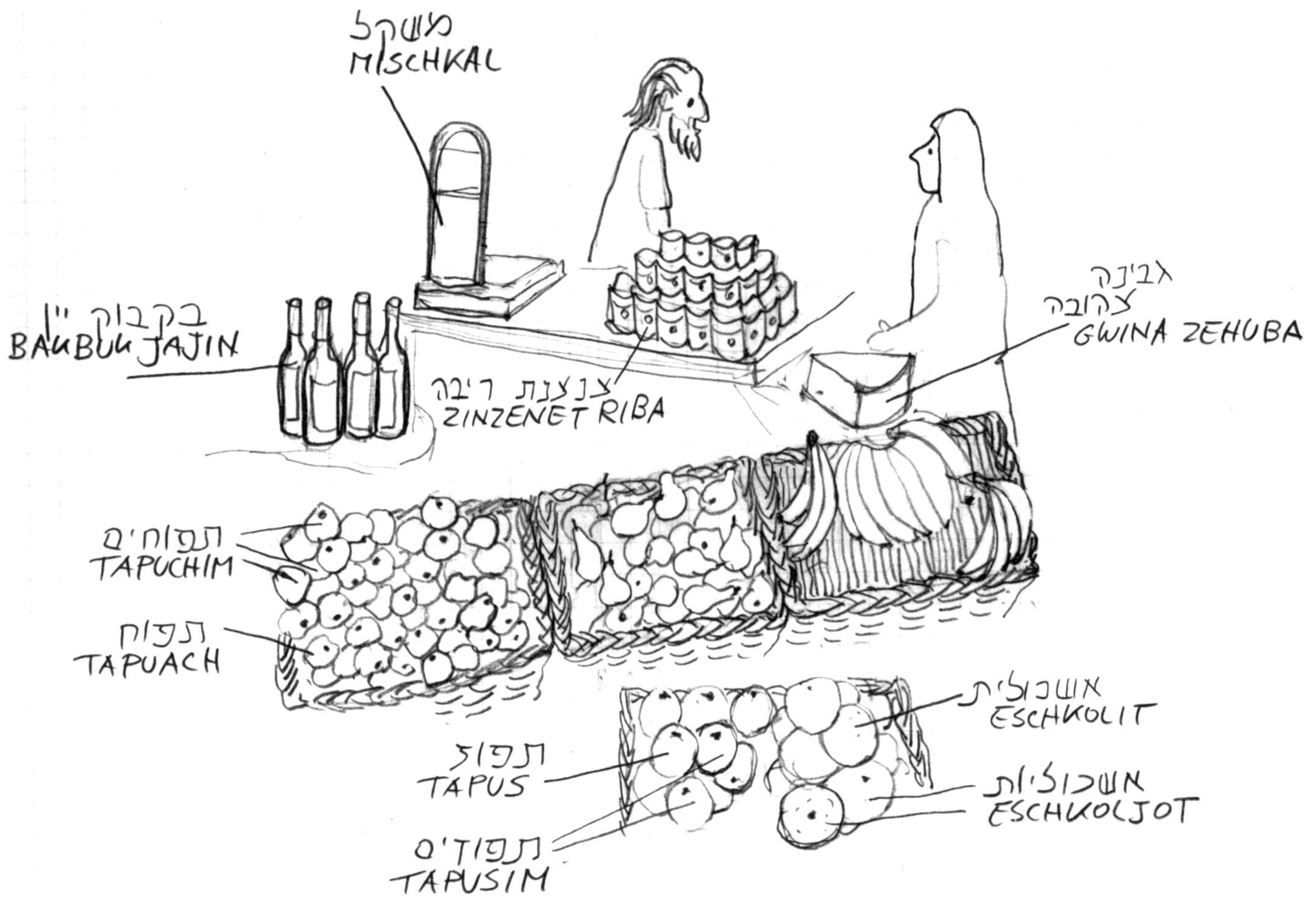

קולרבי
KOLRABI
צנונית
ZNONIT
כרוב סיני
KRUW SSINI
כרובית
KRUWIT
שומר
SCHUMAR
חמור
CHAMOR
קסדה
KASSDA

בשוק הכרמל
beschuk hakarmel

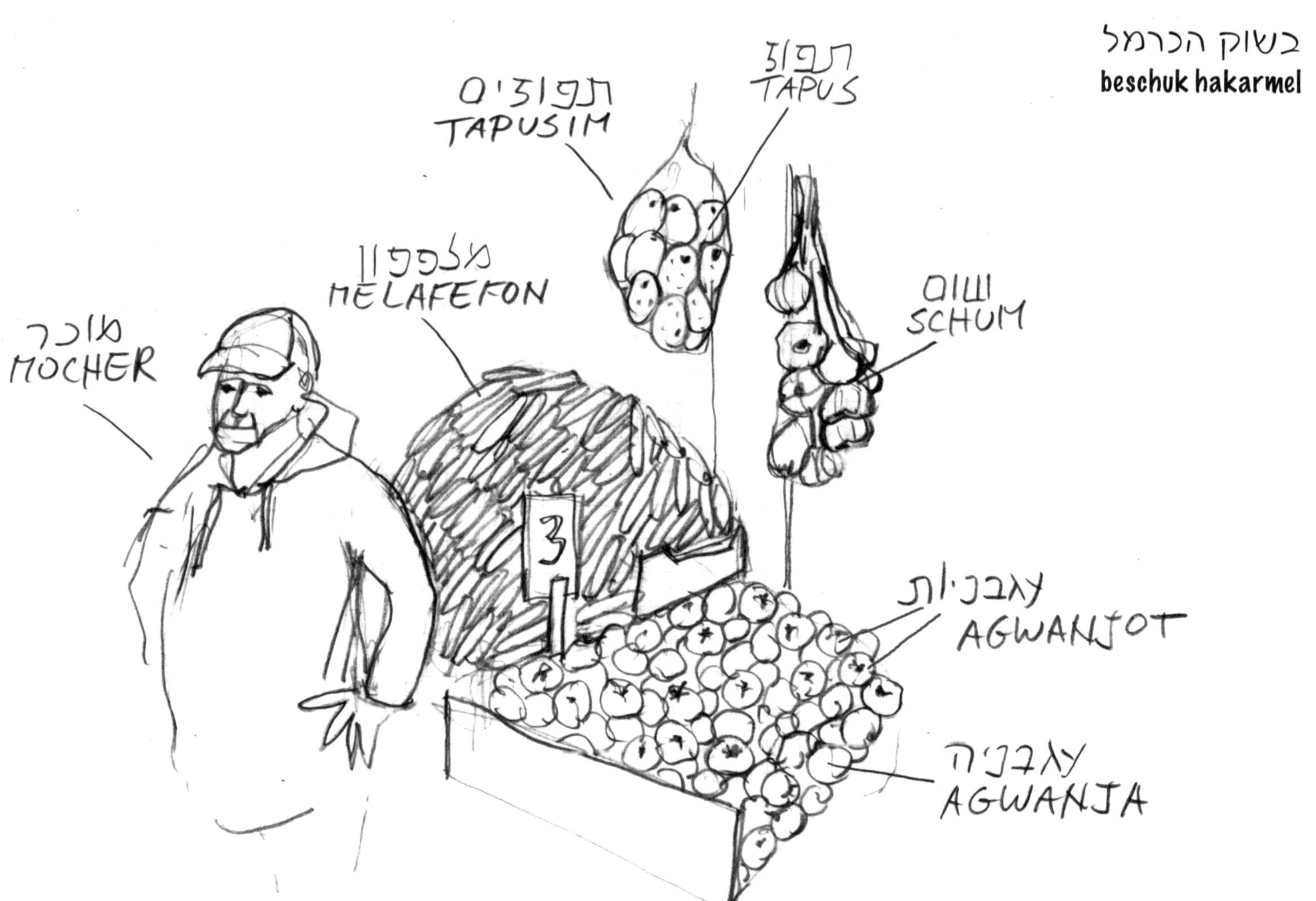

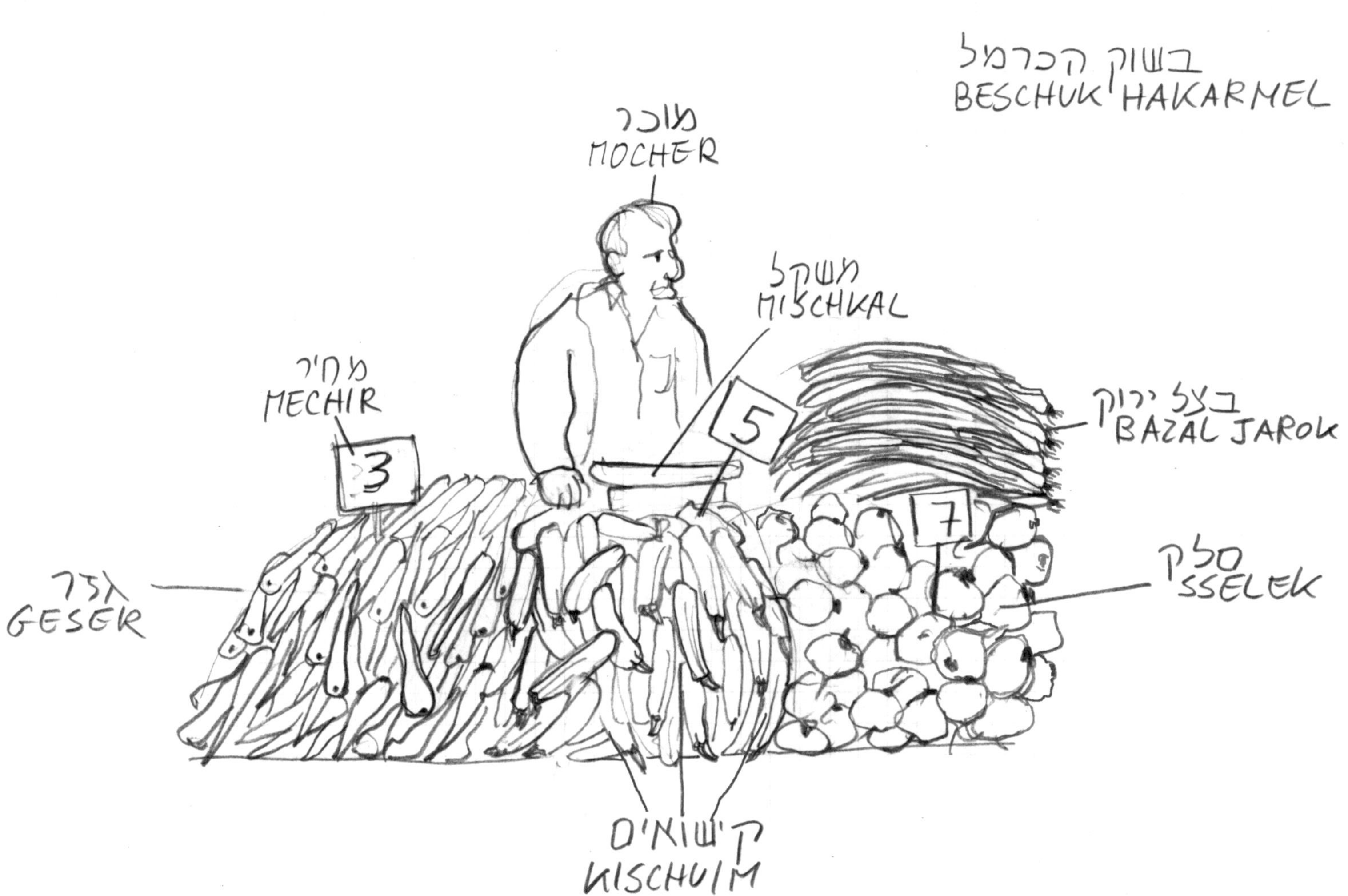
בשוק הכרמל
BESCHUK HAKARMEL
מוכר
MOCHER
משקל
MISCHKAL
מחיר
MECHIR
3
5
בצל ירוק
BAZAL JAROK
7
סלק
SSELEK
גזר
GESER
קישואים
KISCHUIM

בשוק
baschuk

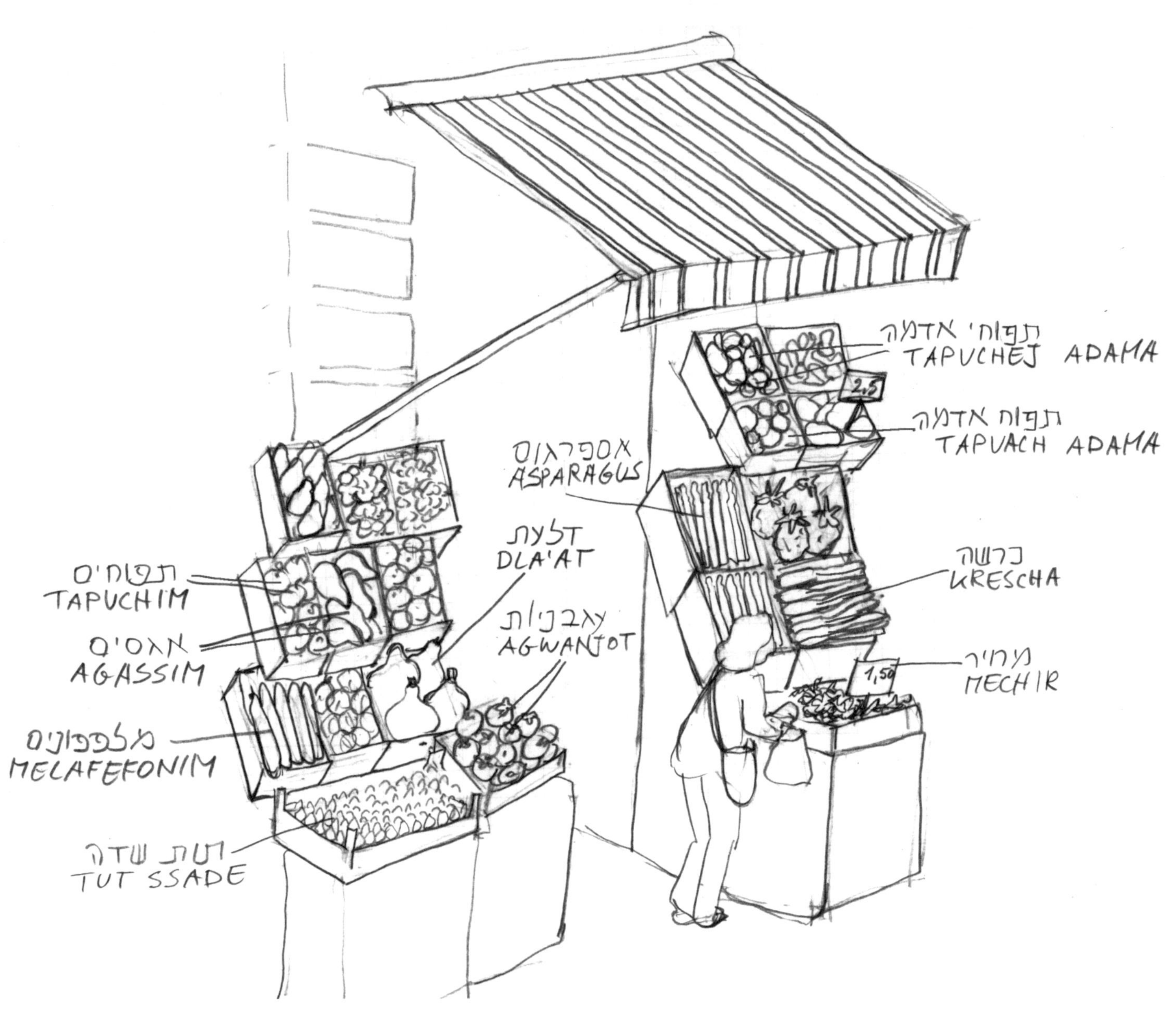
תפוחי אדמה
TAPUCHEJ ADAMA
2,5
תפוח אדמה
TAPUACH ADAMA
אספרגוס
ASPARAGUS
דלעת
DLA'AT
תפוחים
TAPUCHIM
עגבניות
AGWANJOT
כרשה
KRESCHA
אגסים
AGASSIM
מחיר
MECHIR
1,50
מלפפונים
MELAFEFONIM
תות שדה
TUT SSADE

בשיעור עברית
beschi'ur Iwrit

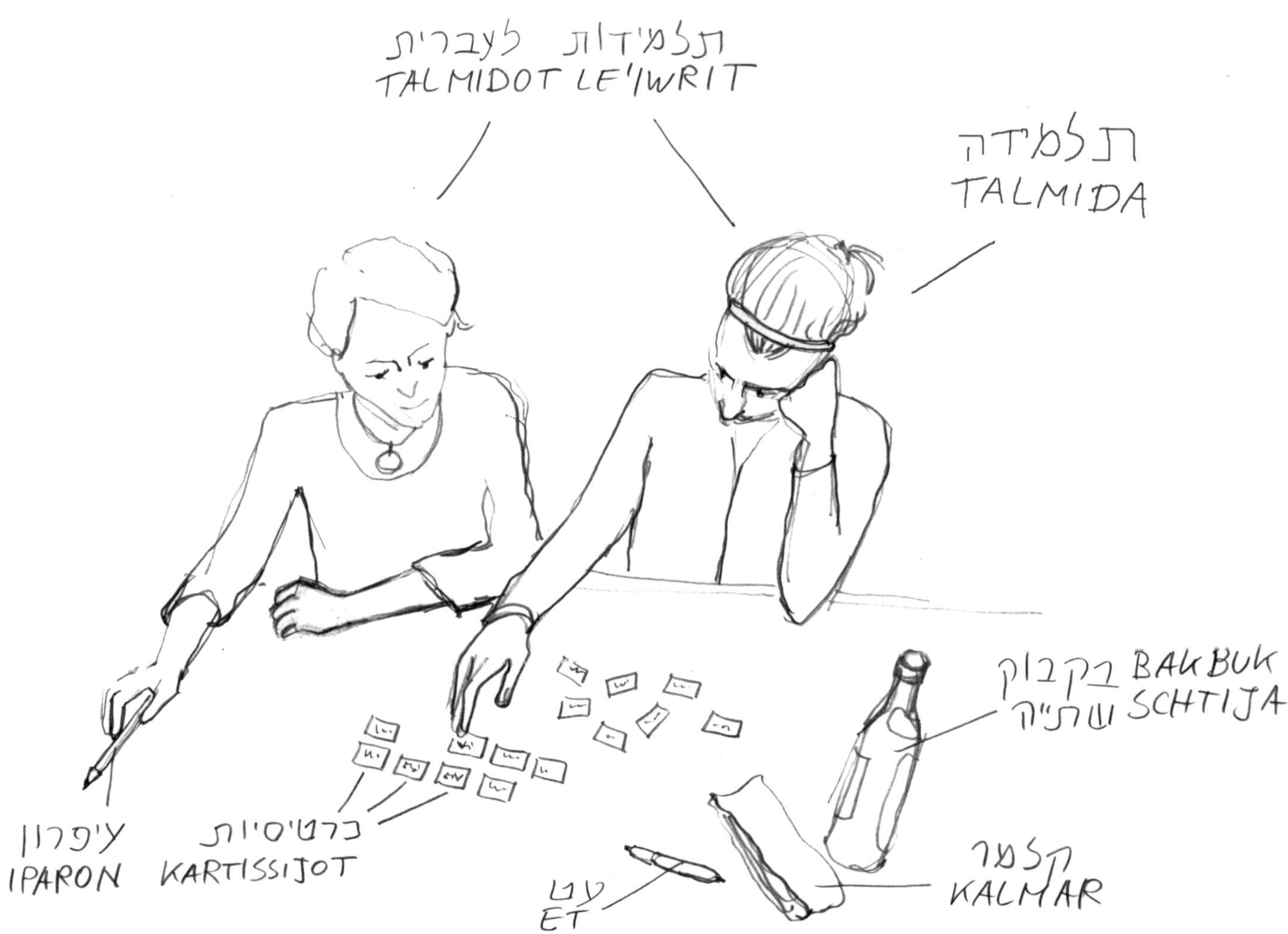

תלמידים לעברית
TALMIDIM LE'IWRIT
תלמיד
TALMID
כרטיסי"ה
KARTISSIJA
עט
ET
ספר לימוד
SSEFER LIMUD
ספרי לימוד
SSIFREJ LIMUD

בכיתה
BAKITA

תלמידות לעברית
TALMIDOT LE'IWRIT

טקסט של עמוס עוז
TEXT SCHEL AMOSS OS

כוס מים
KOSS MAJIM

אצל חברים

ezel chawerim

חברה שלי
chawera scheli

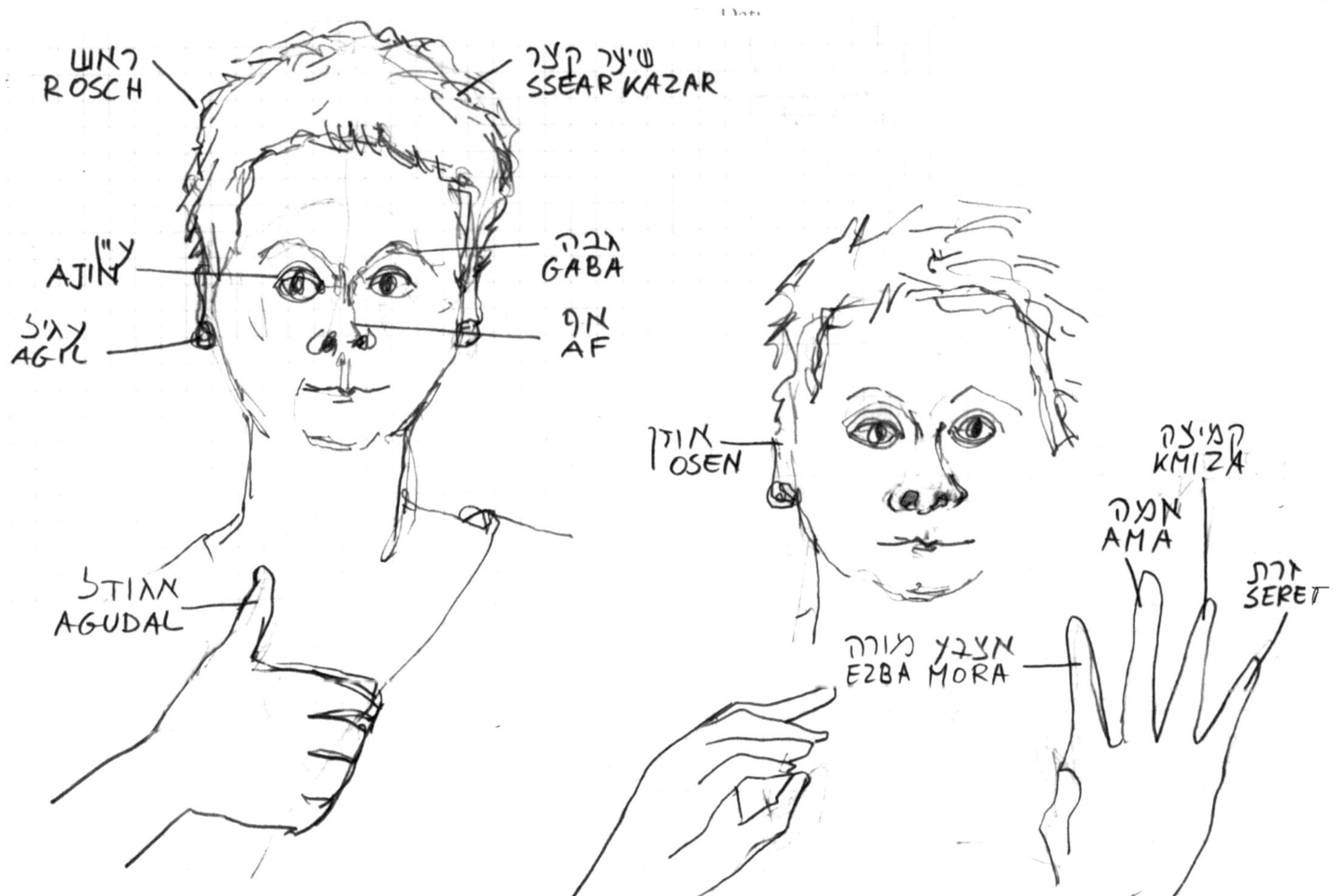

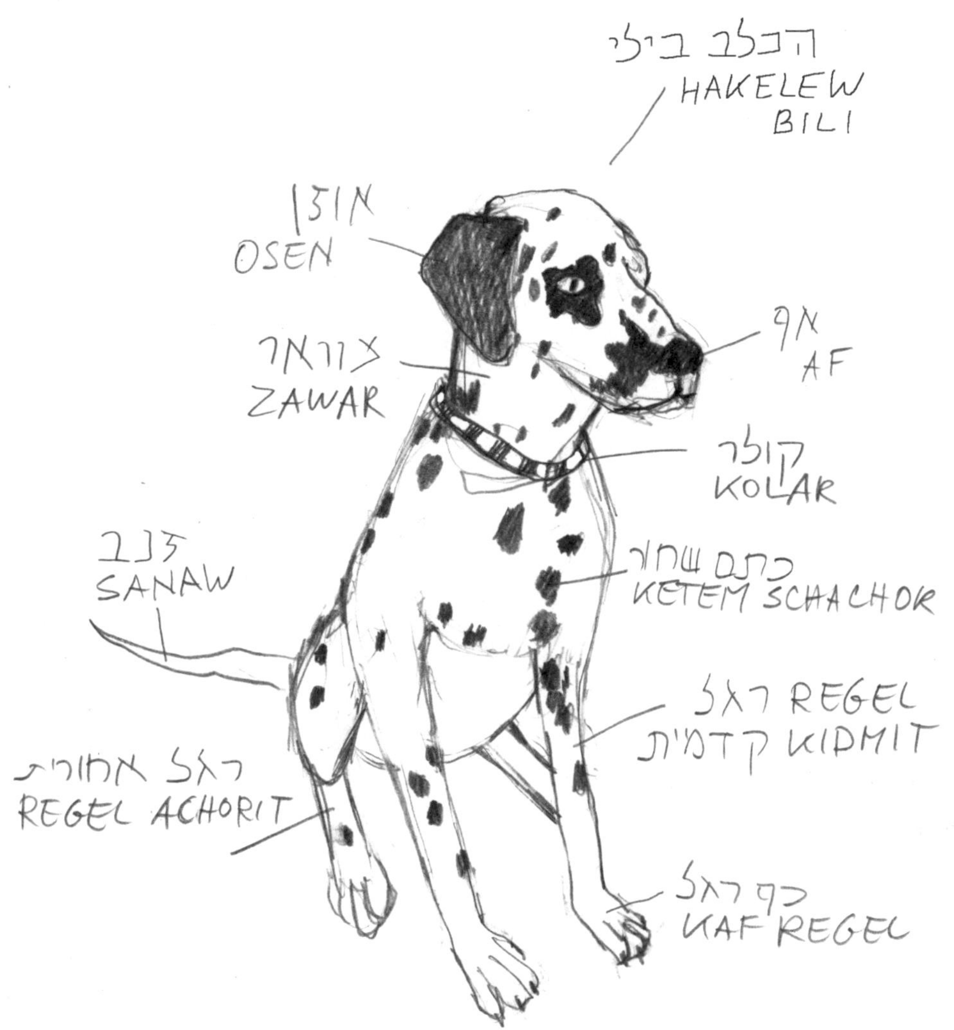
הכלב בילי
HAKELEW BILI
אוזן
OSEN
אף
AF
צוואר
ZAWAR
קולר
KOLAR
זנב
SANAW
כתם שחור
KETEM SCHACHOR
רגל REGEL
קדמית KIDMIT
רגל אחורית
REGEL ACHORIT
כף רגל
KAF REGEL

אצל אולגה
ezel olga

עיגול
IGUL
עיגולים
IGULIM
סוודר
שחור
SSWEDER
SCHACHOR
כבשה
KIWSSA

תמי מסדרת

tami messaderet

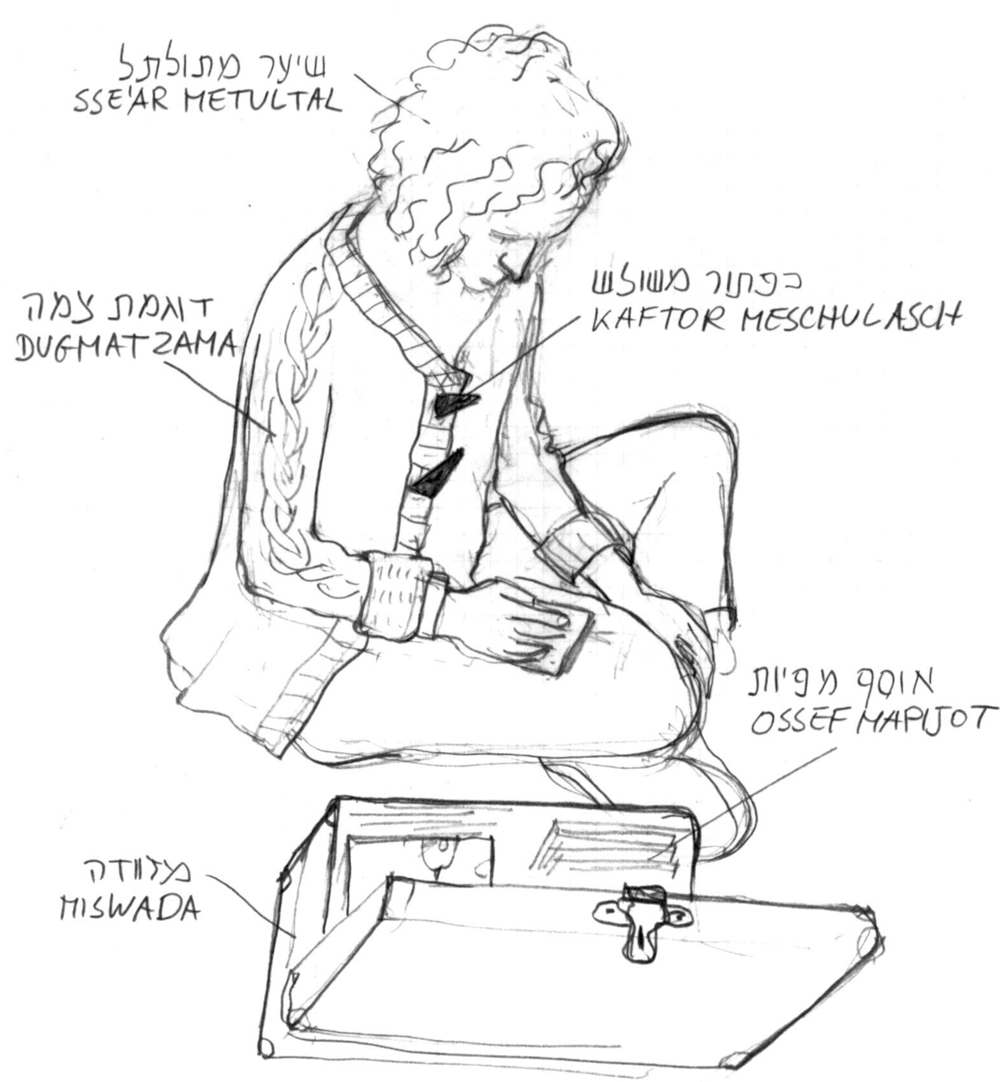

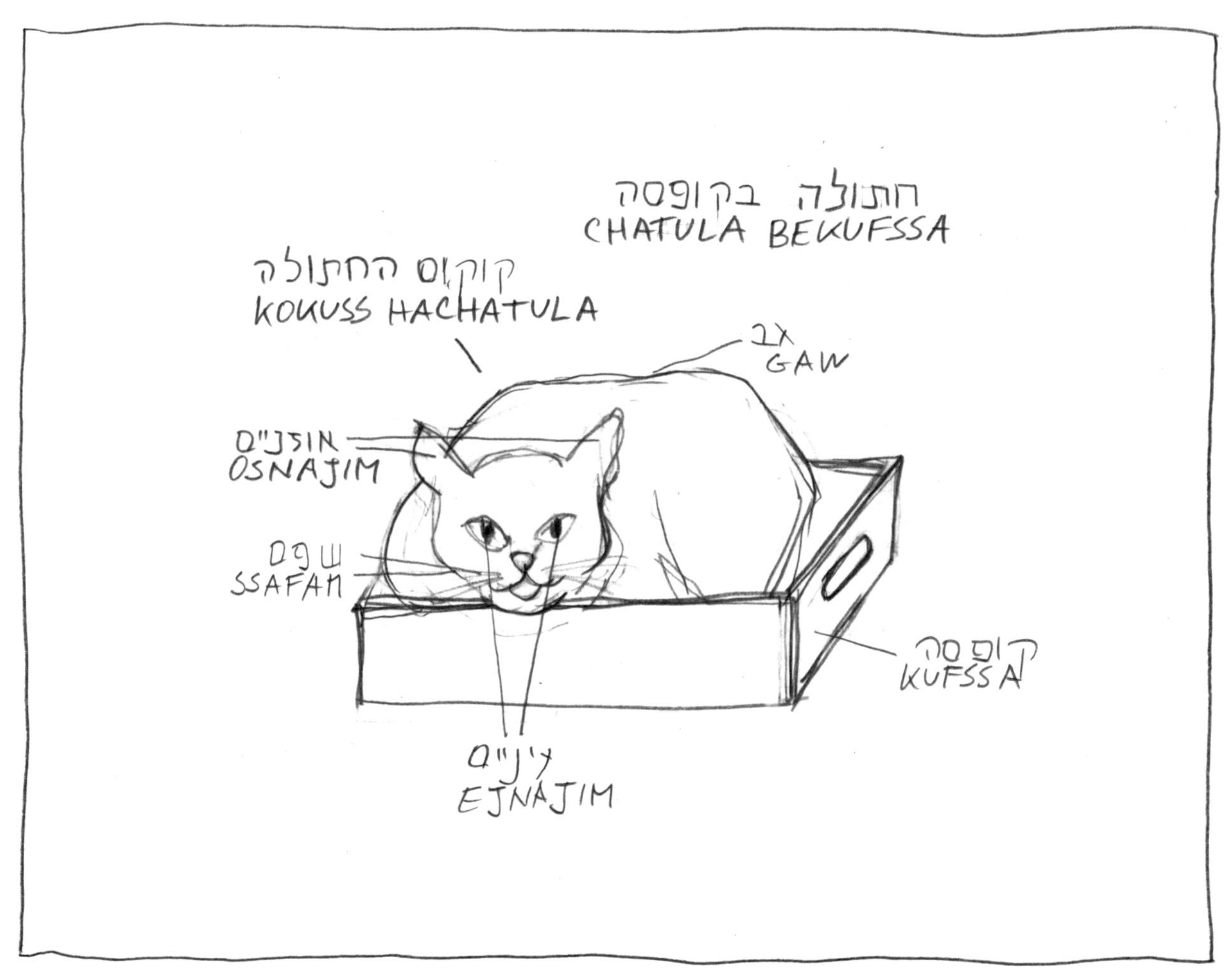

חתולה בקופסה
CHATULA BEKUFSSA
קוקוס החתולה
KOKUSS HACHATULA
גב
GAW
אוזניים
OSNAJIM
שפם
SSAFAM
קופסה
KUFSSA
עיניים
EJNAJIM

אצל ריטה ודיטר
ezel rita wediter

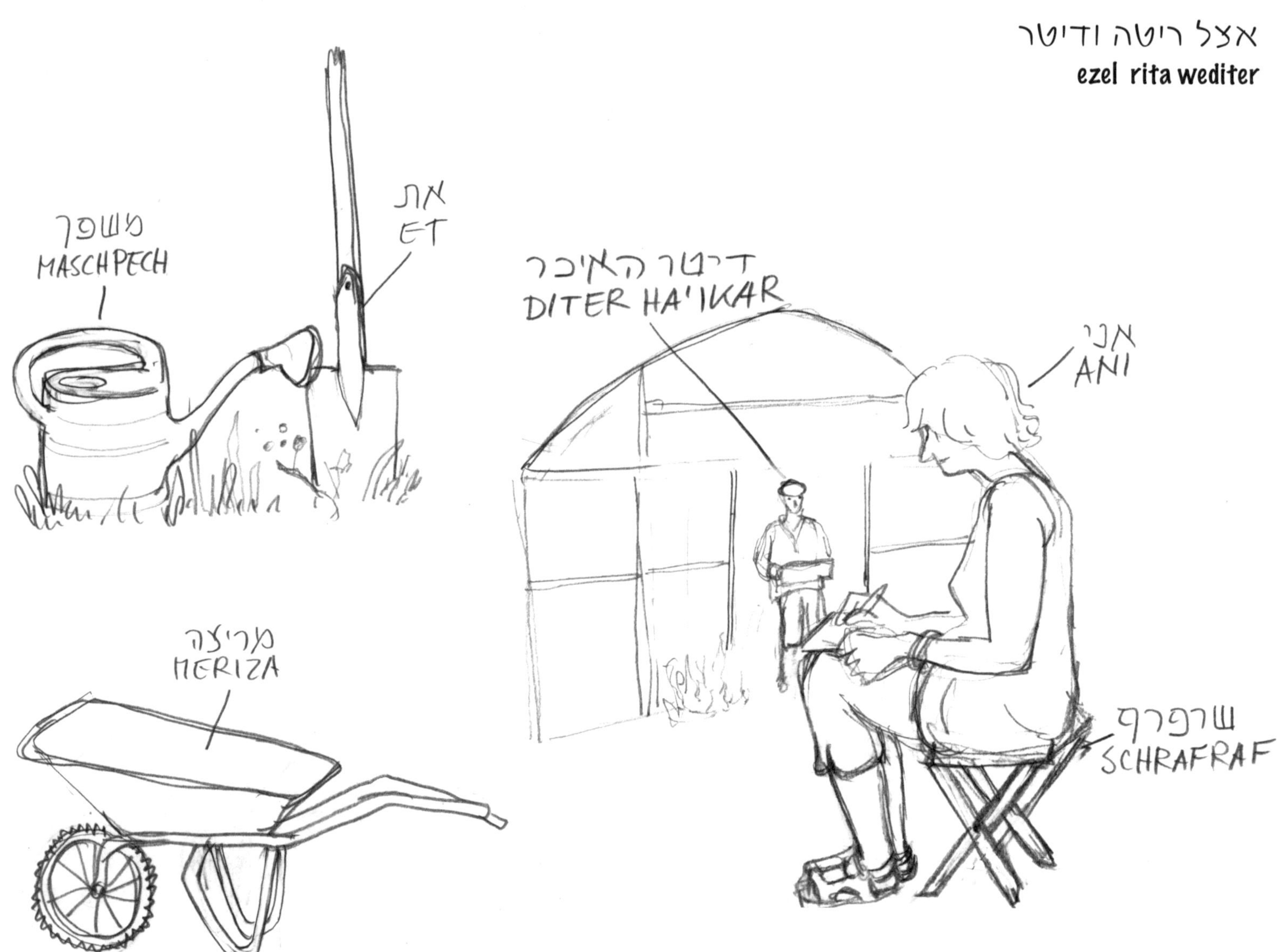

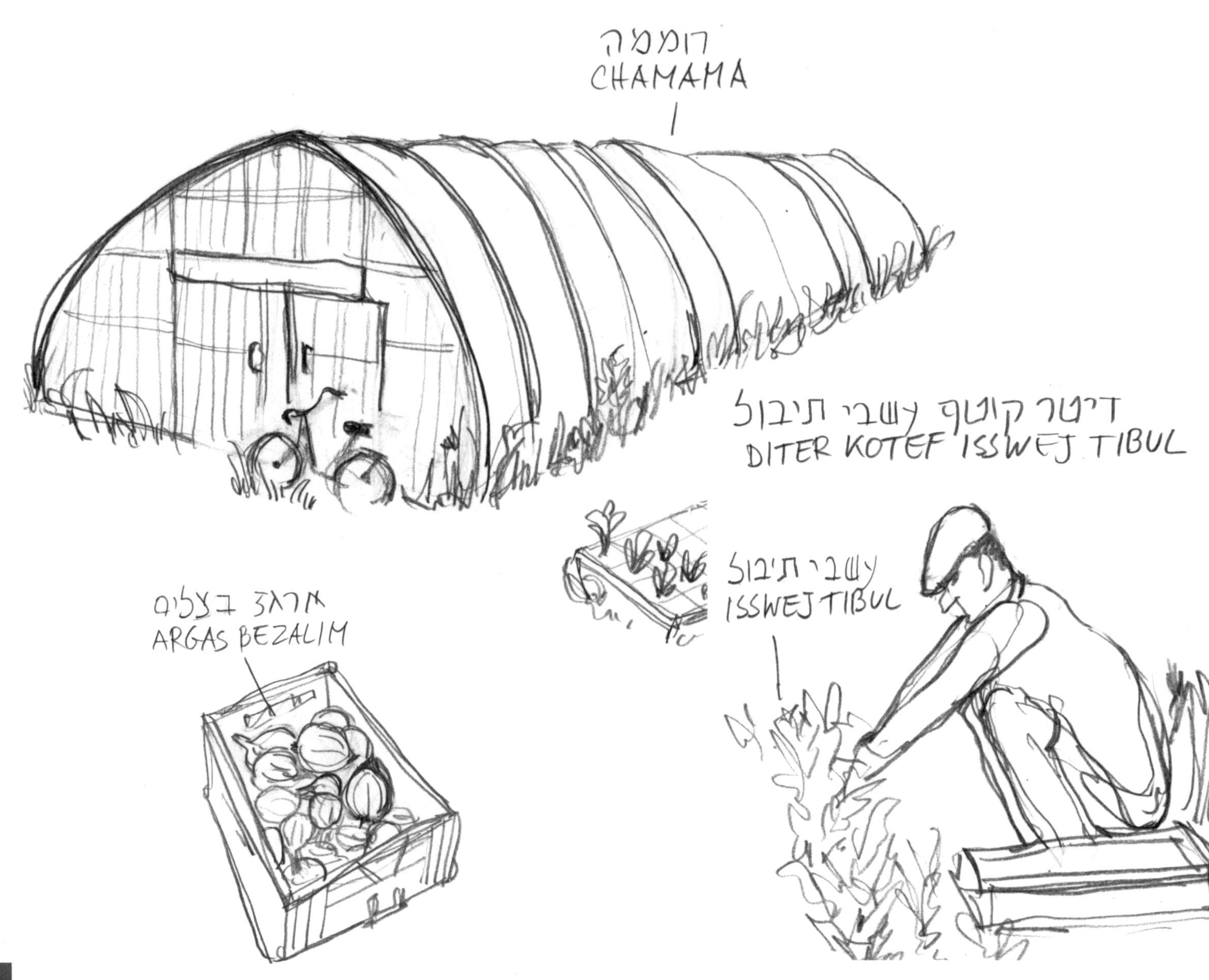
חממה
CHAMAMA
דיטר קוטף עשבי תיבול
DITER KOTEF ISSWEJ TIBUL
ארגז בצלים
ARGAS BEZALIM
עשבי תיבול
ISSWEJ TIBUL

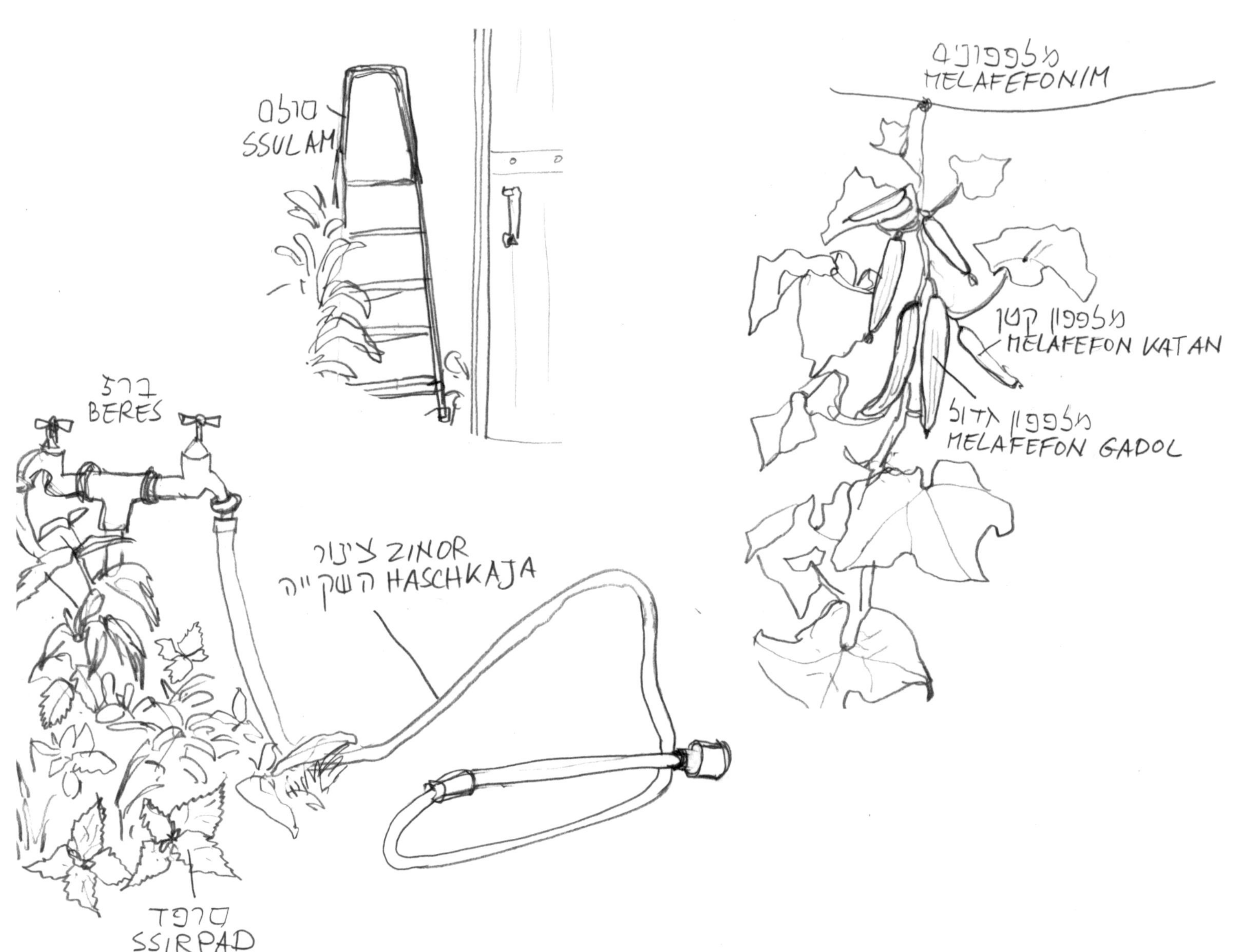
סולם
SSULAM
מלפפונים
MELAFEFONIM
מלפפון קטן
MELAFEFON KATAN
מלפפון גדול
MELAFEFON GADOL
ברז
BERES
צינור ZINOR
השקייה HASCHKAJA
סרפד
SSIRPAD

ריטה מעשבת
RITA ME'ASSEWET

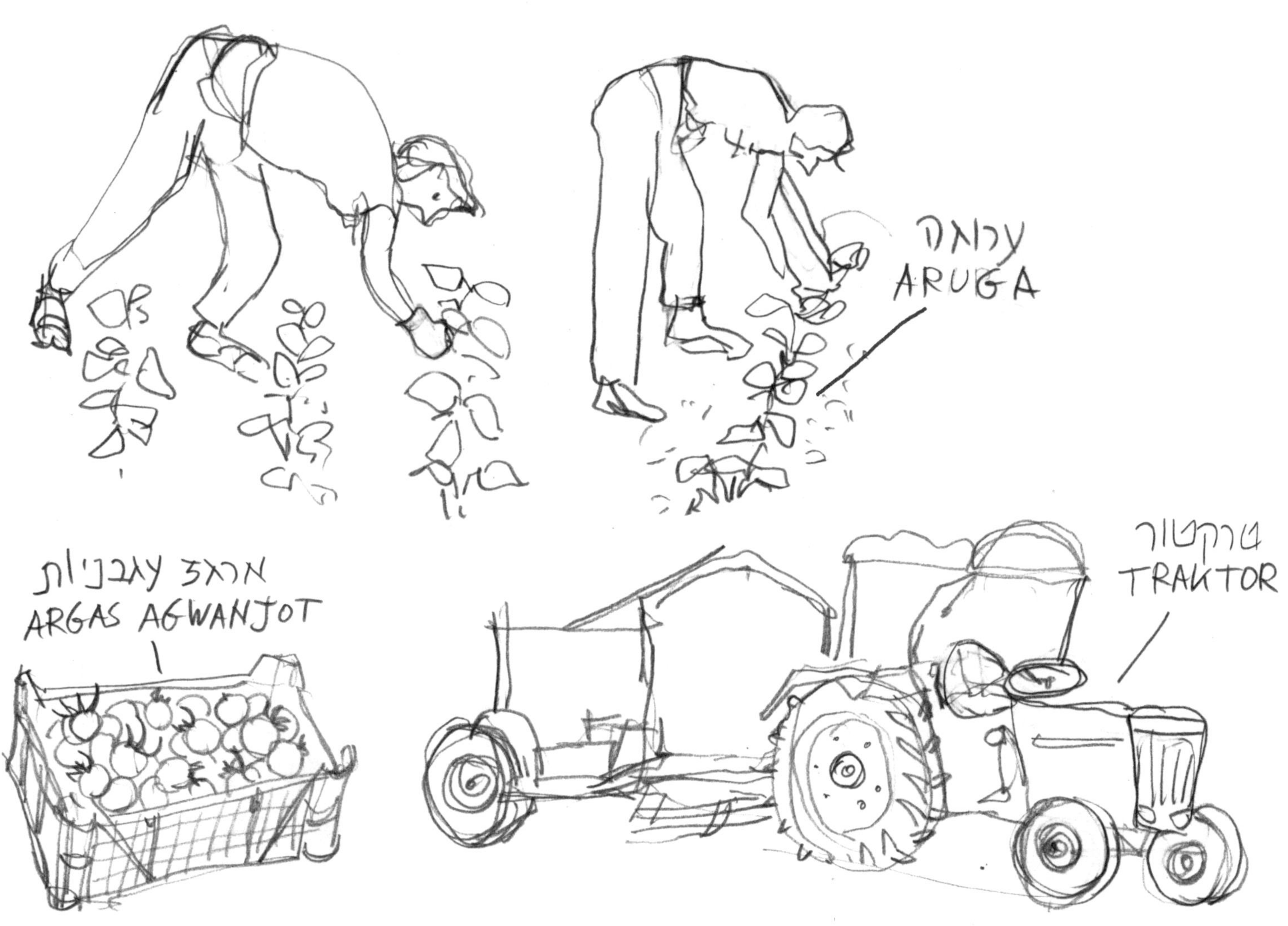

אוטה וקלאוס-דיטר מנגנים
ute weklaus-diter menagnim

נעמי משחקת
nomi messacheket

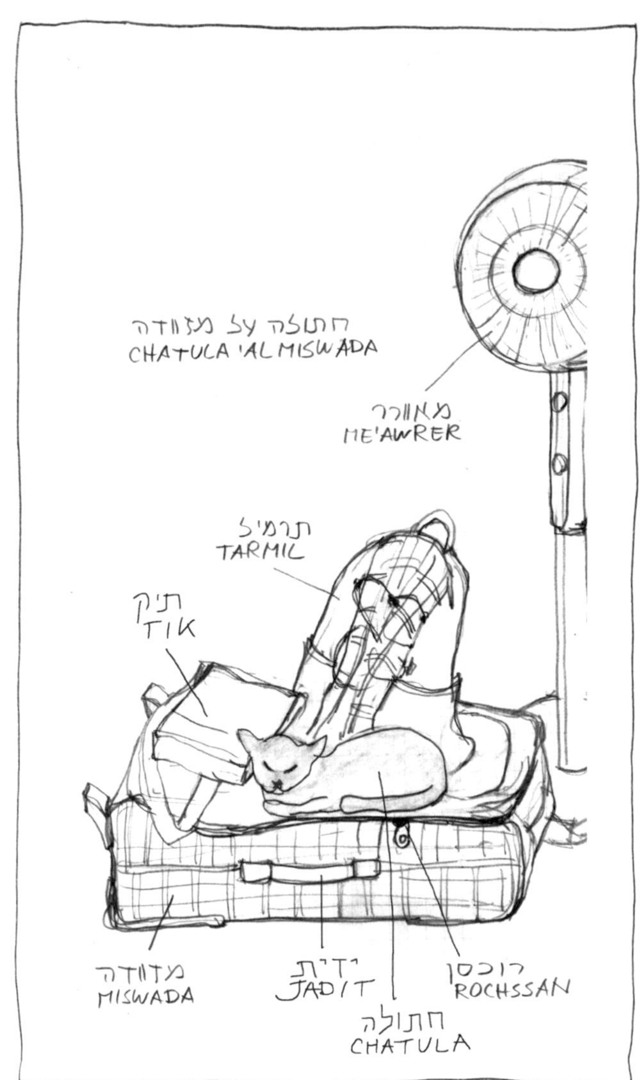

נעמי מתאמנת
nomi mit'amenet

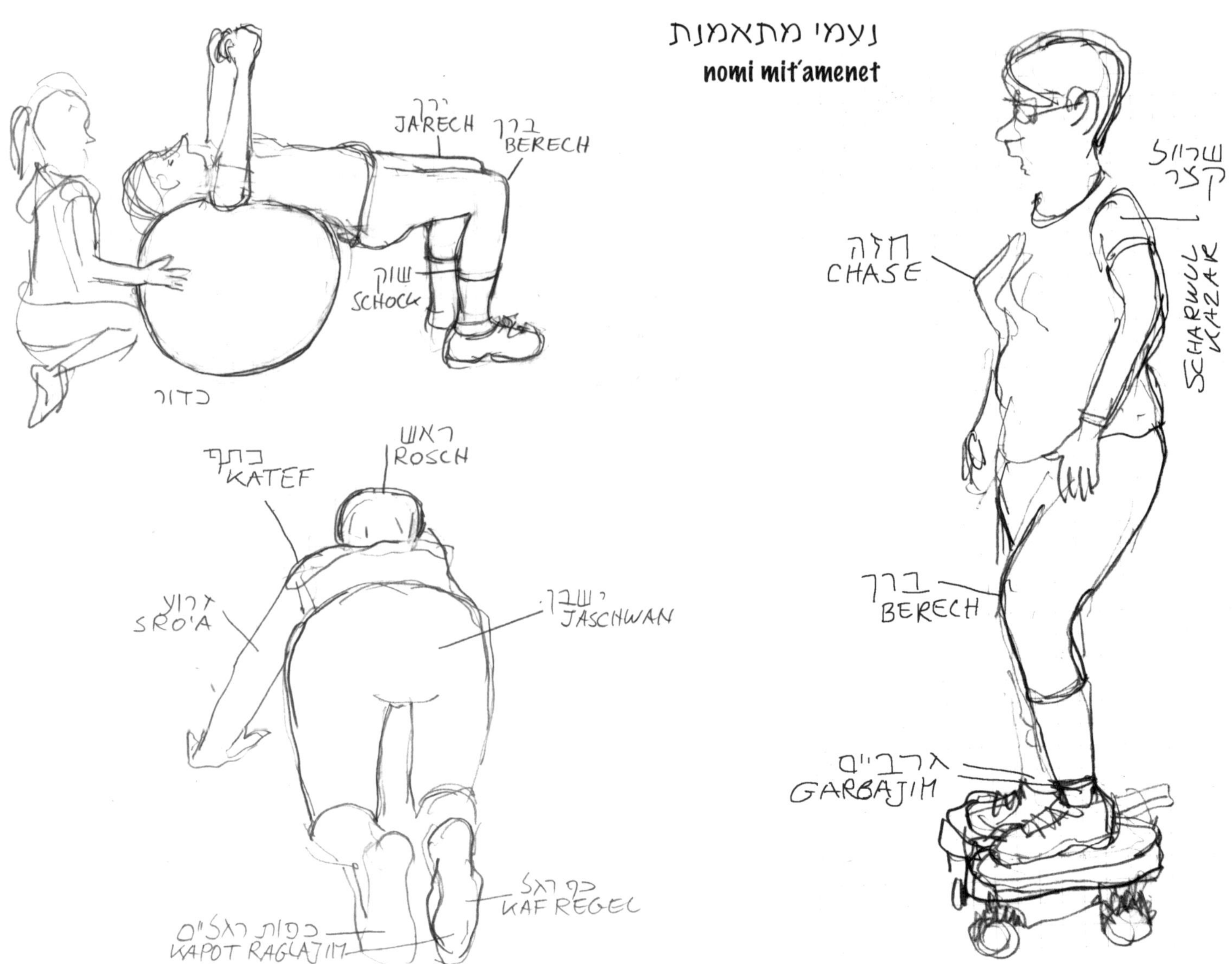

רות ודפנה רואות טלויזיה
rut wedafna ro'ot telewisja

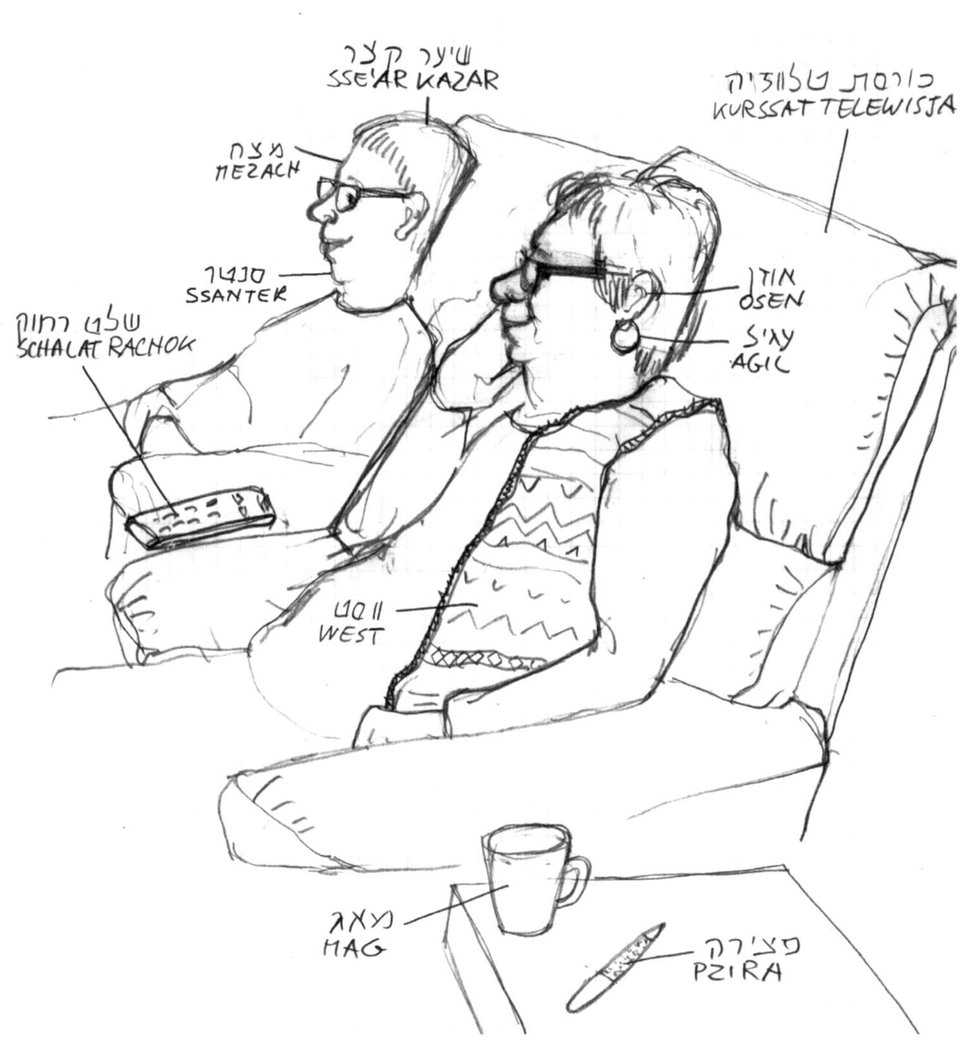

דני

dani

קרחת
KARACHA
משקפי שמש
MISCHKEFEJ
SCHEMESCH
אוזן
OSEN
סנטר
SSANTER
צוואר
ZAWAR
משקפיים
MISCHKAFAJIM
כתף
KATEF

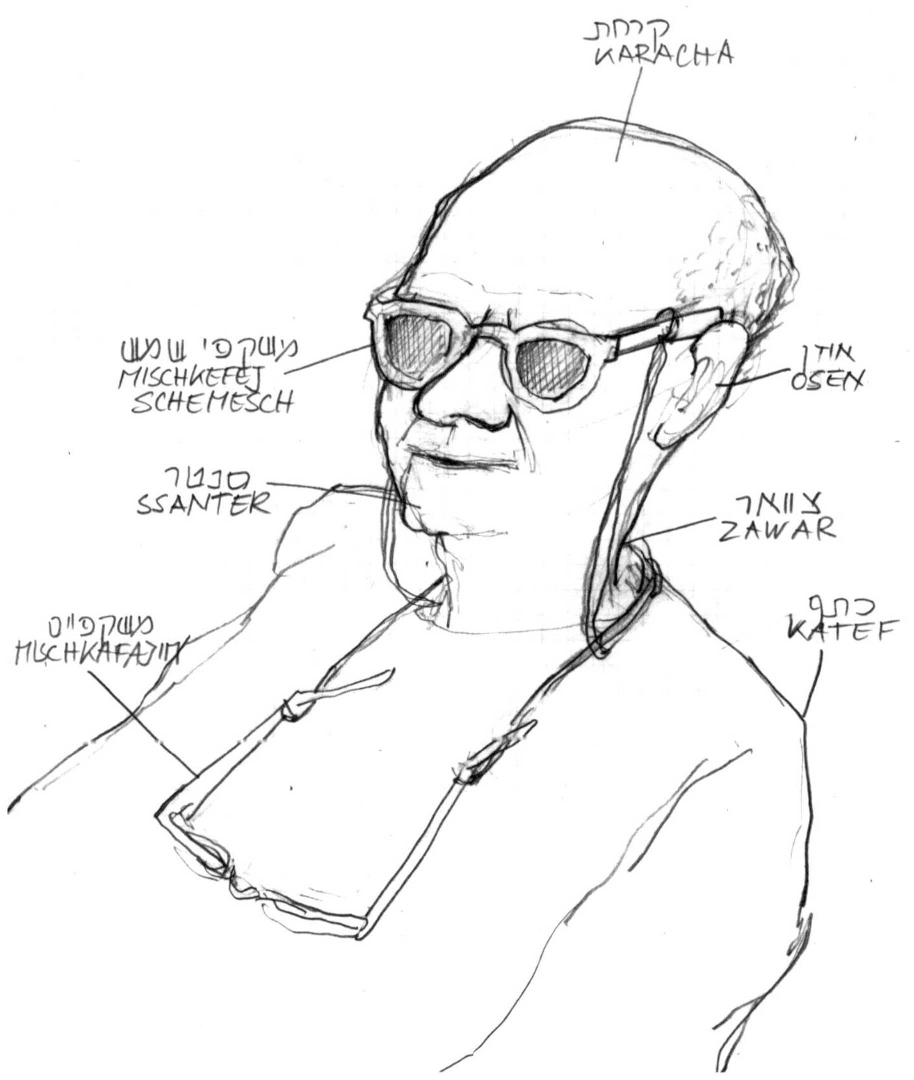

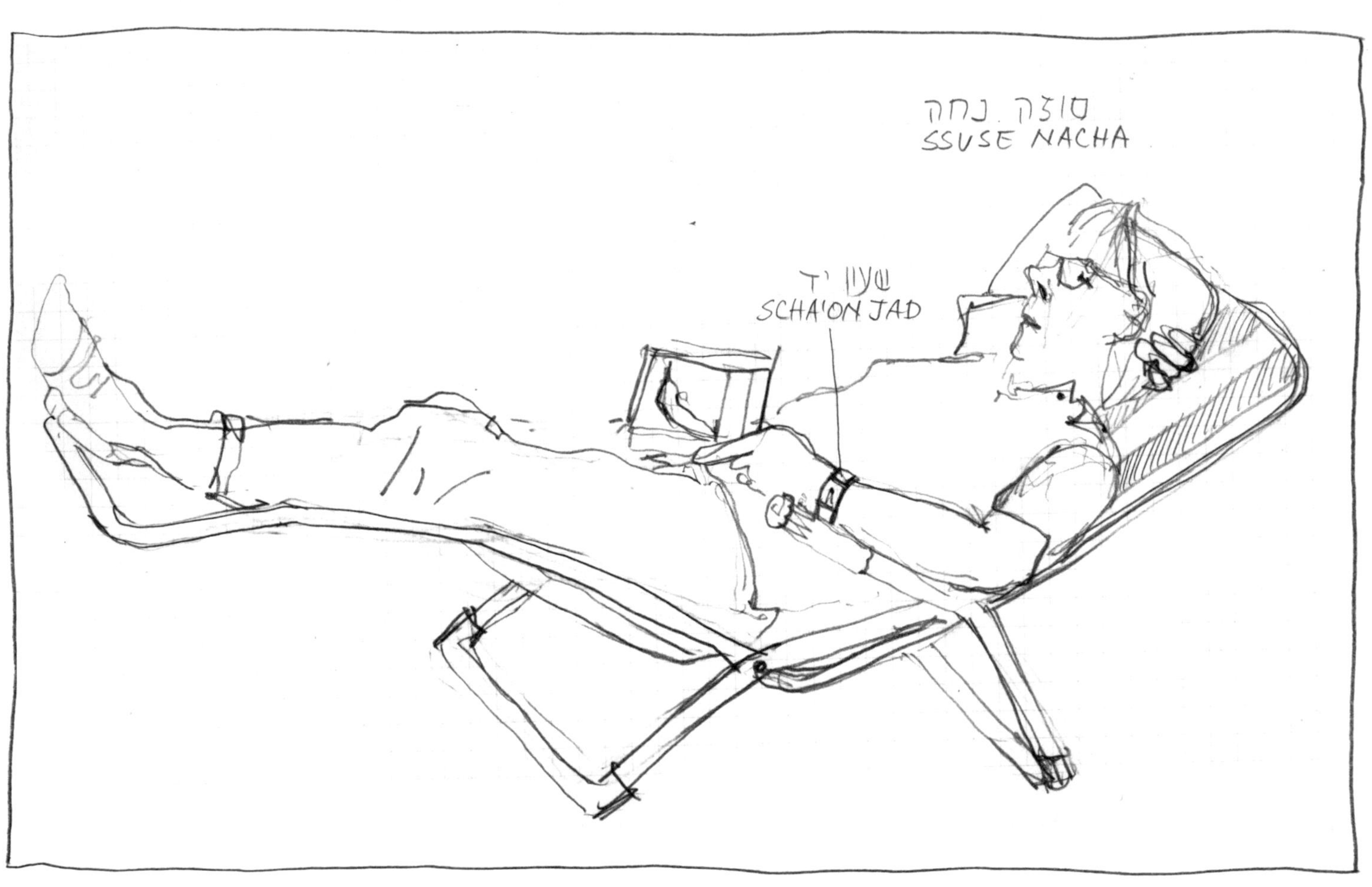
סוכה נחה
SSUSE NACHA
שעון יד
SCHA'ON JAD

שתי נשים נחות
schtej naschim nachot

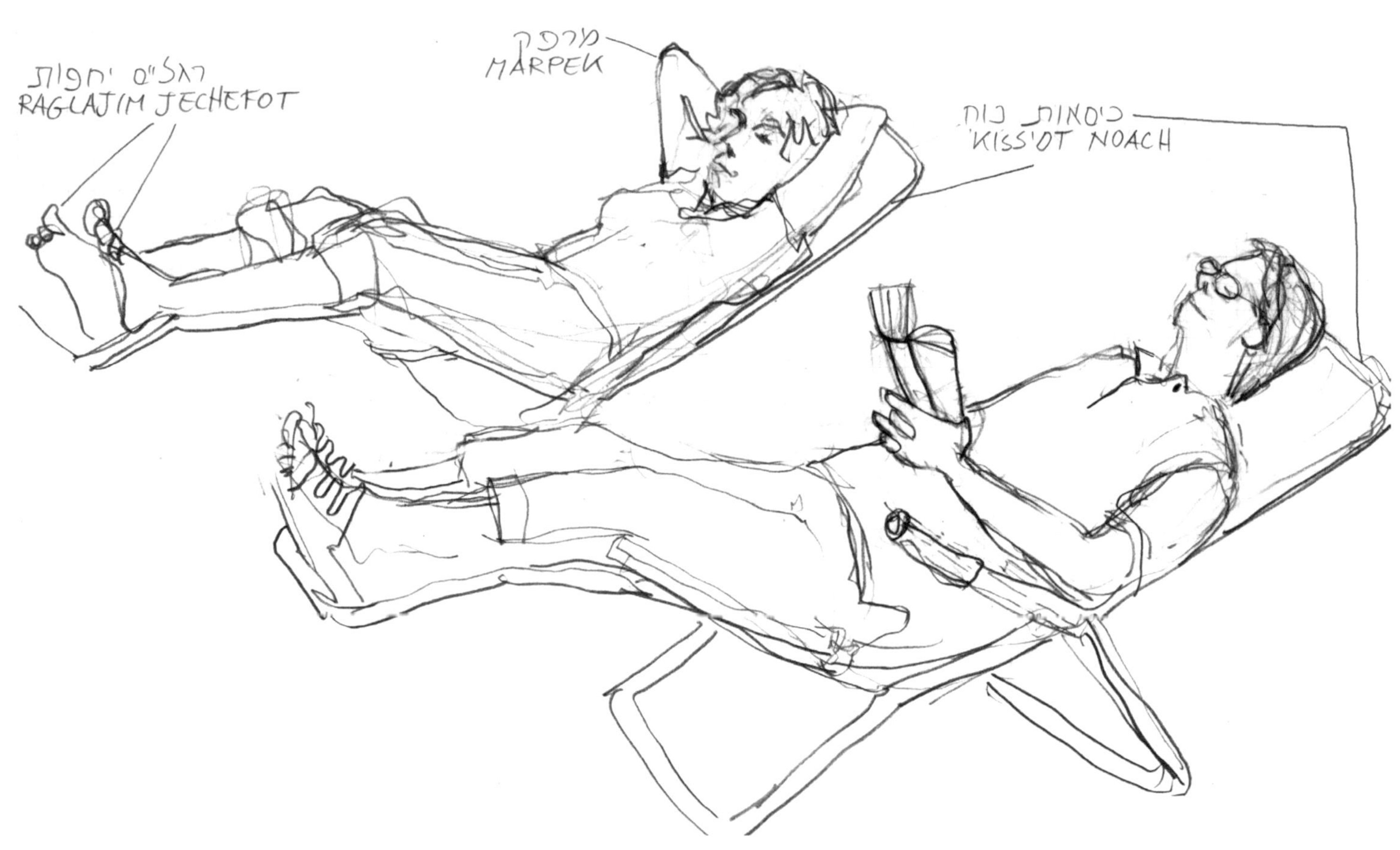

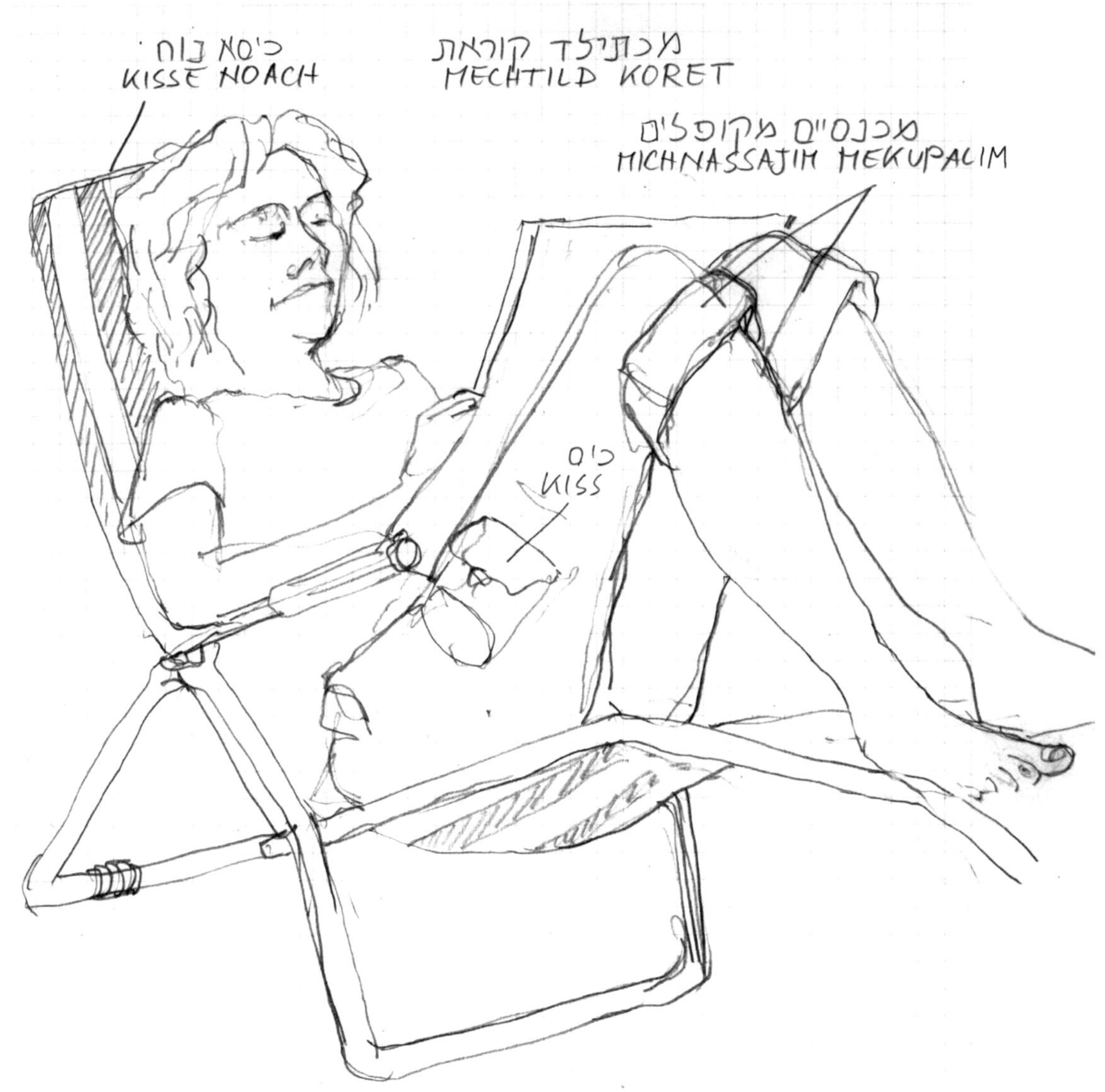

כיסא נוח
KISSE NOACH
מכתילד קוראת
MECHTILD KORET
מכנסיים מקופלים
MICHNASSAJIM MEKUPALIM
כיס
KISS

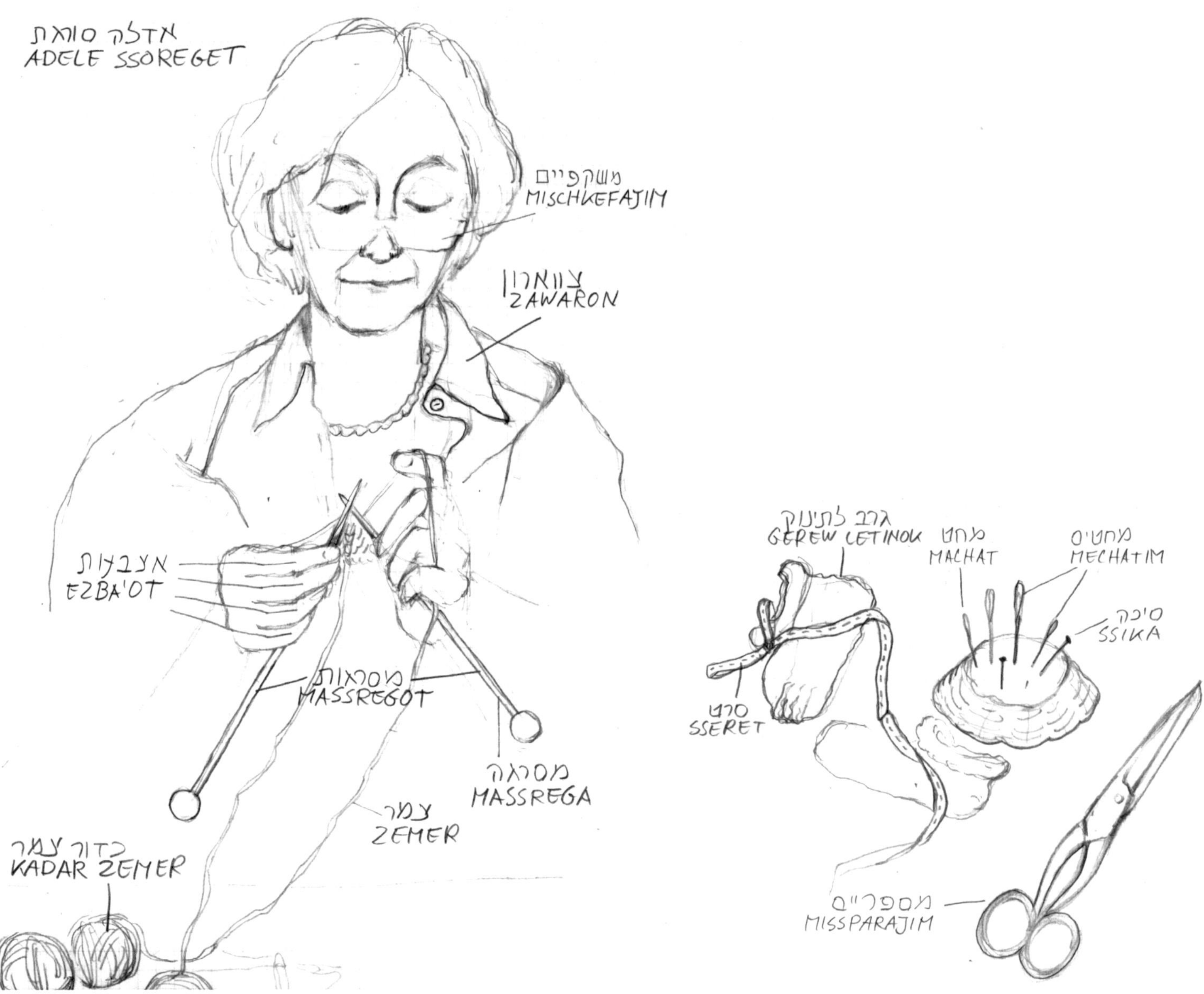
אדלה סורגת
ADELE SSOREGET
משקפיים
MISCHKEFAJIM
צווארון
ZAWARON
אצבעות
EZBA'OT
מסרגות
MASSREGOT
מסרגה
MASSREGA
צמר
ZEMER
כדור צמר
KADAR ZEMER
גרב לתינוק
GEREW LETINOK
מחט
MACHAT
מחטים
MECHATIM
סיכה
SSIKA
סרט
SSERET
מספריים
MISSPARAJIM

קלאודיה ונכדתה
klaudja wenechdata

גונתר וקלאוס-דיטר מקימים אוהל
gunter weklaus diter mekimim ohel

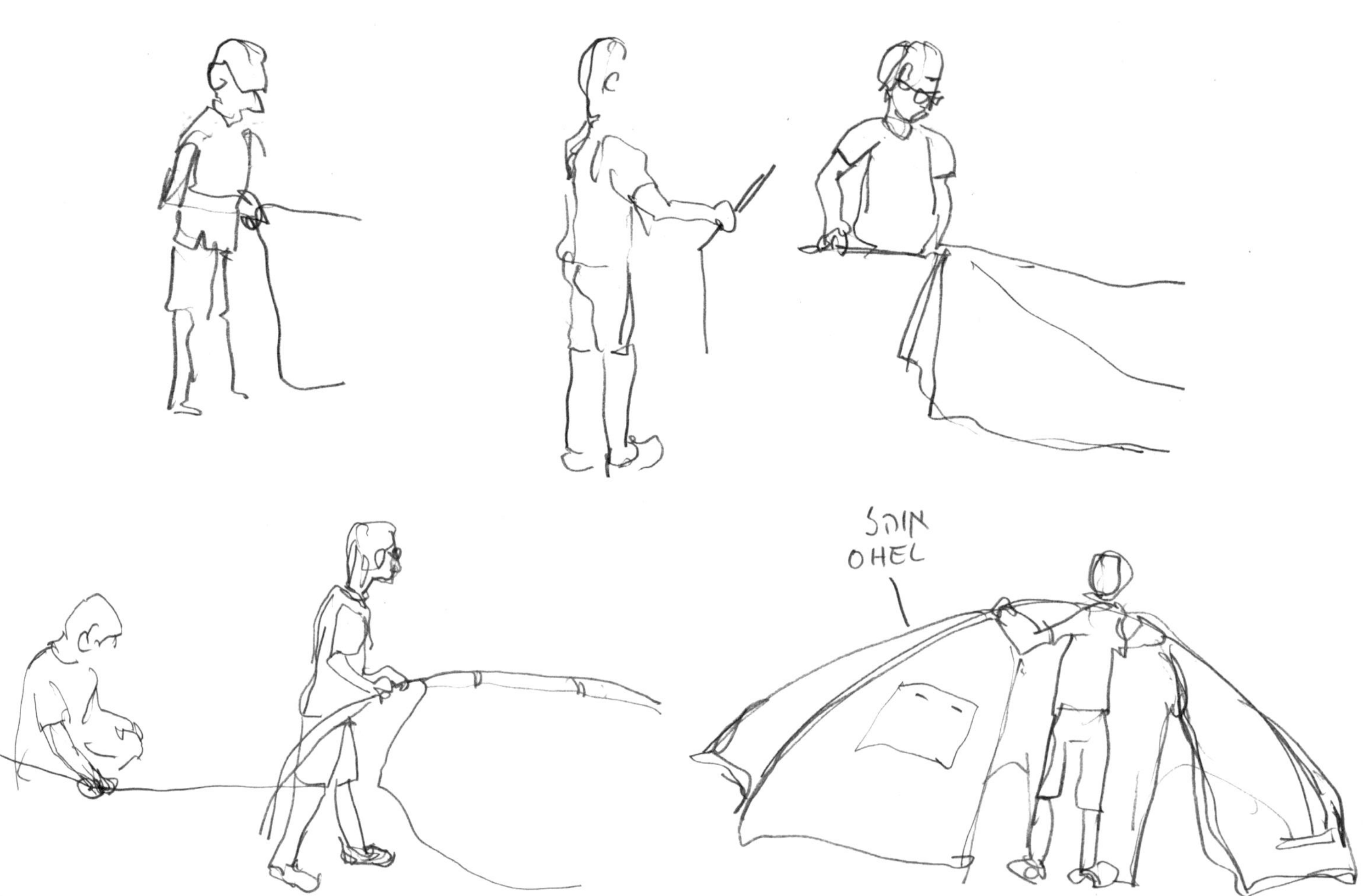

פתח אוורור
PETACH IWRUR
חלון
CHALON
כניסה
KNISSA
יתד
JATED
חבל CHEWEL
מוט
MOT

עִנבָּר בְּהֵרָיוֹן
inbar beherajon

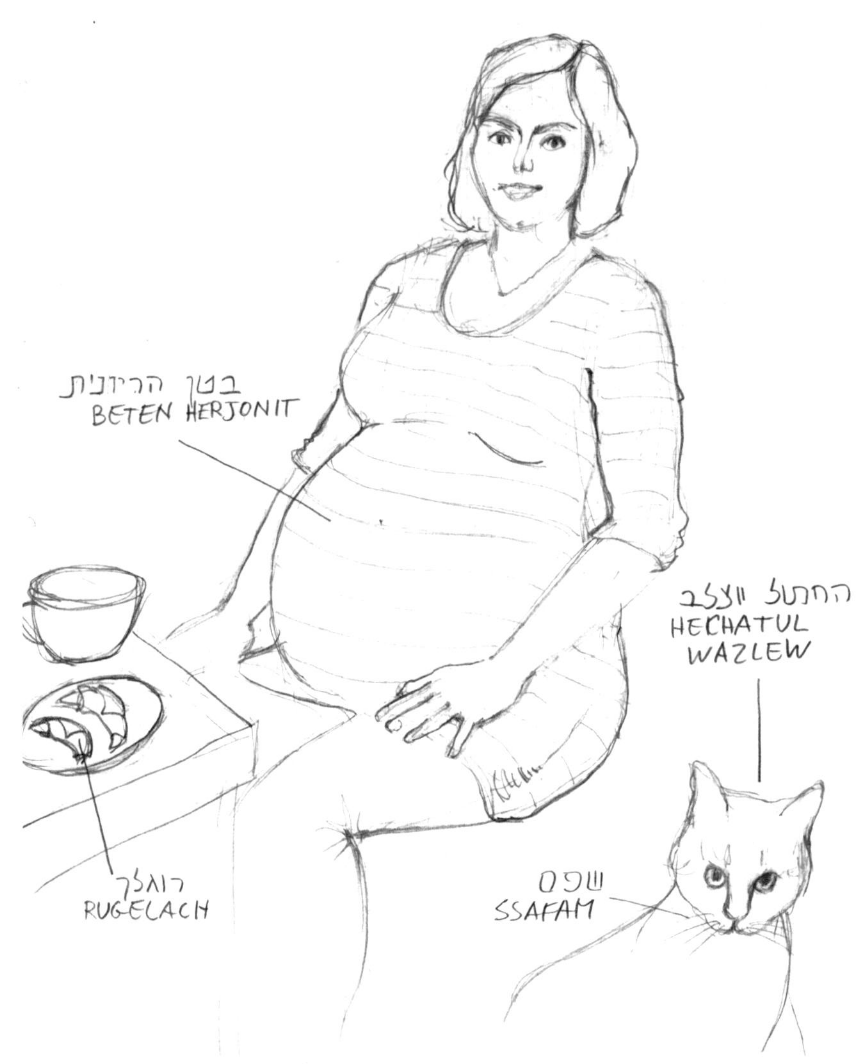

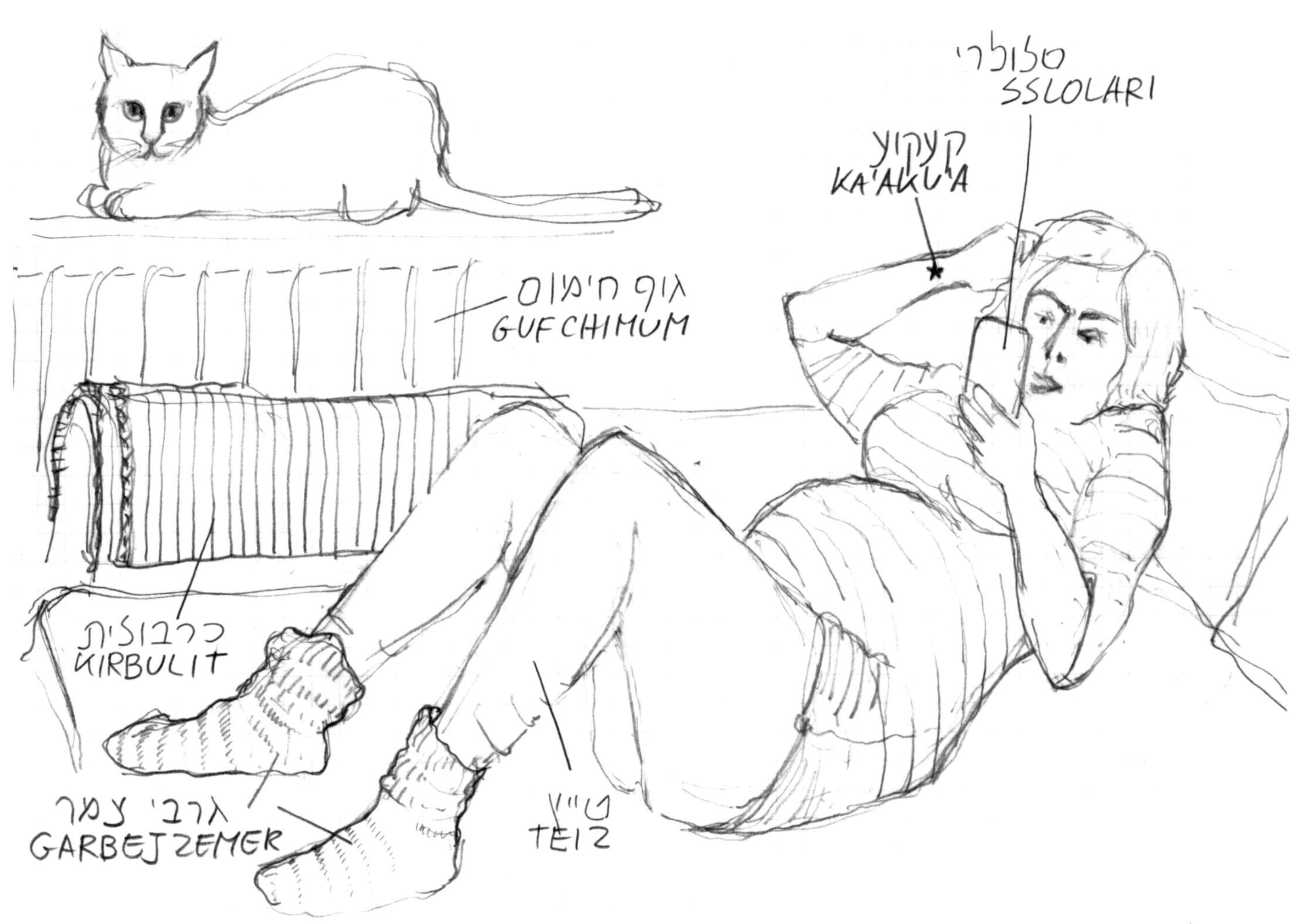
סלולרי
SSLOLARI
קעקוע
KA'AKU'A
גוף חימום
GUF CHIMUM
כרבולית
KIRBULIT
גרבי צמר
GARBEJ ZEMER
טייץ
TEIZ

ניר מפצח גרעינים
nir mefazeach gar'inim

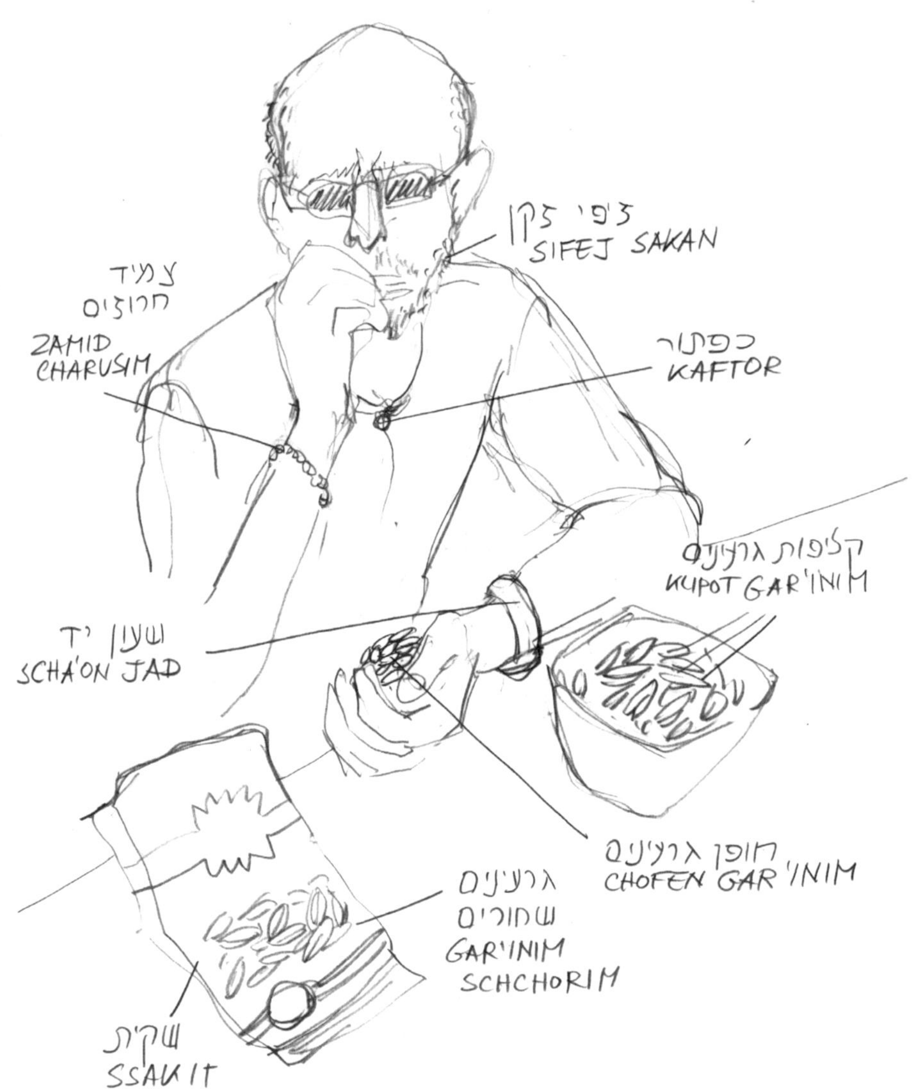

אוצר מלים

ozar milim

Bemerkungen zum Wortschatz

Der Wortschatz dieses Buches wird in zwei Listen aufgeführt:

In der ersten Wörterlisten erscheinen die einzelnen Begriffe in der Umschrift alphabetisch angeordnet, zum großen Teil mit Genus- und Numerusangaben, in der deutschen Übersetzung und in hebräischer Schrift. Auf die systematische Nennung der vollständigen Formen von Nomina, Adjektiven und Zahlen ist hier bewusst verzichtet worden.

Zur Orientierungshilfe sei noch einmal erwähnt, dass im Hebräischen bestimmte Wörter (Präpositionen, der bestimmte Artikel, Bindewörter) mit dem nachfolgenden Wort zusammengeschrieben werden.
Zum Beispiel:
betel awiw - in Tel Aviv (*be* - in, *tel awiw* - Tel Aviv)
babajit - im Haus, zu Hause (*ba* - im, *bajit* - Haus)
habat scheli - meine Tochter (*ha* - die, bat - Tochter, *scheli* - meine)
In die Wörterliste wurden die Bezeichnungen genau so aufgenommen, wie sie in den Zeichnungen vorkommen. Deshalb findet man *betel awiw* alphabetisch unter *„be...“*, *babajit* unter *„ba...“* und *habat scheli* unter *„ha...“* .

Die zweite Liste ist ein Index, der die deutsche Übersetzung der Begriffe in alphabetischer Reihenfolge aufführt. Zusätzlich zur jeweiligen hebräischen Übersetzung wird hier auch für jeden Begriff die Seitenzahl genannt, auf der die entsprechende Zeichnung zu finden ist.

Abkürzungen

m.	Maskulinum Singular
f.	Femininum Singular
m.Pl.	Maskulinum Plural
f.Pl.	Femininum Plural

A

aba	m.	Vater	אבא
achat		eins	אחת
achbar	m.	Maus	עכבר
achoti	f.	meine Schwester	אחותי
adama	f.	Erde	אדמה
adanit	f.	Blumenkasten	אדנית
adele ssoreget	f.	Adele strickt	אדלה סורגת
adom		rot	אדום
af	m.	Nase	אף
agala	f.	Wagen	עגלה
agartal	m.	Vase	אגרטל
agassim	m.Pl.	Birnen	אגסים
agil	m.	Ohrring	עגיל
agudal	m.	großer Zeh, Daumen	אגודל
agwanja	f.	Tomate	עגבניה
agwanjot	f.Pl.	Tomaten	עגבניות
agwanjot scheri	f.Pl.	Cherry-Tomaten	עגבניות שרי
ajin	f.	Auge	עין
ajfon	m.	iPhone	אייפון
ajped	m.	iPad	אייפד
akew	m.	(Schuh-)Absatz	עקב
albom tmunot	m.	Album	אלבום תמונות
ale	m.	Blatt	עלה
alej gefen	m.Pl.	Weinblätter	עלי גפן
alej koteret	m.Pl.	Blütenblätter	עלי כותרת
alej prachim	m.Pl.	Blumenblätter	עלי פרחים
al hamesach	m.	auf dem Anleger	על המזח
alijat gag	f.	Dachboden	עליית גג
ama	f.	Mittelfinger	אמה
amnon wetamar	m.	Stiefmütterchen	אמנון ותמר
amud chaschmal	m.	Telegrafenmast	עמוד חשמל
amud tawim	m.	Notenständer	עמוד תווים
amud iruj	m.	Infusionsständer	עמוד עירוי
anaf	m.	Ast	ענף
anan	m.	Wolke	ענן
anaschim bageschem	m.Pl.	Menschen im Regen	אנשים בגשם
anaschim bewejt kafe	m.Pl.	Menschen im Café	אנשים בבית קפה
anglit		englisch	אנגלית
ani	m.+f.	ich	אני
ani bamisspara	m.+f.	ich bin beim Friseur	אני במספרה
aniwat parpar	f.	Fliege	עניבת פרפר
antena	f.	Antenne	אנטנה
apim	m.Pl.	Nasen	אפים
arawit		arabisch	ערבית
arba		vier	ארבע
arba´im achus		vierzig Prozent	ארבעים אחוז
arba´im weschesch		sechsundvierzig	ארבעים ושש
argas agwanjot	m.	Tomatenkiste	ארגז עגבניות
argas bakbukim	m.	Flaschenkiste	ארגז בקבוקים
argas bezalim	m.	Zwiebelkiste	ארגז בצלים
argas jerakot	m.	Gemüsekiste	ארגז ירקות
arnaw	m.	Hase	ארנב
aron me`ike`a	m.	Schrank von Ikea	ארון מאיקאה
aruba	f.	Schornstein	ארובה
aruchat boker	f.	Frühstück	ארוחת בוקר
aruchat zohorajim	f.	Mittagessen	ארוחת צהוריים
aruga	f.	Beet	ערוגה
assam	m.	Heuschuppen	אסם
assla	f.	Toilettenbrille	אסלה
assparaguss	m.	Spargel	אספרגוס
ataw kwissa	m.	Wäscheklammer	אטב כביסה
awanim	f.Pl.	Steine	אבנים
awatiach	m.	Wassermelone	אבטיח
awiron	m.	Flugzeug	אוירון
awiw	m.	Frühling	אביב
aziz	m.	Topf	עציץ

B

babajit	*m.*	zu Hause	בבית
bachura	*f.*	junge Frau	בחורה
bachuz	*m.*	draußen	בחוץ
bajit behamburg	*m.*	Haus in Hamburg	בית בהמבורג
bajit beblankenese	*m.*	Haus in Blankenese	בית בבלנקנזה
bajit betel awiw	*m.*	Haus in Tel Aviv	בית בתל אביב
bakbuk	*m.*	Flasche	בקבוק
bakbuk majim	*m.*	Wasserflasche	בקבוק מים
bakbuk bira	*m.*	Bierflasche	בקבוק בירה
bakbukej bira	*m.Pl.*	Bierflaschen	בקבוקי בירה
bakbuk jajin	*m.*	Weinflasche	בקבוק יין
bakbuk schtija	*m.*	Trinkflasche	בקבוק שתייה
bakita	*f.*	in der Klasse	בכיתה
bamisspara	*f.*	im Friseursalon	במספרה
barakewet	*f.*	in der Bahn	ברכבת
bat	*f.*	Mädchen, Tochter	בת
bazal jarok	*m.*	Lauchzwiebel	בצל ירוק
bechof bograschow	*m.*	am Bograshov-Strand	בחוף בוגרשוב
bechof gordon	*m.*	am Gordon-Strand	בחוף גורדון
bechof hajam habalti	*m.*	am Ostseestrand	בחוף הים הבלטי
beged jam	*m.*	Badeanzug	בגד ים
behamburg		in Hamburg	בהמבורג
bejt dirot	*m.*	Wohnhaus	בית דירות
bejt haschechi	*m.*	Achselhöhle	בית השחי
bejt kafe	*m.*	Café	בית קפה
bejt kolno´a	*m.*	Kino	בית קולנוע
bejt schimusch	*m.*	Toilette	בית שימוש
bejza	*f.*	Ei	ביצה
bejzim	*f.Pl.*	Eier	ביצים
bejzim kaschot	*f.Pl.*	hart gekochte Eier	ביצים קשות
ben	*m.*	Junge, Sohn	בן
ben achoti	*m.*	mein Neffe	בן אחותי
berech	*f.*	Knie	ברך
beres	*m.*	Wasserhahn	ברז
beschi´ur iwrit	*m.*	im Hebräischunterricht	בשיעור עברית
beschuk hakarmel	*m.*	auf dem Hakarmel-Markt	בשוק הכרמל
betachanat delek	*f.*	an einer Tankstelle	בתחנת דלק
betachanat otobuss	*f.*	an einer Bushaltestelle	בתחנת אוטובוס
betel awiw	*f.*	in Tel Aviv	בתל אביב
beten	*f.*	Bauch	בטן
beten herjonit	*f.*	Schwangerschafts-bauch	בטן הריונית
bewejt cholim	*m.*	im Krankenhaus	בבית חולים
bewejt kafe	*m.*	in einem Café	בבית קפה
bimkomot schonim	*m.Pl.*	an verschiedenen Orten	במקומות שונים
binjan raw komot	*m.*	Hochhaus	בניין רב קומות
bira	*f.*	Bier	בירה
bohen	*f.*	Zeh	בוהן
bonbonjera	*f.*	Pralinenschachtel	בונבונייירה
boreg	*m.*	Schraube	בורג
bossem	*m.*	Parfüm	בושם
buba	*f.*	Puppe	בובה
bubat ra`awa	*f.*	Schaufensterpuppe	בובת ראווה

C

chadar ambatja wescherutim	*m.* *m.Pl.*	Badezimmer und Toilette	חדר אמבטיה ושרותים
chadar hamtana	*m.*	Wartezimmer	חדר המתנה
chagora	*f.*	Gürtel	חגורה
chalaw	*m.*	Milch	חלב
chalon	*m.*	Fenster	חלון
chalonot	*m.Pl.*	Fenster	חלונות
chalon ra`awa	*m.*	Schaufenster	חלון ראווה
chamama	*f.*	Gewächshaus	חממה
chamesch		fünf	חמש
chamischim achus		fünfzig Prozent	חמישים אחוז

chamischim wechamesch		fünfundfünfzig	חמישים וחמש
chamischim weschewa		siebenundfünfzig	חמישים ושבע
chamor	*m.*	Esel	חמור
chanukija	*f.*	Chanukkaleuchter	חנוכיה
chanut organit behamburg	*f.*	Bioladen in Hamburg	חנות אורגנית בהמבורג
chanut pssanterim	*f.*	Klaviergeschäft	חנות פסנתרים
charzinej sejtim	*m.Pl.*	Olivenkerne	חרציני זיתים
chasir	*m.*	Schwein	חזיר
chassake	*f.*	Brandungsboot	חסקה
chatula	*f.*	Katze	חתולה
chatula al miswada	*f.*	Katze auf einem Koffer	חתולה על מזוודה
chatula bekufssa	*f.*	Katze in einer Kiste	חתולה בקופסה
chawera	*f.*	Freundin	חברה
chawera scheli	*f.*	meine Freundin	חברה שלי
chaza`it	*f.*	Rock	חצאית
chazil	*m.*	Aubergine	חציל
chazi lachmanja	*f.*	halbes Brötchen	חצי לחמניה
chazir	*m.*	Heu	חציר
chem`a	*f.*	Butter	חמאה
chem`at botnim	*f.*	Erdnussbutter	חמאת בוטנים
chewel	*m.*	Strick, Seil	חבל
chofen gar´inim	*m.*	Haufen Kerne	חופן גרעינים
chof hajam	*m.*	Strand	חוף הים
chol	*m.*	Sand	חול
chor	*m.*	Loch	חור
choweret tawim	*f.*	Notenheft	חוברת תווים
chulza	*f.*	Bluse, Hemd	חולצה
chulzat gufija	*f.*	Spaghetti-Top	חולצת גופייה
chut chaschmal	*m.*	Stromleitung	חוט חשמל
chutej chaschmal	*m.Pl.*	Stromleitungen	חוטי חשמל
chut tfira	*m.*	Nähgarn	חוט תפירה

D

dag	*m.*	Fisch	דג
dani	*m.*	Dany	דני
dawscha	*f.*	Pedal	דוושה
degel	*m.*	Flagge	דגל
degel schachor	*m.*	schwarze Flagge	דגל שחור
delet	*f.*	Tür	דלת
de`odorant	*m.*	Deo	דאודורנט
derech lelo moza	*f.*	Weg ohne Ausgang, Sackgasse	דרך ללא מוצא
dschaket	*m.*	Jackett	ז׳קט
dschel	*m.*	Gel	ג׳ל
dschins	*m.Pl.*	Jeans	ג׳ינס
diter ha`ikar	*m.*	Dieter, der Bauer	דיטר האיכר
diter kotef isswej tibul	*m.*	Dieter pflückt Kräuter	דיטר קוטף עשבי תיבול
dkalim	*m.Pl.*	Palmen	דקלים
dla´at	*f.*	Kürbis	דלעת
dli	*m.*	Eimer	דלי
duchan gwinot	*m.*	Käsestand	דוכן גבינות
dud schemesch	*m.*	Solar-Wasserboiler	דוד שמש
dugmat zama	*f.*	Zopfmuster	דוגמת צמה
dwarim schelo zrichim	*m.Pl.*	Sachen, die man nicht braucht	דברים שלא צריכים

E

efess		null	אפס
eglat jeladim	*f.*	Kinderwagen	עגלת ילדים
eglat ochel	*f.*	Esswagen	עגלת אוכל
eglat tinok	*f.*	Kinderwagen	עגלת תינוק
ejnajim	*f.Pl.*	Augen	עיניים
elbe	*f.*	Elbe	אלבה
erni	*m.*	Ernie	ארני
eschkolit	*f.*	Grapefruit	אשכולית
eschkoljot	*f.Pl.*	Grapefruits	אשכוליות
esowjon refu`i	*m.*	Lavendel	אזוביון רפואי
essew	*m.*	Gras	עשב

et	*m.*	Kugelschreiber	עט
et	*m.*	Spaten	את
ewen	*f.*	Stein	אבן
ez	*m.*	Baum	עץ
ezba	*f.*	Finger	אצבע
ezba mora	*f.*	Zeigefinger	אצבע מורה
ezba´ot	*f.Pl.*	Finger	אצבעות
ezej dekel	*m.Pl.*	Palmen	עצי דקל
ezel chawerim	*m.Pl.*	bei Freunden	אצל חברים
ezel nomi	*f.*	bei Naomi	אצל נעמי
ezel olga	*f.*	bei Olga	אצל אולגה
ezel *rita wediter*	*m.Pl.*	bei Rita und Dieter	אצל ריטה ודיטר
ezem	*m.*	Knochen	עצם

G

gaba	*f.*	Augenbraue	גבה
gader	*f.*	Zaun	גדר
gader chaja	*f.*	Hecke	גדר חיה
gag	*m.*	Dach	גג
gag kasch	*m.*	Strohdach	גג קש
gag pach	*m.*	Blechdach	גג פח
gal	*m.*	Welle	גל
galgal	*m.*	Rad	גלגל
galgalim	*m.Pl.*	Räder	גלגלים
galschan	*m.*	Surfbrett	גלשן
gamal	*m.*	Kamel	גמל
garbajim	*f.Pl.*	Socken	גרביים
garbej zemer	*f.Pl.*	Wollsocken	גרבי צמר
gar´inim *schchorim*	*m.Pl.*	schwarze Kerne (Sonnenblumenkerne)	גרעינים שחורים
gaw	*m.*	Rücken	גב
geder ewen	*f.*	Steinmauer	גדר אבן
gerew letinok	*f.*	Babysocke	גרב לתינוק
gesa ez	*m.*	Baumstamm	גזע עץ
gescher lamesach	*m.*	Brücke zum Anleger	גשר למזח
geser	*m.*	Möhre, Karotte	גזר
gewer	*m.*	Mann	גבר
gis´ej ez	*m.Pl.*	Baumstämme	גזעי עץ
gissati	*f.*	meine Schwägerin	גיסתי
gitara	*f.*	Gitarre	גיטרה
giw´ol	*m.*	Stängel	גבעול
glida	*f.*	Eiscreme	גלידה
guf chimum	*m.*	Heizkörper	גוף חימום
gufija	*f.*	Unterhemd	גופייה
gunter	*m.*	Gunter	גונטר
gunter tofer	*m.*	Gunter näht	גונטר תופר
gwarim	*m.Pl.*	Männer	גברים
gwinat harim	*f.*	Bergkäse	גבינת הרים
gwinat isim	*f.*	Ziegenkäse	גבינת עיזים
gwina zehuba	*f.*	gelber Käse	גבינה צהובה

H

ha`ach kristian	*m.*	der Pfleger Christian	האח כריסטיאן
habajit schel susi	*m.*	Susis Haus	הבית של סוזי
habajit schemimul	*m.*	das Haus gegenüber	הבית שממול
habat scheli	*f.*	meine Tochter	הבת שלי
hadom	*m.*	Fußbank, Fußstütze	הדום
haja marak	*m.*	es gab Suppe	היה מרק
hajam habalti	*m.*	die Ostsee	הים הבלטי
hajam hatichon	*m.*	das Mittelmeer	הים התיכון
hakelew bili	*m.*	der Hund Billy	הכלב בילי
hamenake *mamadu mane*	*m.*	die Reinigungskraft Mamadu Mane	המנקה ממדו מנה
hascha´a *achat wa´assara*		es ist zehn nach eins	השעה אחת ועשרה
hascha´a *chamesch warewa*		es ist Viertel nach fünf	השעה חמש ורבע
hascha´a esser		es ist zehn Uhr	השעה עשר
hascha´a *essrim leschesch*		es ist zwanzig vor sechs	השעה עשרים לשש
hascha´a *schalosch*		es ist drei Uhr	השעה שלוש

hascha´a schalosch wachezi		es ist halb vier	השעה שלוש וחצי
haschimschija schel haschchenim	*f.*	der Sonnenschirm der Nachbarn	השמשיה של השכנים
hechatul wazlaw	*m.*	der Kater Václav	החתול וצלב
hischtakfut	*f.*	Spiegelung	השתקפות
I			
igul	*m.*	Kreis	עיגול
igulim	*m.Pl.*	Kreise	עיגולים
ima	*f.*	Mutter	אימא
ima webat ochlot glida	*f.Pl.*	Mutter und Tochter essen Eis	אימא ובת אוכלות גלידה
inbar beherajon	*f.*	Inbar ist schwanger	ענבר בהריון
iparon	*m.*	Bleistift	עיפרון
iruj	*m.*	Infusion	ערוי
isch	*m.*	Mann	איש
isch kore iton	*m.*	ein Mann liest Zeitung	איש קורא עיתון
isch mechake	*m.*	ein Mann wartet	איש מחכה
isch ochel glida	*m.*	ein Mann isst Eis	איש אוכל גלידה
isch schamen	*m.*	dicker Mann	איש שמן
ischa	*f.*	Frau	אישה
ischa aruma	*f.*	nackte Frau	אישה ערומה
ischa mechaka	*f.*	eine Frau wartet	אישה מחכה
ischa nacha	*f.*	eine Frau ruht sich aus	אישה נחה
isswej tibul	*m.Pl.*	Kräuter	עשבי תיבול
iton	*m.*	Zeitung	עיתון
iton schabat	*m.*	Shabbat-Zeitung	עיתון שבת
iwrit		hebräisch	עברית
J			
jad	*f.*	Hand	יד
jadit	*f.*	Griff	ידית
jalda	*f.*	Mädchen, Tochter	ילדה
jalkut	*m.*	Schulranzen	ילקוט

jarech	*f.*	Oberschenkel	ירך
jarok		grün	ירוק
jaschwan	*m.*	Popo	ישבן
jated	*m.*	Hering	יתד
jogurt	*m.*	Joghurt	יוגורט
jona	*f.*	Taube	יונה
jutjub	*m.*	YouTube	יוטיוב
K			
ka´aku´a	*m.*	Tätowierung	קעקוע
kabajim	*m.Pl.*	Krücken	קביים
kad	*m.*	Kanne	כד
kadur	*m.*	Ball	כדור
kadur teniss	*m.*	Tennisball	כדור טניס
kadur zemer	*m.*	Wollknäuel	כדור צמר
kaf	*f.*	Esslöffel	כף
kaf ez	*f.*	Holzlöffel	כף עץ
kaf jad	*f.*	Hand	כף יד
kaf regel	*f.*	Fuß	כף רגל
kaf regel	*f.*	Pfote	כף רגל
kaf schtila	*f.*	Schaufel	כף שתילה
kafkafim	*m.Pl.*	Latschen	כפכפים
kafkefej ezba	*m.Pl.*	Flipflops	כפכפי אצבע
kaftor	*m.*	Knopf	כפתור
kaftor lechiza	*m.*	Druckknopf	כפתור לחיצה
kaftor meschulasch	*m.*	dreieckiger Knopf	כפתור משולש
kajak	*m.*	Kajak	קייק
kakau	*m.*	Kakao	קקאו
kalmar	*m.*	Federtasche	קלמר
kankan	*m.*	Kanne	קנקן
kankan te	*m.*	Teekanne	קנקן תה
kapit	*f.*	Löffel	כפית
kapot raglajim	*f.Pl.*	Füße	כפות רגליים
kapuschon	*m.*	Kapuze	קפושון
kaputschino	*m.*	Cappuccino	קפוצ׳ינו

karachat	*f.*	Glatze	קרחת
karawan	*m.*	Wohnwagen	קראוון
karijot	*f.Pl.*	Kissen	כריות
karit	*f.*	Kissen	כרית
kartissija	*f.*	Kärtchen	כרטיסייה
kartissijot	*f.Pl.*	Kärtchen	כרטיסיות
kartiss zahow	*m.*	gelbe Karte	כרטיס צהוב
kasch	*m.*	Strohhalm	קש
kassda	*f.*	Helm	קסדה
katef	*f.*	Schulter	כתף
katno´a	*m.*	Motorroller	קטנוע
katom	*m.*	orange	כתום
kaw arbaim uschmone	*m.*	Linie achtundvierzig	קו ארבעים ושמונה
ke´ara	*f.*	Schüssel	קערה
ke´arit	*f.*	Schale	קערית
kelew	*m.*	Hund	כלב
keresch chituch	*m.*	Schneidebrett	קרש חיתוך
keresch gihuz	*m.*	Bügelbrett	קרש גיהוץ
ketem schachor	*m.*	schwarzer Fleck	כתם שחור
kewess	*m.*	Schaf	כבש
kidon	*m.*	Lenker	כידון
kijor	*m.*	Spüle, Waschbecken	כיור
kinor	*m.*	Geige	כינור
kir	*m.*	Wand	קיר
kirbulit	*f.*	Kuscheldecke	כרבולית
kischu	*m.*	Zucchino	קישוא
kischu`im	*m.Pl.*	Zucchini	קישואים
kiss	*m.*	Tasche	כיס
kisse	*m.*	Stuhl	כיסא
kisse bar	*m.*	hoher Hocker	כיסא בר
kisse kasch	*m.*	Korbstuhl	כיסא קש
kisse moderni	*m.*	moderner Stuhl	כיסא מודרני
kisse noach	*m.*	Liegestuhl	כיסא נוח
kisse noach zfoni	*m.*	Strandkorb	כיסא נוח צפוני
kisse plasstik	*m.*	Plastikstuhl	כיסא פלסטיק
kissmim	*m.Pl.*	Zahnstocher	קיסמים
kissoss	*m.*	Efeu	קיסוס
kiss`ot noach	*m.Pl.*	Liegestühle	כסאות נוח
kiss`ot plasstik	*m.Pl.*	Plastikstühle	כסאות פלסטיק
kiwssa	*f.*	Schaf	כבשה
klaudja	*f.*	Claudia	קלאודיה
klaudja wenechdata	*f.*	Claudia und ihre Enkelin	קלאודיה ונכדתה
klej hagascha	*m.Pl.*	Serviergefäße	כלי הגשה
klej tfira	*m.Pl.*	Nähzubehör	כלי תפירה
kli cheress	*m.*	Tongefäß	כלי חרס
klipot assparaguss	*f.Pl.*	Spargelschalen	קליפות אספרגוס
klipot bejza	*f.Pl.*	Eierschalen	קליפות ביצה
klipot gar´inim	*f.Pl.*	Schalen von Sonnenblumenkernen	קליפות גרעינים
klipot klemantina	*f.Pl.*	Klementinenschalen	קליפות קלמנטינה
klum		nichts	כלום
kmiza	*f.*	Ringfinger	קמיצה
knissa	*f.*	Eingang	כניסה
kochawit	*f.*	Sterntaste	כוכבית
kokuss hachatula	*m.*	die Katze Kokus	קוקוס החתולה
kolar	*m.*	Halsband	קולר
kolaw	*m.*	Bügel	קולב
kolawim	*m.Pl.*	Bügel	קולבים
kolfan	*m.*	Schälmesser	קולפן
kolrabi	*m.*	Kohlrabi	קולרבי
konanit ssfarim	*f.*	Bücherregal	כוננית ספרים
korat ez	*f.*	Holzbalken	קורת עץ
koss gdola	*f.*	großes Glas	כוס גדולה
koss jajin	*f.*	Weinglas	כוס יין
koss jajin	*f.*	ein Glas Wein	כוס יין
koss majim	*f.*	ein Glas Wasser	כוס מים
koss mele`a	*f.*	volles Glas	כוס מלאה

koss reka	*f.*	leeres Glas	כוס ריקה
koss liker	*f.*	Likörglas	כוס ליקר
koss schampanja	*f.*	Champagnerglas	כוס שמפניה
kossot bira	*f.Pl.*	Biergläser	כוסות בירה
kossot jajin	*f.Pl.*	Weingläser	כוסות יין
kotedg	*m.*	Hüttenkäse	קוטג׳
kowa	*m.*	Hut	כובע
kowa mizchija	*m.*	Schirmmütze	כובע מצחייה
kozez tawlinim	*m.*	Kräuterhacker	קוצץ תבלינים
krescha	*f.*	Porree	כרשה
kruwit	*f.*	Blumenkohl	כרובית
kruw ssini	*m.*	Chinakohl	כרוב סיני
kufssa	*f.*	Büchse, Dose, Schachtel	קופסה
kufssa ktana	*f.*	kleine Büchse	קופסה קטנה
kufssa´ot	*f.Pl.*	Büchsen, Schachteln	קופסאות
kufssat charssina lessukarjot	*f.*	Porzellandose für Bonbons	קופסת חרסינה לסוכריות
kufssat tfira	*f.*	Nähkasten	קופסת תפירה
kurssa	*f.*	Sessel	כורסא
kurssa agula	*f.*	runder Sessel	כורסא עגולה
kurssat telewisja	*f.*	Fernsehsessel	כורסת טלוויזיה
kutonet lajla	*f.*	Nachthemd	כותונת לילה
kwassim	*m.Pl.*	Schafe	כבשים
kwisch	*m.*	Fahrbahn	כביש
kwissa betel awiw	*f.*	Wäsche in Tel Aviv	כביסה בתל אביב

L

lachmanja	*f.*	Brötchen	לחמניה
lechajim!		Prost!	לחיים!
lechem	*m.*	Brot	לחם
lew	*m.*	Herz	לב
lilach	*m.*	Flieder	לילך
limon	*m.*	Zitrone	לימון
lula`a	*f.*	Schlaufe	לולאה

M

ma`afera	*f.*	Aschenbecher	מאפרה
ma´ake	*m.*	Geländer	מעקה
ma´alit	*f.*	Fahrstuhl	מעלית
ma´awar chazaja	*m.*	Zebrastreifen	מעבר חצייה
machasik maftechot	*m.*	Schlüsselanhänger	מחזיק מפתחות
machat	*f.*	Nadel	מחט
machak	*m.*	Radiergummi	מחק
machberet	*f.*	Heft	מחברת
machberet schirbutim	*f.*	Skizzenbuch	מחברת שירבוטים
machssan	*m.*	Schuppen	מחסן
machssof	*m.*	Ausschnitt	מחשוף
machtesch we´ali	*m.*	Mörser und Stößel	מכתש ועלי
madaf	*m.*	Brett	מדף
madaf na´alajim	*m.*	Schuhregal	מדף נעליים
madrega	*f.*	Stufe, Treppe	מדרגה
madregot	*f.Pl.*	Stufen, Treppen	מדרגות
mafteach	*m.*	Schlüssel	מפתח
mafteach alen	*m.*	Sechskantschlüssel	מפתח אלן
mag	*m.*	Becher	מאג
magafajim	*m.Pl.*	Stiefel	מגפיים
magasch	*m.*	Tablett	מגש
magaw	*m.*	Scheibenwischer	מגב
magewet	*f.*	Handtuch	מגבת
magewet mitbach	*f.*	Geschirrtuch	מגבת מטבח
maghez	*m.*	Bügeleisen	מגהץ
makdecha	*f.*	Bohrmaschine	מקדחה
makzif	*m.*	Schneebesen	מקציף
malon karlton	*m.*	Hotel Carlton	מלון קרלטון
mano´a	*m.*	Motor	מנוע
manor	*m.*	Pinne	מנור
man´ul	*m.*	Schloss	מנעול
mapa	*f.*	Landkarte	מפה

mapat schulchan	*f.*	Tischdecke	מפת שולחן
mapijot	*f.Pl.*	Servietten	מפיות
mapit	*f.*	Serviette	מפית
mar`a	*f.*	Spiegel	מראה
marit	*f.*	Teigschaber	מרית
marpek	*m.*	Ellenbogen	מרפק
marsew	*m.*	Regenrinne	מרזב
maschehu	*m.*	etwas	משהו
masch`ewat delek	*f.*	Zapfpistole	משאבת דלק
maschka`ot	*m.Pl.*	Getränke	משקאות
maschpech	*m.*	Gießkanne	משפך
masetim	*m.Pl.*	kleine Vorspeise	מזטים
masleg	*m.*	Gabel	מזלג
massach	*m.*	Bildschirm	מסך
massrega	*f.*	Stricknadel	מסרגה
massregot	*f.Pl.*	Stricknadeln	מסרגות
massrek	*m.*	Kamm	מסרק
mat`ate	*m.*	Besen	מטאטא
matchenat kafe	*f.*	Kaffeemühle	מטחנת קפה
matchenat pilpel	*f.*	Pfeffermühle	מטחנת פלפל
matkon le´ugat bananot	*m.*	Rezept für Bananenkuchen	מתכון לעוגת בננות
matlit	*f.*	Lappen	מטלית
matoss	*m.*	Flugzeug	מטוס
mawreg	*m.*	Schraube	מברג
mawrega	*f.*	Schraubenzieher	מברגה
maza	*f.*	Matze (ungesäuertes Brot)	מצה
mazeket	*f.*	Kelle	מצקת
mazit	*m.*	Feuerzeug	מצית
mazlema	*f.*	Fotoapparat	מצלמה
mazot	*f.Pl.*	Matze (ungesäuertes Brot)	מצות
me`a chamischim		hundertundfünfzig	מאה חמישים
me`awrer	*m.*	Ventilator	מאוורר
mechakim bator		in der Schlange warten	מחכים בתור
mechatim	*m.Pl.*	Nadeln	מחטים
mechatim lisrikot	*m.Pl.*	Injektionsnadeln	מחטים לזריקות
mechir	*m.*	Preis	מחיר
mechira	*f.*	Verkauf	מכירה
mechonat esspresso	*f.*	Espressomaschine	מכונת אספרסו
mechonat jibusch sse´ar	*f.*	Haartrockner	מכונת ייבוש שיער
mechonit	*f.*	Auto	מכונית
mechonijot	*f.Pl.*	Autos	מכוניות
mechtild koret	*f.*	Mechtild liest	מכטילד קוראת
mechula	*f.*	Container	מכולה
megareret	*f.*	Reibe	מגררת
megira	*f.*	Schublade	מגירה
me´il	*m.*	Mantel	מעיל
mejabesch sse´ar	*m.*	Föhn	מייבש שיער
mek	*m.*	Mac	מק
mekalter	*m.*	Handharke	מקלטר
melafefon	*m.*	Gurke	מלפפון
melafefon gadol	*m.*	große Gurke	מלפפון גדול
melafefonim	*m.Pl.*	Gurken	מלפפונים
melafefon katan	*m.*	kleine Gurke	מלפפון קטן
melkechej sspageti	*m.Pl.*	Spaghettizange	מלקחי ספגטי
menora	*f.*	Lampe, Menora	מנורה
menora omedet	*f.*	Stehlampe	מנורה עומדת
menorat kri`a	*f.*	Leselampe	מנורת קריאה
merakech sse´ar	*m.*	Haarspülung	מרכך שיער
meriza	*f.*	Schubkarre	מריצה
mesach	*m.*	Anleger	מזח
messanenet	*f.*	Sieb	מסננת
messanenet gdola	*f.*	großes Sieb	מסננת גדולה
messanenet ktana	*f.*	kleines Sieb	מסננת קטנה
mezach	*m.*	Stirn	מצח

michnassajim	*m.Pl.*	Hose	מכנסיים
michnassajim mekupalim	*m.Pl.*	hochgekrempelte Hose	מכנסיים מקופלים
michtaw	*m.*	Brief	מכתב
midracha	*f.*	Gehweg, Bürgersteig	מדרכה
midrassim	*m.Pl.*	Schuheinlagen	מדרסים
mifrass	*m.*	Segel	מפרש
mifrassit	*f.*	Segelboot	מפרשית
migdal knessija	*m.*	Kirchturm	מגדל כנסייה
mikchol	*m.*	Pinsel	מכחול
miklachat	*f.*	Dusche	מקלחת
mikledet	*f.*	Tastatur	מקלדת
milchija	*f.*	Salzstreuer	מלחייה
milon	*m.*	Wörterbuch	מילון
mimchatot nejar	*f.Pl.*	Papiertaschentücher	ממחטות נייר
mirpesset	*f.*	Balkon	מרפסת
mirpesset gag	*f.*	Dachterrasse	מרפסת גג
mirpesset ssgura	*f.*	mit Fenstern verschlossener Balkon	מרפסת סגורה
mirpessot	*f.Pl.*	Balkone	מרפסות
mirpessot ssgurot	*f.Pl.*	mit Fenstern verschlossene Balkone	מרפסות סגורות
mischbezot	*f.Pl.*	Karos	משבצות
mischkafajim	*m.Pl.*	Brille	משקפיים
mischkal	*m.*	Waage	משקל
mischkal baschuk	*m.*	Waage auf dem Markt	משקל בשוק
mischkefej re`ija	*m.Pl.*	optische Brille	משקפי ראייה
mischkefej schemesch	*m.Pl.*	Sonnenbrille	משקפי שמש
mischkolet	*f.*	Senkblei; Hantel	משקולת
mischpacha	*f.*	Familie	משפחה
misran joga	*m.*	Yogamatte	מזרן יוגה
misschak gmar alifut eropa bekaduregel	*m.*	Finale der Fußball-Europameisterschaft	משחק גמר אליפות אירופה בכדורגל
missgeret	*f.*	Rahmen	מסגרת
misskeret	*f.*	Zuckerdose	מסכרת
misspar	*m.*	Zahl, Ziffer	מספר
missparajim	*m.Pl.*	Schere	מספריים
missperej zipornajim	*m.Pl.*	Nagelschere	מספרי צפורניים
misran	*m.*	Matratze	מזרן
miswada	*f.*	Koffer	מזוודה
mita	*f.*	Bett	מיטה
mitat bejt cholim	*f.*	Krankenhausbett	מיטת בית חולים
mitkan lejibusch kelim	*m.*	Geschirrständer	מתקן לייבוש כלים
mitkan litlijat kwissa	*m.*	Vorrichtung zum Wäscheaufhängen	מתקן לתליית כביסה
mitrija	*f.*	Regenschirm	מטריה
mitrijot	*f.Pl.*	Regenschirme	מטריות
miwreschet	*f.*	Bürste	מברשת
miwreschet nikuj	*f.*	Reinigungsbürste	מברשת ניקוי
miwreschet schinajim	*f.*	Zahnbürste	מברשת שיניים
miwreschet schinajim chaschmalit	*f.*	elektrische Zahnbürste	מברשת שיניים חשמלית
miwreschet zipornajim	*f.*	Nagelbürste	מברשת ציפורניים
miz tapuchim	*m.*	Apfelsaft	מיץ תפוחים
mocher	*m.*	Verkäufer	מוכר
mochrim	*m.Pl.*	Verkäufer	מוכרים
mo´ech	*m.*	Kartoffelstampfer	מועך
mokassinim	*m.Pl.*	Mokassins	מוקסינים
monit	*f.*	Taxi	מונית
moschaw	*m.*	Sitz	מושב
moschaw panuj	*m.*	freier Platz	מושב פנוי
mot	*m.*	Stange	מוט
mot wilon	*m.*	Gardinenstange	מוט ווילון
mozez	*m.*	Schnuller	מוצץ

N			
na´al	m.	Schuh	נעל
na´alajim	m.Pl.	Schuhe	נעליים
na´alej bajit	m.Pl.	Hausschuhe	נעלי בית
na´alej ssport	m.Pl.	Sportschuhe	נעלי ספורט
na´ara rochewet	f.	ein Mädchen reitet	נערה רוכבת
nadneda	f.	Schaukel	נדנדה
nagan diwidi	m.	DVD-Player	נגן דיוידי
nahar	m.	Fluss	נהר
neched	m.	Enkel	נכד
nechir	m.	Nasenloch	נחיר
nejar	m.	Papier	נייר
nejarot	m.Pl.	Papiere	ניירות
nejar to`alet	m.	Toilettenpapier	נייר טואלט
nekuda	f.	Punkt	נקודה
nekudot	f.Pl.	Punkte	נקודות
ner	m.	Kerze	נר
nerot	m.Pl.	Kerzen	נרות
neschika	f.	Kuss	נשיקה
niko bamirpesset	m.	Nico auf dem Balkon	ניקו במרפסת
niko kore	m.	Nico liest	ניקו קורא
nir mefazeach gar´inim	m.	Nir knackt Kerne	ניר מפצח גרעינים
nomi messacheket	f.	Naomi spielt	נעמי משחקת
nomi mit`amenet	f.	Naomi trainiert	נעמי מתאמנת
O			
odem	m.	Lippenstift	אודם
ofanajim	m.Pl.	Fahrrad	אופניים
ofno´a	m.	Motorrad	אופנוע
ohadim	m.Pl.	Fans	אוהדים
olga	f.	Olga	אולגה
onijat mechulot	f.	Containerschiff	אוניית מכולות
onijat noss´im	f.	Passagierschiff	אוניית נוסעים
orew	m.	Rabe	עורב
osen	f.	Ohr	אוזן
osnajim	f.Pl.	Ohren	אוזניים
osnijot	f.Pl.	Kopfhörer	אוזניות
ossef mapijot	m.	Serviettensammlung	אוסף מפיות
ot	f.	Buchstabe	אות
ozar milim	m.	Wortschatz	אוצר מלים
P			
pa´amon	m.	Glocke	פעמון
pach aschpa	m.	Mülleimer	פח אשפה
pagosch	m.	Stoßstange	פגוש
panass rechew	m.	Autoscheinwerfer	פנס רכב
panass rechow	m.	Straßenlaterne	פנס רחוב
parwa	f.	Fell	פרווה
parwa ssintetit	f.	synthetisches Fell	פרווה סנטטית
pass	m.	Streifen	פס
passim	m.Pl.	Streifen	פסים
patisch schnizel	m.	Fleischklopfer	פטיש שניצל
pe	m.	Mund	פה
pe`a nachrit	f.	Perücke	פאה נכרית
petach iwrur	m.	Lüftungsöffnung	פתח אוורור
petek	m.	Zettel	פתק
pijot	m.Pl.	Münder	פיות
pil	m.	Elefant	פיל
pilpel adom	m.	rote Paprika	פלפל אדום
pilpelija	f.	Pfeffermühle	פלפלייה
pinkass	m.	Notizbuch	פנקס
pirchej amnon wetamar	m.Pl.	Stiefmütterchen	פרחי אמנון ותמר
pita	f.	Pitabrot	פיתה
pitrija	f.	Pilz	פטריה
pitrijot	f.Pl.	Pilze	פטריות
pitrijot chatuchot	f.Pl.	geschnittene Pilze	פטריות חתוכות
prachim	m.Pl.	Blumen	פרחים
prussat lechem	f.	Brotscheibe	פרוסת לחם
pssanter	m.	Klavier	פסנתר
pumpija	f.	Reibe	פומפיה

pzira	*f.*	Feile	פצירה
R			
ra´ama	*f.*	Mähne	רעמה
radio	*m.*	Radio	רדיו
raglajim	*f.Pl.*	Beine	רגליים
raglajim jechefot	*f.Pl.*	barfuß	רגליים יחפות
rakdanit	*f.*	Tänzerin	רקדנית
rakewet	*f.*	Bahn	רכבת
ramkol	*m.*	Lautsprecher	רמקול
ramsor	*m.*	Ampel	רמזור
razif	*m.*	Gleis	רציף
re´afim	*m.Pl.*	Dachziegel	רעפים
regel	*f.*	Bein	רגל
regel achorit	*f.*	Hinterbein	רגל אחורית
regel chawuscha	*f.*	verbundenes Bein	רגל חבושה
regel kidmit	*f.*	Vorderbein	רגל קדמית
regel schwura	*f.*	gebrochenes Bein	רגל שבורה
rita me´assewet	*f.*	Rita jätet Unkraut	ריטה מעשבת
rochssan	*m.*	Reißverschluss	רוכסן
rolim	*m.Pl.*	Lockenwickler	רולים
rosch	*m.*	Kopf	ראש
rugelach	*m.Pl.*	süßes Hefegebäck	רוגלך
rut wedafna ro`ot telewisja	*f.Pl.*	Ruth und Dafna sehen fern	רות ודפנה רואות טלוויזיה
S			
sakan	*m.*	Bart	זקן
sanaw	*m.*	Schwanz	זנב
scha´ar	*m.*	Tor	שער
schad	*m.*	weibliche Brust	שד
schadajim	*m.Pl.*	Brüste	שדיים
schalat rachok	*m.*	Fernbedienung	שלט רחוק
schalosch		drei	שלוש
schalosch naschim	*f.Pl.*	drei Frauen	שלוש נשים
schampu	*m.*	Haarshampoo	שמפו
scha´on	*m.*	Uhr	שעון
scha´on jad	*m.*	Armbanduhr	שעון יד
scha´on me´orer	*m.*	Wecker	שעון מעורר
scharscheret	*f.*	Kette	שרשרת
scharwul	*m.*	Ärmel	שרוול
scharwul kazar	*m.*	kurzer Ärmel	שרוול קצר
scharwul nafuach	*m.*	Puffärmel	שרוול נפוח
schatiach	*m.*	Teppich	שטיח
schawu´on	*m.*	Wochenzeitschrift	שבועון
schelet	*m.*	Schild	שלט
schelet azor	*m.*	Stoppschild	שלט עצור
schelet bamidbar	*m.*	Schild in der Wüste	שלט במדבר
scherut kaw arba	*m.*	Sammeltaxi Linie vier	שרות קו ארבע
scherutim	*m.Pl.*	Toiletten	שרותים
schesch		sechs	שש
schetach pirssum	*m.*	Werbefläche	שטח פרסום
schewa		sieben	שבע
schichmija	*f.*	Umhang	שכמייה
schida	*f.*	Kommode	שידה
schidat lajla	*f.*	Nachtschränkchen	שידת לילה
schimscha kidmit	*f.*	Frontscheibe	שמשה קדמית
schimschija	*f.*	Sonnenschirm	שמשיה
schimschijot	*f.Pl.*	Sonnenschirme	שמשיות
schischim wechamesch		fünfundsechzig	ששים וחמש
schkedim	*m.Pl.*	Mandeln	שקדים
schloscha gwarim	*m.Pl.*	drei Männer	שלושה גברים
schloschim		dreißig	שלושים
schloschim achus		dreißig Prozent	שלושים אחוז
schmone		acht	שמונה
schnej kwassim	*m.Pl.*	zwei Schafe	שני כבשים
schofet	*m.*	Schiedsrichter, Richter	שופט
schoschanat ha`alpim	*f.*	Rhododendron	שושנת האלפים
schrafraf	*m.*	Hocker	שרפרף
schtajim		zwei	שתיים

schtej hamburgerijot	f.Pl.	zwei Hamburgerinnen	שתי המבורגריות
schtej naschim	f.Pl.	zwei Frauen	שתי נשים
schtej naschim nachot	f.Pl.	zwei Frauen ruhen sich aus	שתי נשים נחות
schtej naschim schotot bira	f.Pl.	zwei Frauen trinken Bier	שתי נשים שותות בירה
schulchan	m.	Tisch	שולחן
schulchan moderni	m.	moderner Tisch	שולחן מודרני
schum	m.	Knoblauch	שום
schumar	m.	Fenchel	שומר
sejtim	m.Pl.	Oliven	זיתים
seret	f.	kleiner Finger	זרת
ser ziw´onim	m.Pl.	Tulpenstrauß	זר צבעונים
sifej sakan	m.Pl.	Dreitagebart	זיפי זקן
sro´a	m.	Arm	זרוע
ssaba	m.	Großvater	סבא
ssabon	m.	Seife	סבון
ssachkan kaduregel	m.	Fußballspieler	שחקן כדורגל
ssachlaw	m.	Orchidee	סחלב
ssadin	m.	Bettlaken	סדין
ssafam	m.	Schnurrbart	שפם
ssafssal	m.	(Sitz)Bank	ספסל
ssafssal ez	m.	Holzbank	ספסל עץ
ssak ruach	m.	Windsack	שק רוח
ssakin	m +f	Messer	סכין
ssakik te	f.	Teebeutel	שקיק תה
ssakit	f.	Tüte	שקית
ssakit nejar	f.	Papiertüte	שק נייר
ssal	m.	Korb, Tasche	סל
ssal knijot	m.	Einkaufstasche	סל קניות
ssalat perot	m.	Obstsalat	סלט פרות
ssanter	m.	Kinn	סנתר
ssapa	f.	Sofa	ספה
ssapar	m.	Friseur	ספר
ssawlanut bamechess	f.	Geduld beim Zollamt	סבלנות במכס
ssawta	f.	Großmutter	סבתא
ssde te´ufa katan	m.	kleiner Flughafen	שדה תעופה קטן
sse´ar	m.	Haar	שיער
sse´ar blondini	m.	blondes Haar	שיער בלונדיני
sse´ar kazar	m.	kurzes Haar	שיער קצר
sse´ar metultal	m.	gelocktes Haar	שיער מתולתל
sse´ar schachor	m.	schwarzes Haar	שיער שחור
ssefel kafe	m.	Tasse Kaffee	ספל קפה
ssefel	m.	Tasse	ספל
ssefer	m.	Buch	ספר
ssefer bischul	m.	Kochbuch	ספר בישול
ssefer interaktiwi	m.	interaktives Buch	ספר אינטראקטיבי
ssefer limud	m.	Lehrbuch	ספר לימוד
sselek	m.	Rote Bete	סלק
sselotejp	m.	Klebeband	סלוטייפ
sseret	m.	Film	סרט
sseret lasse´ar	m.	Schleife fürs Haar	סרט לשיער
ssfalim	m.Pl.	Tassen	ספלים
ssfarim	m.Pl.	Bücher	ספרים
ssfatajim	f.Pl.	Lippen	שפתיים
ssfog	m.	Schwamm	ספוג
ssifrej limud	m.Pl.	Lehrbücher	ספרי לימוד
ssigarja	f.	Zigarette	סיגריה
ssijach	m.	Strauch	שיח
ssika	f.	Stecknadel	סיכה
ssimanija	f.	Lesezeichen	סימניה
ssimla	f.	Kleid	שמלה
ssinar	m.	Schürze	סינר
ssir	m.	Topf	סיר
ssir gadol	m.	großer Topf	סיר גדול
ssira	f.	Boot	סירה

ssirat mifrass	f.	Segelboot	סירת מפרש
ssirot hazala	f.Pl.	Rettungsboote	סירות הצלה
ssirpad	m.	Brennnessel	
ssirtej diwidi	m.Pl.	DVD-Filme	סרטי דיוידי
ssla´im	m.Pl.	Felsen	סלעים
sslolari	m.	Mobiltelefon	סלולרי
ssmart	m.	Smart	סמארט
ssmicha	f.	Decke	שמיכה
ssochech	m.	Markise	סוכך
ssoragim	m.Pl.	Fenstergitter	סורגים
ssrochim	m.Pl.	Schnürsenkel	שרוכים
ssukar	m.	Zucker	סוכר
ssukat hamazil	f.	Strandwacht-Hütte	סוכת המציל
ssulam	m.	Leiter	סולם
ssulamit	f.	Rautetaste	סולמית
ssuss	m.	Pferd	סוס
ssuss schote	m.	ein Pferd trinkt	סוס שותה
ssussim	m.Pl.	Pferde	סוסים
ssussim ba`achu	m.Pl.	Pferde auf der Weide	סוסים באחו
ssweder schachor	m.	schwarzer Pullover	סוודר שחור
sswetschert im kapuschon	m.	Sweatshirt mit Kapuze	סווטשרט עם קפושון
sug im kelew	m.	ein Paar mit Hund	זוג עם כלב
sug ohawim bechof hajam	m.	Liebespaar am Strand	זוג אוהבים בחוף הים
suse nacha	f.	Suse ruht sich aus	סוזה נחה

T

taba´at	f.	Ring	טבעת
tachanat otobuss	m.	Bushaltestelle	תחנת אוטובוס
tachanat rakewet	f.	Bahnhof	תחנת רכבת
tafrit	m.	Speisekarte	תפריט
tajz	m.Pl.	Strumpfhose	טייץ
tale	m.	Lamm	טלה
talmid	m.	Schüler	תלמיד
talmida	f.	Schülerin	תלמידה
talmidim le´iwrit	m.Pl.	Hebräisch-Schüler	תלמידים לעברית
talmidot le´iwrit	f.Pl.	Hebräisch-Schülerinnen	תלמידות לעברית
tami messaderet	f.	Tami räumt auf	תמי מסדרת
tamrur	m.	Verkehrszeichen	תמרור
tamrur ashara	m.	Warnschild	תמרור אזהרה
tapuach	m.	Apfel	תפוח
tapuach adama	m.	Kartoffel	תפוח אדמה
tapuach naguss	m.	angebissener Apfel	תפוח נגוס
tapuchej adama	m.Pl.	Kartoffeln	תפוחי אדמה
tapuchim	m.Pl.	Äpfel	תפוחים
tapus	m.	Apfelsine	תפוז
tapusim	m.Pl.	Apfelsinen	תפוזים
tarmil	m.	Rucksack	תרמיל
tarwad	m.	Pfannenheber	תרווד
tarwad gamisch	m.	elastischer Pfannenheber	תרווד גמיש
teka	m.	Stecker	תקע
tekst schel amoss os	m.	Text von Amos Os	טקסט של עמוס עוז
telefon	m.	Telefon	טלפון
telefon chacham	m.	Smartphone	טלפון חכם
telewisja	f.	Fernseher	טלוויזיה
tescha		neun	תשע
tijulon lebuba	m.	Puppenbuggy	טיולון לבובה
tik	m.	Tasche	תיק
tikija	f.	Mappe	תיקייה
tiljon	m.	Anhänger	תליון
tinok	m.	Baby	תינוק
tinoket	f.	Baby (Mädchen)	תינוקת
tlaj	m.	Flicken	טלאי
tmuna	f.	Bild	תמונה
toda		danke	תודה
toren	m.	Mast	תורן

traktor	*m.*	Trecker	טרקטור
trissim	*m.Pl.*	Fensterläden	תריסים
trufot	*f.Pl.*	Medikamente	תרופות
tusch	*m.*	Filzstift	טוש
tussik	*m.*	Popo	טוסיק
tutim	*m.Pl.*	Erdbeeren	תותים
tut ssade	*m.*	Erdbeere	תות שדה
U			
ugat bananot	*f.*	Bananenkuchen	עוגת בננות
ukaf	*m.*	Sattel	אוכף
ute weklaus-dieter menagnim	*m.:Pl.*	Ute und Klaus-Dieter musizieren	אוטה וקלאוס-דיטר מנגנים
W			
wasot	*f.Pl.*	Vasen	וזות
waw	*m.*	Haken	וו
waw tlija	*m.*	Hängehaken	וו תליה
wered	*m.*	Rose	ורד
wesst	*m.*	Weste	וסט
wilon	*m.*	Gardine	וילון
wilon lula`ot	*m.*	Schlaufengardine	וילון לולאות
Z			
zahow		gelb	צהוב
za´if	*m.*	Schal	צעיף
zalachat	*f.*	Teller	צלחת
zalachat gdola	*f.*	großer Teller	צלחת גדולה
zalachat pessach	*f.*	Pessachteller	צלחת פסח
zalam	*m.*	Fotograf	צלם
zamid	*m.*	Armband	צמיד
zamid charusim	*m.*	Perlenarmband	צמיד חרוזים
zaw	*m.*	Schildkröte	צב
zawar	*m.*	Hals	צוואר
zawaron	*m.*	Kragen	צווארון
zel	*m.*	Schatten	צל
zemer	*m.*	Wolle	צמר
zewa gabot	*m.*	Augenbrauenfarbe	צבע גבות
zewa sse´ar	*m.*	Haarfarbe	צבע שיער
zinor haschkaja	*m.*	Bewässerungs-schlauch	צינור השקייה
zinzenet	*f.*	Glas	צנצנת
zinzenet riba	*f.*	ein Glas Marmelade	צנצנת ריבה
zipor	*f.*	Vogel	ציפור
ziporim	*f.Pl.*	Vögel	ציפורים
zipornajim	*m.Pl.*	Nägel	ציפורניים
zir	*m.*	Scharnier	ציר
ziw´oni	*m.*	Tulpe	צבעוני
ziw´onim	*m.Pl.*	Tulpen	צבעונים
zfarde´a	*m.*	Frosch	צפרדע
znon	*m.*	Rettich	צנון
znonit	*f.*	Radieschen	צנונית
zror maftechot	*m.*	Schlüsselbund	צרור מפתחות

Index

A

Absatz 152 עקב

Achselhöhle 28 בית השחי

acht 76 ,20 שמונה

Adele strickt 160 אדלה סורגת

Album 15 אלבום תמונות

am Bograschow-Strand 114 בחוף בוגרשוב

am Gordon-Strand 116 ,108 בחוף גורדון

am Ostseestrand 109 בחוף הים הבלטי

Ampel 64 ,60 רמזור

an einer Bushaltestelle 61 בתחנת אוטובוס

an einer Tankstelle 72 בתחנת דלק

angebissener Apfel 14 תפוח נגוס

Anhänger 161 תליון

Anleger 104 ,103 ,101 מזח

Antenne 62 ,58 אנטנה

Apfel 132 ,26 ,13 תפוח

Äpfel 137 ,132 ,13 תפוחים

Apfelsine 134 ,132 תפוז

Apfelsinen 134 ,132 תפוזים

arabisch 75 ערבית

Arm 154 ,110 זרוע

Armband 120 צמיד

Armbanduhr 166 ,157 ,153 שעון יד

Ärmel 84 שרוול

Ärztin 126 רופאה

Aschenbecher 90 ,29 מאפרה

Ast 95 ,57 ,52 ענף

Aubergine 38 חציל

auf dem Anleger 103 על המזח

auf dem Hakarmel-Markt 135 בשוק הכרמל

Auge 142 ,91 עין

Augen 147 עיניים

Augenbraue 161 ,142 ,28 גבה

Augenbrauenfarbe 124 צבע גבות

Ausschnitt 86 מחשוף

Auto 77 ,72 ,66 ,57 ,51 מכונית

Autos 67 מכוניות

Autoscheinwerfer 57 ,51 פנס רכב

B

Baby 87 ,61 תינוק

Baby (Mädchen) 90 תינוקת

Babysocke 160 גרב לתינוק

Badeanzug 106 בגד ים

Badezimmer und Toilette 30 חדר אמבטיה ושרותים

Bahn 120 ,56 רכבת

Bahnhof 56 תחנת רכבת

Balkon 51 ,50 ,29 מרפסת

Balkone 68 מרפסות

Ball 154 כדור

Banane 41 בננה

Bananenkuchen 41 עוגת בננות

Band 160 סרט

Bank 118 ,51 ספסל

barfuß 158 רגליים יחפות

Barhocker 84 כיסא בר
Bart 61 זקן
Bauch 107 בטן
Bauer 148 איכר
Baum 57 עץ
Baumstamm 95 ,57 גזע עץ
Baumstämme 80 גזעי עץ
Becher 155 מאג
Beet 151 ערוגה
Bein 23 רגל
Beine 101 רגליים
bei Olga 144 אצל אולגה
bei Rita und Dieter 148 אצל ריטה ודיטר
Bergkäse 136 גבינת הרים
Bett 25 ,24 מיטה
Bettlaken 24 סדין
Bewässerungsschlauch 150 צינור השקייה
Bier 90 ,45 בירה
Bierflaschen 95 בקבוקי בירה
Biergläser 21 כוסות בירה
Bild 13 תמונה
Bildschirm 168 מסך
Bioladen in Hamburg 132 חנות אורגנית בהמבורג
Birnen 137 אגסים
Blatt 48 ,47 עלה
Blechdach 79 גג פח
Bleistift 182 ,138 ,16 עיפרון
blondes Haar 161 שיער בלונדיני
Blumen 46 ,13 פרחים
Blumenblätter 51 עלי פרחים
Blumenkasten 46 אדנית
Blumenkohl 133 כרובית
Blumentopf 47 ,46 ,16 ,13 עציץ
Bluse 85 ,84 חולצה
Blütenblätter 48 עלי כותרת
Bohrmaschine 25 מקדחה
Bonbons 16 סוכריות
Boot 103 סירה
Brandungsboot 115 חסקה
Brennnessel 150 סרפד
Brett 21 מדף
Brief 118 ,19 מכתב
Brille 156 ,153 ,121 ,88 ,14 משקפיים
Brot 76 ,40 לחם
Brötchen 85 לחמניה
Brotscheibe 92 פרוסת לחם
Brücke zum Anleger 104 גשר למזח
Brust 154 חזה
Buch 24 ,15 ספר
Buchstabe 54 אות
Bücher 15 ספרים
Bücherregal 15 כוננית ספרים
Büchse 15 קופסה
Büchsen 15 קופסאות
Bügel 119 קולב
Bügel 119 קולבים

Bügelbrett 27 קרש גיהוץ
Bügeleisen 27 מגהץ
Bürgersteig 64 ,60 ,58 מדרכה
Bürste 30 ,19 מברשת
Bushaltestelle 74 תחנת אוטובוס
Butter 41 חמאה
C
Café 71 בית קפה
Cappuccino 85 קפוצ׳ינו
Carlton Hotel 107 מלון קרלטון
Chanukkaleuchter 15 חנוכיה
Cherry Tomaten 43 עגבניות שרי
Chinakohl 133 כרוב סיני
Claudia und ihre Enkelin 161 קלאודיה ונכדתה
Container 100 מכולה
Containerschiff 100 אניית מכולות
D
Dach 68 ,51 ,50 גג
Dachboden 51 ,50 עליית גג
Dachterrasse 46 מרפסת גג
Dachziegel 50 רעפים
danke 9 תודה
das Haus gegenüber 62 ,51 הבית שממול
das Mittelmeer 115 הים התיכון
Daumen 142 אגודל
Decke 24 ,13 שמיכה
Deodorant 30 דאודורנט
der Hund Billy 143 הכלב בילי
der Kater Václav 164 החתול וצלב
der Pfleger Christian 127 האח כריסטיאן
der Sonnenschirm der Nachbarn 47 השמשייה של השכנים
dicker Mann 56 איש שמן
die Ostsee 111 הים הבלטי
die Reinigungskraft Mamadu Mane 127 המנקה ממדו מנה
Dieter der Bauer 148 דיטר האיכר
Dieter pflückt Kräuter 149 דיטר קוטף עשבי תיבול
drei 20 שלוש
drei Frauen 106 שלוש נשים
drei Männer 107 שלושה גברים
dreieckiger Knopf 146 כפתור משולש
dreißig 53 שלושים
dreißig Prozent 59 שלושים אחוז
Dreitagebart 166 זיפי זקן
Druckknopf 118 כפתור לחיצה
Dusche 31 מקלחת
DVD Filme 23 סרטי דיוידי
DVD Player 23 נגן דיוידי
E
Efeu 54 קיסוס
Ei 52 ,42 ,41 ביצה
Eier 52 ,41 ביצים
Eierschale 37 קליפות ביצה
Eimer 81 דלי
ein Glas Marmelade 132 צנצנת ריבה
ein Glas Wasser 140 ,92 כוס מים
ein Glas Wein 103 כוס יין

ein Mädchen reitet 81 נערה רוכבת
ein Mann isst Eis 94 איש אוכל גלידה
ein Mann liest Zeitung 91 איש קורא עיתון
ein Mann wartet 118 איש מחכה
ein Paar mit Hund 95 זוג עם כלב
eine Flasche Wein 132 בקבוק יין
eine Frau ruht sich aus 116 אישה נחה
eine Frau wartet 118 ,72 אישה מחכה
Eingang 163 ,71 כניסה
Einkaufstasche 121 ,85 סל קניות
Einlagen 33 מדרסים
eins 20 אחת
Eiscreme 94 גלידה
Elbe 104 ,103 ,101 ,100 אלבה
Elefant 21 פיל
elektrische Zahnbürste 30 מברשת שיניים חשמלית
Ellenbogen 158 ,28 מרפק
englisch 75 אנגלית
Enkelkind 93 נכד
Erdbeere 137 ,38 תות שדה
Erdbeeren 38 תותים
Erde 47 אדמה
Erdnussbutter 40 חמאת בוטנים
Ernie 30 ארני
Esel 133 חמור
es gab Suppe 92 היה מרק
es ist drei Uhr 104 השעה שלוש
es ist halb vier 74 השעה שלוש וחצי
es ist Viertel nach fünf 77 השעה חמש ורבע
es ist zehn nach eins 130 השעה אחת ועשרה
es ist zehn Uhr 77 השעה עשר
es ist zwanzig vor sechs 76 השעה עשרים לשש
Espressomaschine 98 מכונת אספרסו
essen 94 אוכלות
Esslöffel 92 ,42 כף
Esswagen 128 עגלת אוכל
etwas 121 משהו

F

Fahrbahn 64 ,60 כביש
Fahrrad 105 ,65 ,64 אופניים
Fahrstuhl 118 מעלית
Fans 23 אוהדים
Federtasche 138 ,19 קלמר
Feile 155 פצירה
Fell 82 פרווה
Felsen 105 סלעים
Fenchel 133 שומר
Fenster 163 ,71 ,58 ,51 ,50 ,16 חלון
Fenster 71 ,68 חלונות
Fenstergitter 62 סורגים
Fensterläden 67 ,62 תריסים
Fernbedienung 155 שלט רחוק
Fernseher 23 טלוזיה
Fernsehsessel 155 כורסת טלויזיה
Feuerzeug 90 ,29 מצית
Filzstift 182 טוש

Finale der Fußball-Europameisterschaft 23 משחק גמר אליפות אירופה בכדורגל
Finger 120 אצבע
Finger 160 אצבעות
Fisch 21 דג
Flagge 102 ,52 דגל
Flasche 45 בקבוק
Flasche Bier 101 בקבוק בירה
Fleck 143 כתם
Fleischklopfer 34 פטיש שניצל
Flicken 120 טלאי
Flieder 55 לילך
Fliege 84 עניבת פרפר
Flipflops 113 כפכפי אצבע
Flugzeug 78 אוירון
Flugzeug 78 מטוס
Fluss 105 נהר
Fotoapparat 102 מצלמה
Fotograf 23 צלם
Frau 108 ,103 ,3 אישה
freier Platz 121 מקום פנוי
Freundin 142 ,45 חברה
Friseur 123 ספר
Frontscheibe 58 שמשה קדמית
Frosch 54 צפרדע
Frühling 55 אביב
Frühstück 43 ,40 ארוחת בוקר
fünf 20 חמש
fünfundfünfzig 60 חמישים וחמש
fünfundsechzig 112 ששים וחמש
fünfzig Prozent 59 חמישים אחוז
Fuß 154 ,113 ,110 ,23 כף רגל
Fußball 23 כדורגל
Fußballspieler 23 שחקן כדורגל
Fußbank 152 הדום
Füße 154 כפות רגליים

G

Gabel 42 מזלג
Gardine 57 ,16 וילון
Gardinenstange 16 מוט וילון
Garn 18 חוט
gebrochenes Bein 131 רגל שבורה
Geduld beim Zollamt 118 סבלנות במכס
Geige 152 כינור
Geländer 65 ,62 ,51 ,50 מעקה
gelb 65 ,60 צהוב
gelbe Karte 23 כרטיס צהוב
gelocktes Haar 146 שיער מתולתל
Geschirrständer 34 מתקן לייבוש כלים
Geschirrtuch 84 ,39 מגבת מטבח
geschnittene Pilze 38 פטריות חתוכות
Getränke 76 משקאות
Gewächshaus 149 חממה
Gießkanne 148 משפך
Gitarre 152 גיטרה
Glas 15 צנצנת
Glas Wein 101 ,44 כוס יין

Glatze 91, 100, 156 קרחת

Gleis 56 רציף

Glocke 77 פעמון

Grapefruit 132 אשכולית

Grapefruits 132 אשכוליות

Gras 54 עשב

Griff 54, 130, 153 ידית

große Gurke 150 מלפפון גדול

großer Teller 21 צלחת גדולה

großer Topf 36 סיר גדול

großes Glas 19 כוס גדולה

großes Sieb 35 מסננת גדולה

Großmutter 93 סבתא

Großvater 93 סבא

grün 60, 65 ירוק

Gunter 25 גונתר

Gunter näht 18 גונתר תופר

Gunter und Klaus-Dieter bauen ein Zelt auf 162 גונטר וקלאוס-דיטר מקימים אוהל

Gurke 43, 134 מלפפון

Gurken 137, 150 מלפפונים

Gürtel 84 חגורה

H

Haarband 161 סרט לשיער

Haare 14, 17, 91 שיער

Haarfarbe 124 צבע שיער

Haartrockner 123 מייבש שיער

Haartrockner 124 מכונה לייבוש שיער

Hakarmel-Markt 135 שוק הכרמל

Haken 35 וו

halbes Brötchen 43 חצי לחמניה

Hals 29, 124, 143, 156 צוואר

Halsband 143 קולר

Hand 14, 123 יד

Hand 17, 26, 110 כף יד

Handharke 46 מקלטר

Handtuch 12, 106 מגבת

Hängehaken 84 וו תלייה

hart gekochte Eier 42 ביצים קשות

Hase 13 ארנב

Haufen Kerne 166 חופן גרעינים

Haus in Blankenese 50 בית בבלנקנזה

Haus in Tel Aviv 65 בית בתל אביב

Hausschuhe 26, 33 נעלי בית

hebräisch 75 עברית

Hebräisch-Schüler 139 תלמידים לעברית

Hebräisch-Schülerinnen 138, 140 תלמידות לעברית

Hebräischunterricht 138 שיעור עברית

Hecke 50, 67 גדר חיה

Heft 15 מחברת

Heizkörper 165 גוף חימום

Helm 133 קסדה

Hemd 84 חולצה

Hering 163 יתד

Herz 53 לב

Heu 80 חציר

Heuschuppen 80 אסם

Hinterbein 143 רגל אחורית
hochgekrempelte Hose 159 מכנסיים מקופלים
Hochhaus 67 בנין רב קומות
Hocker 148 שרפרף
Holzbalken 79 קורת עץ
Holzbank 101 ספסל עץ
Holzlöffel 34 כף עץ
Hose 17, 26, 59, 63, 118, 120 מכנסיים
Hund 3, 57, 70, 95, 100 כלב
hundertundfünfzig 41 מאה חמישים
Hut 51, 61 כובע
Hüttenkäse 43 קוטג׳
Hut 112, 121 כובע
I
ich 44, 125, 148 אני
ich bin beim Friseur 124 אני במספרה
ihre Enkelin 161 נכדתה
im Friseursalon 122 במספרה
im Hebräischunterricht 138 בשיעור עברית
im Krankenhaus 125 בבית חולים
Inbar ist schwanger 164 ענבר בהריון
in der Bahn 120 ברכבת
in der Klasse 140 בכיתה
in der Küche 34 במטבח
in der Schlange warten 130 מחכים בתור
Infusion 126 ערוי
Infusionsständer 126 עמוד ערוי
in Hamburg 68 בהמבורג
Injektionsnadeln 125 מחטים לזריקות
in Tel Aviv 64 בתל אביב
interaktives Buch 161 ספר אינטראקטיבי
iPad 153 אייפד
isst 94 אוכל
J
Jacke 27 ז׳קט
Jacke 118 מעיל
Jeans 86 ג׳ינס
Joghurt 41 יוגורט
junge Frau 85 בחורה
K
Kaffeemühle 98 מטחנת קפה
Kajak 105 קייק
Kakao 86 קקאו
Kamel 75 גמל
Kamm 30, 123 מסרק
Kanne 21, 98 קנקן
Kapuze 119 קפושון
Karaffe 21 כד
Karos 144 משבצות
Kärtchen 138 כרטיסיות
Kärtchen 139 כרטיסייה
Kartoffel 137 תפוח אדמה
Kartoffeln 137 תפוחי אדמה
Kartoffelstampfer 35 מועך
Käse 132 גבינה צהובה
Käse (gelb) 40 גבינה

Käsestand 136 דוכן גבינות
Kater 164 חתול
Katze 153 חתולה
Katze auf einem Koffer 153 חתולה על מזוודה
Katze in einer Kiste 147 חתולה בקופסה
Kelle 35 מצקת
Kerzen 21 נרות
Kette 79, 161 שרשרת
Kinderwagen 61, 70 עגלת ילדים
Kinderwagen 90 עגלת תינוק
Kinn 155, 156 סנטר
Kino 69 בית קולנוע
Kirchturm 77 מגדל כנסיה
Kissen 13, 24, 128 כרית
Kiste 147 קופסה
Klasse 140 כיתה
Klavier 58 פסנתר
Klaviergeschäft 58 חנות פסנתרעם
Klebeband 182 סלוטייפ
Kleid 63 שמלה
kleine Gurke 150 מלפפון קטן
kleiner Finger 142 זרת
kleiner Flughafen 78 שדה תעופה קטן
kleine Schachtel 16 קופסה קטנה
kleines Sieb 35 מסננת קטנה
kleine Vorspeise 45 מזטים
Klementinenschalen 37 קליפות קלמנטינה
Knie 154 ברך
Knoblauch 134 שום
Knochen 42 עצם
Knopf 27, 166 כפתור
Kochbuch 41 ספר בישול
Koffer 56, 146, 153 מזוודה
Kohlrabi 133 קולרבי
Kokus die Katze 147 קוקוס החתולה
Kommode 16 שידה
Kopfhörer 120, 168 אוזניות
Kopf 14, 17, 91, 110, 142, 154 ראש
Korbstuhl 19 כיסא קש
Kragen 18, 160 צווארון
Krankenhaus 125 בית חולים
Krankenhausbett 128 מיטת בית חולים
Kräuter 149 עשבי תיבול
Kräuterhacker 35 קוצץ תבלינים
Kreis 145 עיגול
Kreise 145 עיגולים
Krücken 131 קביים
Küche 34 מטבח
Kugelschreiber 14, 16, 138, 139 עט
Kürbis 137 דלעת
kurze Haare 142 שיער קצר
kurzer Ärmel 154 שרוול קצר
kurzes Haar 155 שיער קצר
Kuscheldecke 165 כרבולית
Kuss 61 נשיקה

L

Lamm 82 טלה
Landkarte 22 מפה
Lappen 36 מטלית
Latschen 125 קפקפים
Latte Macchiato 100 לאטה מקיאטו
Lauchzwiebel 135 בצל ירוק
Lautsprecher 20 רמקול
Lavendel 47 אזוביון רפואי
leeres Glas 36 כוס ריקה
Lehrbuch 139 ספר לימוד
Lehrbücher 139 ספרי למוד
Leiter 150 סולם
Lenker 105 כידון
Leselampe 24 מנורת קריאה
Lesezeichen 24 סימנייה
Liebespaar am Strand 110 זוג אוהבים בחוף הים
Liegestuhl 159 ,116 ,107 כיסא נוח
Liegestühle 158 ,116 כסאות נוח
liest (er) 91 קורא
liest (sie) 159 קוראת
Likörglas 21 כוס ליקר
Linie achtundvierzig 74 קו ארבעים ושמינה
Lippen 28 שפתיים
Lippenstift 30 אודם
Loch 120 חור
Löffel 36 כפית
Lüftungsöffnung 163 פתח אוורור

M

Mac 26 ,17 ,14 מק
Mädchen 86 ילדה
Mähne 81 רעמה
Mandeln 41 שקדים
Mann 119 ,91 איש
Mann 108 ,103 ,3 גבר
Männer 108 גברים
Mantel 121 ,120 ,119 ,27 מעיל
Mappe 19 תיקייה
Markise 71 סוכך
Mast 104 ,102 תורן
Matratze 24 מזרן
Matze 42 מצה
Matze 42 מצות
Maus 168 עכבר
Mechtild liest 159 מכתילד קוראת
Medikamente 125 תרופות
mein Neffe 44 בן אחותי
meine Freundin 142 חברה שלי
meine Schwägerin 44 גיסתי
meine Schwester 45 ,44 אחותי
meine Tochter 17 הבת שלי
Menora 15 מנורה
Menschen im Café 96 אנשים בבית קפה
Menschen im Regen 73 אנשים בגשם
Messer 43 ,42 ,40 ,37 סכין
Metallgriff 21 ידית מתכת

Milch 98 חלב
mit Fenstern verschlossener Balkon 66 ,65 מרפסת סגורה
mit Fenstern verschlossene Balkone 66 מרפסות סגורות
Mittagessen 45 ארוחת צהוריים
Mittelfinger 142 אמה
Mobiltelefon 165 ,121 סלולרי
moderner Stuhl 119 כיסא מודרני
moderner Tisch 119 שולחן מודרני
Möhre 135 גזר
Mokassins 114 מוקסינים
Mörser und Stößel 35 מכתש ועלי
Motor 104 מנוע
Motorrad 64 אופנוע
Motorroller 64 קטנוע
Mülleimer 74 ,56 פח אשפה
Mund 91 ,14 פה
Münder 88 פיות
Muschel 30 צדף
Mutter 93 ,86 ,70 אימא
Mutter und Tochter essen Eis 94 אימא ובת אוכלות גלידה

N

Nachthemd 125 כותונת לילה
Nachtschränkchen 24 שידת לילה
nackte Frau 111 אישה ערומה
Nadel 160 ,18 מחט
Nadeln 160 מחטים
Nagelbürste 30 מברשת ציפרניים
Nagelschere 30 מספרי ציפרניים
Nägel 28 ציפרניים
Nähgarn 18 חוט תפירה
Nähkasten 18 קופסת תפירה
näht 18 תופר
Nähzubehör 18 כלי תפירה
Naomi spielt 153 נעמי משחקת
Naomi trainiert 154 נעמי מתאמנת
Nase 143 ,142 ,91 ,14 אף
Nasen 88 אפים
Nasenloch 28 נחיר
neun 76 ,20 תשע
nichts 15 כלום
Nico auf dem Balkon 29 ניקו במרפסת
Nico liest 28 ניקו קורא
Nir knackt Kerne 166 ניר מפצח גרעינים
Notenheft 152 חוברת תווים
Notenständer 152 עמוד תווים
Notizbuch 182 ,168 פנקס
null 20 אפס

O

Oberschenkel 154 ירך
Obstsalat 76 סלט פרות
Ohr 156 ,155 ,143 ,142 ,91 ,88 אוזן
Ohren 147 אוזניים
Ohrring 155 ,142 ,91 ,88 עגיל
Oliven 43 זיתים
Olivenkerne 43 חרציני זיתים
Orangensaft 168 מיץ תפוזים

Orchidee 16 סחלב

P

Paar 97 ,96 ,95 זוג
Palmen 67 דקלים
Palmen 66 עצי דקל
Papier 168 נייר
Papiere 168 ניירות
Papiertaschentücher 24 ממחטות נייר
Parfüm 30 בושם
Passagierschiff 102 אניית נוסעים
Pedal 105 דוושה
Perlenarmband 166 צמיד חרוזים
Perücke 122 פאה נכרית
Pessachteller 42 צלחת פסח
Pfannenheber 34 תרווד
Pfeffermühle 92 ,35 מטחנת פלפל
Pfefferstreuer 35 פלפלייה
Pferd 81 סוס
Pferd trinkt 81 סוס שותה
Pferde 81 סוסים
Pferde auf der Weide 81 סוסים באחו
Pflanze 65 צמח
Pfleger 127 אח
pflückt (er) 149 קוטף
Pfote 143 כף רגל
Pilz 38 פטרייה
Pilze 38 פטריות
Pinne 102 מנור
Pinsel 182 מכחול
Pitabrot 114 ,45 פיתה
Plastikstuhl 116 ,114 כיסא פלסטיק
Plastikstühle 116 ,108 כסאות פלסטיק
Popo 113 טוסיק
Popo 154 ישבן
Porree 137 כרשה
Porzellandose 16 קופסת חרסינה
Porzellandose für Bonbons 16 קופסת חרסינה לסוכריות
Pralinenschachtel 21 בונבונייר ה
Preis 137 ,135 מחיר
Prost! 44 לחיים
Puffärmel 161 שרוול נפוח
Punkt 152 נקודה
Punkte 152 נקודות
Puppe 70 בובה
Puppenbuggy 86 טיולון לבובה

R

Rabe 64 עורב
Rad 128 ,70 ,58 גלגל
Räder 128 גלגלים
Radiergummi 19 מחק
Radieschen 37 צנוניות
Radieschen 133 צנונית
Radio 23 רדיו
Rahmen 13 מסגרת
Rautetaste 20 סולמית
Regen 73 גשם

Regenrinne 65 ,62 ,51 מרזב
Regenschirm 96 ,73 מטריה
Regenschirme 73 מטריות
Reibe 35 מגררת
Reibe 35 פומפייה
Reinigungsbürste 32 מברשת ניקוי
Reinigungskraft 127 מנקה
Reißverschluss 153 רוכסן
Rettich 43 צנון
Rettungsboote 102 סירות הצלה
Rezept 41 מתכון
Rhododendron 55 שושנת האלפים
Ring 161 ,153 ,120 טבעת
Ringfinger 142 קמיצה
Rita jätet Unkraut 151 ריטה מעשבת
Rock 86 חצאית
Rose 55 ,53 ,47 ורד
rot 65 ,60 אדום
Rote Bete 135 סלק
rote Paprika 38 פלפל אדום
Rücken 147 גב
Rucksack 153 ,113 ,85 ,12 תרמיל
Rugelach 164 רוגלך
ruhen sich aus 158 נחות
ruht sich aus 157 נחה
runder Sessel 144 כורסה עגולה
Ruth und Dafna sehen fern 155 רות ודפנה רואות טלויזיה

S

Sachen, die man nicht braucht 21 דברים שלא צריכים
Sackgasse 53 דרך ללא מוצא
Salzstreuer 92 ,35 מלחייה
Sammeltaxi Linie vier 60 שרות קו ארבע
Sand 114 ,3 חול
Sattel 105 אוכף
Schaf 82 כבש
Schaf 145 ,144 ,82 כבשה
Schafe 82 כבשים
Schal 121 ,85 ,84 ,27 צעיף
Schale 34 קערית
Schalen von Sonnenblumenkernen 166 קליפות גרעינים
Schäler 39 קולפן
Schale 45 קערית
Scharnier 79 ,21 ציר
Schatten 101 צל
Schaufel 46 כף שתילה
Schaufenster 59 חלון ראווה
Schaufensterpuppe 59 בובת ראווה
Schaukel 79 נדנדה
Scheibenwischer 58 מגב
Schere 160 ,123 ,18 מספריים
Schiedsrichter 23 שופט
Schild 51 שלט
Schild in der Wüste 75 שלט במדבר
Schildkröte 13 צב
Schirmmütze 118 ,107 כובע מצחייה

Schlafzimmer 24 חדר שינה
Schlange 130 תור
Schlaufe 16 לולאה
Schlaufengardine 16 וילון לולאות
Schlüssel 22 מפתח
Schlüsselanhänger 22 מחזיק מפתחות
Schlüsselbund 22 צרור מפתחות
Schneebesen 35 מקציף
Schneidebrett 34 קרש חיתוך
Schnuller 70 מוצץ
Schnurrbart 164 ,147 ,91 שפם
Schnürsenkel 33 שרוכים
Schornstein 102 ,51 ארובה
Schrank von Ikea 25 ,21 ארון מאיקאה
Schraube 25 בורג
Schraubenzieher 25 מברגה
Schubkarre 148 ,81 מריצה
Schublade 36 ,16 מגירה
Schuh 120 ,118 נעל
Schuhe 120 ,101 ,86 נעליים
Schuhregal 33 מדף נעליים
Schüler 139 תלמיד
Schülerin 138 תלמידה
Schulranzen 94 ילקוט
Schulter 156 ,154 ,29 כתף
Schuppen 79 מחסן
Schürze 84 סינר
Schüssel 35 ,21 ,13 קערה
Schwamm 36 ספוג
Schwangerschaftsbauch 164 בטן הריונית
Schwanz 143 ,95 זנב
schwarze Flagge 115 דגל שחור
schwarze Kerne 166 גרעינים שחורים
schwarzer Fleck 143 כתם שחור
schwarzer Pullover 145 סוודר שחור
schwarzes Haar 144 ,84 שיער שחור
Schwein 15 חזיר
Sechskantschlüssel 25 מפתח אלן
sechsundvierzig 109 ארבעים ושש
sechs 76 ,20 שש
Segel 102 מפרש
Segelboot 102 מפרשית
Segelboot 104 סירת מפרש
Seife 31 ,30 סבון
Seil 163 חבל
Sektglas 21 כוס שמפניה
Senkblei 136 משקולת
Serviergefäße 21 כלי הגשה
Serviette 42 מפית
Servietten 21 מפיות
Serviettensammlung 146 אוסף מפיות
Sessel 13 כורסא
Shabbat-Zeitung 153 עיתון שבת
Sieb 37 ,36 מסננת
siebenundfünfzig 112 חמישים ושבע
sieben 130 ,20 שבע

Silikon-Pfannenheber 34 תרווד גמיש
Skizzenbuch 112 מחברת שרבוטים
Smart 58 סמארט
Smartphone 120 טלפון חכם
Socken 154 ,17 גרביים
Sohn 93 ,70 בן
Solar-Wasserboiler 66 ,62 דוד שמש
Sonnenbrille 156 ,101 ,88 ,87 משקפי שמש
Sonnenschirm 116 ,114 ,113 ,47 ,3 שמשייה
Sonnenschirme 116 שמשיות
Spaghetti-Top 59 חולצת גופייה
Spaghettizange 35 מלקחי ספגטי
Spargel 137 ,39 אספרגוס
Spargelschalen 39 קליפות אספרגוס
Spaten 148 את
Speisekarte 92 תפריט
Spiegel 58 ,51 מראה
Spiegelung 73 השתקפות
Sportschuhe 33 נעלי ספורט
Spüle 36 כיור
Stange 163 מוט
Stängel 48 גבעול
Stecker 27 תקע
Stecknadel 160 סיכה
Stehlampe 15 ,13 מנורה עומדת
Stein 53 אבן
Steine 53 אבנים
Steinmauer 51 גדר אבן
Sterntaste 20 כוכבית
Stiefel 33 מגפיים
Stiefmütterchen 55 אמנון ותמר
Stiefmütterchen 71 פרחי אמנון ותמר
Stirn 155 ,26 ,14 מצח
Stoppschild 64 שלט עצור
Stoßstange 57 פגוש
Strand 115 חוף הים
Strandkorb 109 כיסא נוח צפוני
Strandwacht-Hütte 115 סוכת המציל
Straßenlaterne 68 ,52 ,51 פנס רחוב
Strauch 51 ,47 שיח
Streifen 47 פס
Streifen 144 ,47 פסים
Stricknadel 160 מסרגה
Stricknadeln 160 מסרגות
strickt (sie) 160 סורגת
Strohdach 52 גג קש
Strohhalm 87 קש
Stromleitung 80 חוט חשמל
Stromleitungen 80 חוטי חשמל
Strumpfhose 165 ,86 טייץ
Stufe 71 ,54 ,52 מדרגה
Stufen 54 ,52 מדרגות
Stuhl 12 ,3 כיסא
Surfbrett 111 גלשן
Suse ruht sich aus 157 סוזה נחה
Susis Haus 46 הבית של סוזי

Sweatshirt mit Kapuze 14 סווטשרט עם קפושון
synthetisches Fell 100 פרווה סנטטית
T
Tablett 129 מגש
Tami räumt auf 146 תמי מסדרת
Tankstelle 72 תחנת דלק
Tänzerin 15 רקדנית
Tasche 86 ,18 כיס
Tasche 159 ,153 ,121 ,94 ,59 ,56 ,27 תיק
Tasse 92 ,85 ,37 ספל
Tasse Kaffee 40 ספל קפה
Tassen 98 ספלים
Tastatur 168 מקלדת
Tätowierung 165 קעקוע
Taube 110 יונה
Taxi 60 מונית
Teebeutel 92 שקיק תה
Teekanne 92 קנקן תה
Teigschaber 37 מרית סיליקון
Telefon 19 ,14 טלפון
Telegrafenmast 80 עמוד חשמל
Teller 45 ,42 ,38 ,34 צלחת
Tennisball 48 כדור טניס
Teppich 13 שטיח
Text von Amos Oz 140 טקסט של עמוס עוז
Tischdecke 46 מפת שולחן
Tisch 19 ,13 שולחן
Tochter 70 בת
Toilette 32 בית שמוש
Toilette 30 שרותים
Toilettenbrille 32 אסלה
Toilettenpapier 32 נייר טואלט
Tomate 134 עגבניה
Tomaten 137 ,134 ,35 עגבניות
Tomatenkiste 151 ארגז עגבניות
Tongefäß 34 כלי חרס
Topf 34 סיר
Tor 54 שער
trainiert 154 מתאמנת
Trecker 151 טרקטור
trinken 89 שותות
Trinkflasche 138 בקבוק שתייה
Tulpe 48 צבעוני
Tulpen 48 צבעונים
Tulpenstrauß 48 זר צבעונים
Tür 130 ,71 ,58 ,57 דלת
Tüte 166 שקית
U
Uhr 130 ,104 שעון
Umhang 124 ,123 שכמייה
Unterhemd 109 גופייה
Unterschenkel 154 שוק
Untertasse 92 תחתית
Ute und Klaus-Dieter musizieren 152 אוטה וקלאוס-דיטר מנגנים
V
Vase 21 אגרטל

Vasen 21 וזות
Vater 90 ,70 אבא
Ventilator 153 מאוורר
verbundenes Bein 131 רגל חבושה
Verkauf 59 מכירה
Verkäufer 135 ,134 מוכר
Verkäufer 136 מוכרים
Verkehrszeichen 64 תמרור
vier 76 ,20 ארבע
vierzig Prozent 59 ארבעים אחוז
Vogel 80 ציפור
Vögel 80 ציפורים
volles Glas 36 כוס מלאה
Vorderbein 143 רגל קדמית

W

Waage 135 ,132 ,32 משקל
Waage auf dem Markt 136 משקל בשוק
Wagen 129 עגלה
Wand 68 ,51 ,50 קיר
Warnschild 105 תמרור אזהרה
warten 130 מחכים
Warteraum 119 חדר המתנה
wartet 118 מחכה
Waschbecken 31 ,30 כיור
Wäscheklammer 63 אטב כביסה
Wäscheleine 62 מתקן לתליית כביסה
Wasserflasche 44 בקבוק מים
Wasserglas 42 ,24 כוס מים
Wasserhahn 150 ,36 ,31 ,30 ברז
Wassermelone 76 אבטיח
Wecker 24 שעון מעורר
weibliche Brust 111 ,87 שד
weibliche Brüste 111 שדיים
Weinblätter 55 עלי גפן
Weinglas 42 כוס יין
Weingläser 21 ,15 כוסות יין
Welle 115 גל
Werbefläche 56 שטח פרסום
Weste 155 ,19 ווסט
Windsack 78 שק רוח
Wochenzeitschrift 119 שבועון
Wohnhaus 68 ,66 בית דירות
Wohnhäuser 68 בתי דירות
Wohnwagen 57 קראוון
Wolke 102 ענן
Wolle 160 צמר
Wollknäuel 160 כדור צמר
Wollsocken 165 גרבי צמר
Wörterbuch 168 מילון

Y

YouTube 17 יוטיוב

Z

Zahnbürste 31 ,30 מברשת שיניים
Zahnstocher 22 קסמים
Zapfpistole 72 משאבת דלק
Zebrastreifen 60 מעבר חצייה

Zeh 23 בוהן
Zeigefinger 142 אצבע מורה
Zeitung 121 ,91 ,19 עיתון
Zelt 162 אוהל
Zettel 168 ,118 פתק
Ziegenfrischkäse 40 גבינת עיזים
Ziffer 58 ,54 מספר
Zigarette 114 ,29 סיגריה
Zitrone 41 לימון
Zollamt 118 מכס
Zopfmuster 146 דוגמת צמה
Zucchini 38 קישואים
Zucchino 135 ,38 קישוא
Zucker 85 סוכר
Zuckerdose 92 מסכרת
zwei 20 שתיים
zwei Frauen 91 שתי נשים
zwei Frauen ruhen sich aus 158 שתי נשים נחות
zwei Frauen trinken Bier 89 שתי נשים שותות בירה
zwei Hamburgerinnen 88 שתי המבורגריות
zwei Männer 91 שני גברים
zwei Schafe 82 שני כבשים
Zwiebelkiste 149 ארגז בצלים